健康心理管理

—跨越生活危機

Chris L. Kleinke ◇著

曾華源 郭靜晃 ◇譯

Coping with Life Challenges

second edition

Chris L. Kleinke

Brooks/Cole Publishing Company
I⊕P® An International Thomson Publishing Company

 Chinese edition copyright©1998
by Yang-Chih Book Co., Ltd.
Printed in Taipei, Taiwan, R.O.C.
For sale in Worldwide

ISBN: 957-8446-97-7

主編序

在台灣社會工作專業的存在已有三十多年歷史，然而，近幾年來台灣社會快速發展與社會問題不斷增多下，社會工作才受到重視與需要。目前可說是台灣社會工作專業發展真正的契機。

一個專業要能夠培養真正可以勝任工作的專業人才，專業的地位與權威，才會受社會所認可（sanction）。因此，學校的教育人才、教學方法與教材，對社會工作在專業的發展上都具有關鍵性影響。我們在學校任教，對教學教材與參考書不足深感困擾。環顧國內社會工作界，社會工作各專業科目的專業書籍實在不多。因此，在一個偶然相聚的機會中，揚智文化葉總經理願意出版社工叢書，以配合當前社會及專業的需要。

從去年開始，在出版社的協助下，我們選購了國外一系列評價較高的社會工作書籍，由社工領域中學有專長且實務經驗的社工菁英來翻譯，另由我們邀請國內各大學中教授社會工作專業科目之教師撰寫書籍。湊巧的，今年正逢社會工作師法的通過，我們希望規劃出版之各專書，有助於實務工作者證照考試，以及學校課程的教授與學習。最重要的，也期望藉著這些書籍的撰寫與翻譯，使專業教育不再授限於教材之不足，並能強化社會工作專業人員的能力，使我國本土的社會工作與社會福利服務實務能有最佳的發展。

最後我們要感謝許多社會工作界的同道，願意花時間和我們一起進行此一繁重的工作，並提供意見給我們，希望此一社工叢書能讓大家滿意。

曾華源　郭靜晃 _{謹誌}

原序

　　在生活中，每個人都會遇到一些問題與挑戰。如果這時候擁有一些技巧及資源，將有助於轉敗爲勝。

　　有關人們如何面對生活挑戰，研究人員已經蒐集了豐富資料，且就「是否能鑑定及評估不同型態的因應方式？針對某些特定問題所擬之策略是否優於其他策略？以及我如何才能學會更有效率地處理我們所遭遇的難題？」等問題做了精闢的回答。

　　我寫這本書的目的在於傳達這些研究結果給無從入門的讀者，使他們對研究者所發現的因應之道有個基本概念。讀者將可獲得一些已知的因應方法，而讀者也將會對自己是個有適應能力的人而感到慶幸。應對能力並非與生俱來的，它必須在生活中不斷學習而發展出來。生命不會總是風平浪靜，但你不需消極，也不必冷眼旁觀，因爲「知識就是力量」，希望這本書能幫助你面對生活中的挑戰。

　　本書內容，大致可分爲三部份，第一至第三章介紹應對的概念及解釋重要的術語。第一章在界定應對的概念以及定義全書所使用的兩個名詞：初級評估及次級評估，同時也討論許多重要的主題，包括區分自我責備與自我負責，以及逃避行爲的正反面和常見的不利己行爲等。第二章重點在於日常生活中的煩擾和它們對人們有何影響，同時鼓勵讀者發展自制及自我效能之生活態

度。第三章描述了八種因應挑戰之技巧：建立支援系統、解決問題、自我放鬆、維持內在控制、談論自己如何克服挑戰、培養幽默感、做運動及達成任務時獎勵自己。

第四至第十二章著重於描述人生中不同階段所面臨的各種挑戰和因應之技巧。第四章討論面對失敗之技巧，第五章討論抒解沮喪之技巧，第六章討論處理寂寞、害羞和拒絕的各種技巧，第七章討論消除焦慮之技巧，第八章為控制脾氣之技巧，第九章討論解決親密關係中的衝突，第十章則談討論面對失落感，第十一章討論勇敢面對增長的年齡，第十二章為對抗身心痛苦之技巧。

第十三至第十五章則是藉由描述堅強面對困難生活挑戰的人，從他們的經驗中來學習各種處理方法。第十三章著重在預防醫學、疾病和健康方面，所提到的例子與人們如何處理疾病和健康問題有關，其範圍涵蓋了頭痛、癌症及愛滋病等，並建議人們建立堅強的態度和低壓力人格，第十四章則由一些曾受過傷害及創傷的人們所提出的經驗談，讀者可由這些遭受天然或人為傷害的個案中學習因應之道；此外，並討論遭遇創傷後心理壓力的失調情形，第十五章則討論把各種挑戰的因應之道當作生活哲學，並做為本書之總結。無助感與希望的心理作用有很大的區別。我希望讀者能因此發展健全的人格和自我保護能力。最後，在這充滿挑戰又不可預知的世界裡，若能在應對技巧上精益求精，將可獲益良多。

如何使用這本書

關於使用這本書，這裡有一些建議。第一章到第三章提供了有關因應的知識，這對每個人都有用，所以盡可能先閱讀這些章節。第十五章包含了有助於將如何因應之道融入生活哲學的建議，你可以讀完一到三章後，接著閱讀第十五章。第四章到第十四章著重在處理特殊生活挑戰的有效因應技巧，雖然你可能不曾

遇到這些章節所提到的一些問題，不過你將學到如何發展出技巧錦囊，讓自己在往後的生活遇到挑戰時能有所憑藉。你也可以將這些章節中最感興趣的問題視爲當今生活挑戰的指導方針，其他章節將有助於你瞭解人們所面臨的特殊問題。雖然這本書提出一連串解決問題的方法，但討論的重點在於使你自己的生活更充實，並完成更多的自我實現。

致謝

　　許多人貢獻他們的才能，讓本書更完美，由衷地感謝他們的支援。在此，想要特別感謝下述人士提供好的建議：Willian Cheney, Community College of Rhode Island; Terri Kaye Needle, Rockland Community College; Young Song, California State University－Hayward; and Mark Young, Stetson University.

Chris L. Kleinke

譯序

「人生不如意事，十常八九」。在報章雜誌中，常可以看到新聞報導情侶分手時，一方持取自殺或不當之報復手段，夜歸婦女不幸被人強暴，親人發生車禍不幸死亡，甚至風災地震後家破人亡的悲痛景象。我覺得現代人應該更深深去體會，人的成長過程中，所需要學習的是生活態度與技能，而不只是把書讀好。尤其是現代社會競爭壓力大，如何來因應生活上的挑戰和壓力，以獲得心理的健康，更是重要的學習課題。

過去在「張老師」從事輔導工作時，常覺得學習生活適應能力是相當重要的一件事。在大學教授「適應與心理衛生」課程之後，更體會到心理的健康與個人解決生活能力息息相關。但許多課程大都只是概念的討論與這種模式相關的因素而已，實際因應生活問題的方法，可以說只是散見在各書籍中，而且未能精簡，有系統提出因應的策略和技巧。本書作者以深入淺出的方式撰寫，第一部分有系統的介紹生活發生困境上，其個人主要影響因素是那些，以及個人可以如何做調整改變之主要方法與技巧。第二部分是針對生活上常見的挑戰或問題，分析其原因並列舉如何處理之道。第三部分則提出生活本質及面對各種挑戰的因應態度。

全書不以抽象難懂的概念來引介新知，作者大量引用各家之研究量表精華，來幫個人做自我評斷，以及旁徵博引許多實例與

研究資料，解釋問題挑戰發生的影響，並據之以指出如何因應的策略和技巧，使人可信且深感言之有物。因此，本書相當實用，可讀性也高，在面對現代競爭激烈的社會中，如何創造優勢生活品質上，本書不僅可以讓讀者自我研習，亦可以用來教導自己的子女，值得讀者細細研讀。

本書翻譯過程中，我們一直希望以淺顯易懂之方式表達，不過一些專有名詞仍以專業上的習慣用詞爲主。如有表達上的錯誤，敬祈讀者與學者專家不吝指教是幸。最後感謝揚智文化事業的工作同仁在炎熱的暑假中，全力趕印本書；在此對他們深表最大謝意。

曾華源　郭靜晃 謹誌

目錄

8. 因應憤怒的對策　201

11. 因應衰老之對策　289

12. 因應疼痛之對策　315

13. 因應疾病和保持健康的對策　341

14. 因應意外傷害和心理創傷的對策　373

15. 視因應挑戰為生活哲學   399

第 *1* 章 何謂因應之道

初級評估

次級評估

因應的定義

兩種基本的因應策略

因應反應方式之研究

因應等級量表

認識具適應性的人格特資

逃避的正反兩面

人們如何擊敗自己

結論：有關成功的因應策略

本書內容在說明如何因應生活中的挑戰、創傷和煩惱，也就是關於「堅守信念」和「堅忍不拔」以及處理恐懼、敵對、懷疑、挫折感和悲傷等的人生課題。而我們也相信人類的適應力和能力可以使人們一一克服這些逆境。這本書的目的即在教導人們面臨人生各種挑戰時，如何運用有效的因應技巧來處理，並將這些因應技巧視為必要的生活態度，也就是說，不論面對的事情有多糟，你都可以有計畫的順利從逆境中走出來。這種生活態度的價值在於它對人類成長的激勵，你可以熟練各種因應技巧，並且接受有意義的挑戰，使人生更豐富而有趣。

我將由因應的定義和因應的過程來開始。評估是很好的開始，R. S. Lazarus 和 S. Folkman (1984)兩人將評估分成兩種：初級評估及次級評估。何謂初級評估？即當我們面對潛在性的挑戰及壓力時，首先應判斷是否處於危險與困境中，並自問是否值得為此狀況擔憂。初級評估是以生理和心理的反應為考量。如果我們確定自己身陷危險困境中，再進一步問自己能否對此情形提出解決方法？假如可以，你是怎麼做的？這就是「初級評估」。

初級評估

比方說，一位公司主管粗聲粗氣地對他的三位助理說：明天早上第一件事，就是到她的辦公室報到。這三位助理會產生哪些類型的初級評估呢？

第一位清源心想：「慘了，聽那語氣，麻煩來了，是不是我做錯了什麼事？現在我卻一點法子也沒有，可能會整晚失眠了，到了明天一定會疲倦又焦慮。」

第二位梅潔心想：「有時老闆粗聲的語氣未必代表有什麼不對勁，不到明天也無從得知，我最傲人的就是我的主張和身材，為預防萬一，明天我要打扮的專業一點。」

第三位翠霖心想：「老闆粗聲說話是他的事與我無關，所以

明天我仍假裝沒事，和往常一樣做我該做的事。」

必須注意的是初級評估非但對人們心理產生不同衝擊，同時也相當主觀。清源將主管的粗聲粗氣當作一種絕對的威脅。梅潔則視為一種可能的威脅，而對翠霖則完全不構成威脅。此處，我們不知誰的評估是正確的，但可以認定梅潔的初級評估是最審慎的。清源屬於「悲觀者」，總是預期最壞的情形，同時承受極大的壓力；翠霖屬於「否定者」，在當時不必承受任何壓力，事後可能必須付出代價；梅潔則認真的看待事情，並經由具體的計畫處理自己的壓力。

次級評估

假如初級評估告訴我們正陷於困境中，我們必須自問可以如何來處理此困境，這種過程即為「次級評估」。在這個例子中，這三個助理每一個都有不同的反應。清源的次級評估告訴他正面臨威脅，而此威脅又已超出他所能控制的範圍。梅潔則視為一可能的威脅，並以「戰鬥計畫」來因應之。對翠霖來說，由於不構成威脅，所以也不需次級評估。

初級和次級評估影響你對挑戰和威脅的反應。產生合理的初級評估對你是有利的，你不要失去理智，也不要過度驚慌，但也不可以忽視實際存在的問題。假使在初級評估中顯示了你擔心的理由，那麼你可能會想做次級評估。現在我們針對這個評估過程舉個例子：「這是一個不折不扣的問題。事情看似棘手，但我想到一些很好的計畫，我用心研擬出因應對策，並提出計畫A、計畫B，甚至計畫C。」

在次級評估中，通常你會提出一些步驟來處理所遇到的狀況。然而，有時情況會超出你的控制範圍，所以最好的計畫就是不打無把握的仗，盡全力控制在自己能處理的範圍內。

因應的定義

Rose Kennedy有一次被問及如何調適有關降臨於她家庭的悲劇。她回答:「我面對它並妥善處理它」。因應可定義成:「盡全力處理已評估可能造成傷害或壓力的情況。」這個定義之後由Lazarus 和 Folkman (1984) 改寫成三個特徵:第一,它意味著牽涉某種程度上的努力與計畫。第二,它並不預設因應的結果永遠是正面的。第三,它強調因應是隨著時間改變的過程。

這些特徵在定義上很重要,因為它們使得我們能夠研究不同型態的因應策略,並評估在不同狀況下的最佳因應方式。研究人員的目的在於發現是否會隨不同情況,特定的個性特徵、信仰,以及對世事的看法或多或少改變。當你瞭解這些問題背後的涵義時,將能夠區別在你生活中哪些是有效的因應策略。

兩種基本的因應策略

Lazarus 和 Folkman (1984) 界定出兩種基本的因應策略:問題中心和情緒中心。問題中心的因應策略可分為內部導向和外部導向。外部導向的策略趨向於改變他人行為和情況;內部導向則包括重新思考自己的態度、需求,以及發展新的技巧和回應所做的努力。情緒中心趨向於處理情緒上的苦惱,此策略包含了肢體運動、沈思冥想、情感之表達和尋求支援。當你覺得你能應付問題或挑戰時,你比較可能以問題中心策略來因應之。當問題或挑戰似乎已超出你的控制時,則比較可能依賴情緒中心因應策略 (Folkman & Lazarus, 1980; Vitaliano, DeWolfe, Maiuro, Russo & Katon, 1990)。但在大部份的情況下,合併使用這兩種策略效果較好。例如,在準備一項工作的面試時,你會練習回答問題,選擇適當的穿著(此屬問題中心),並盡量放鬆心情和保持非防衛的態

度（屬情緒中心）。當面臨嚴重的衝突時，則以保持冷靜（情緒中心）及運用有效的協商技巧（問題中心）來因應之。

問題中心與情緒中心因應策略兩者間的差異，提供因應此一概念一個廣義的架構。以下將討論較特定的因應反應。

因應反應方式之研究

試著回想過去幾個月曾發生在你身上最具壓力之事件，並回答你做了下列反應之頻率。

	從未做過	有時	時常
1.試著往好的方面想	---	---	---
2.按部就班將事情解決	---	---	---
3.退一步海闊天空	---	---	---
4.採取積極的行動	---	---	---
5.多運動			
6.找朋友傾訴	---	---	---
7.埋藏在心中	---	---	---
8.暴飲暴食，抽煙或吃藥	---	---	---
9.拒絕正視問題	---	---	---

這九個因應之道曾在某一個社區中做過調查 (Billings & Moos, 1981; Holahan, 1987)。你也許已注意到第1.5.7.9題屬於情緒中心而2.4.6.題屬問題中心。另一種區分因應反應的方式為主動認知模式（如第1.2.3題）和主動行為模式（第4.5.6題）或逃避模式(第7.8.9題)。此調查結果顯示女性使用主動行為模式和逃避模式較男性多，而兩性在使用主動認知模式上並無差別。一般說來使用主動認知及主動行為模式者較隨和、焦慮較少，也較有自信；使用逃

避模式者通常較憂鬱、較焦慮，並且承受著較大的生理壓力，而這些逃避者所受的教育較少，也較欠缺財物和家庭的支持。

另一個有關人們如何因應問題的調查中，已婚雙方被問及有關婚姻、親子、家庭財務及工作等課題時 (Pearlin & Schooler, 1978)，承受較低情緒壓力者會利用一些因應反應，包括積極、獨立和解決問題等方法；而那些感到無助、自責和常持否定和逃避的因應反應者，則承受較大的情緒壓力。

第三組研究人員調查了人們面對失落感、威脅和挑戰的各種因應方式(McCrae & Costa, 1986)，而最有效的因應反應包含尋找協助、傳達內心感受、採取理性的行動，由逆境中獲得力量，發揮幽默感，保持信心、自信及自制力，最糟的因應反應則包含了敵對、優柔寡斷、自責，以及逃避問題或退縮。

第四個例子是對某社區居民在近期中壓力因應反應的調查，這些壓力有喪失自尊心、掛念心愛的人、人際衝突、經濟負擔、健康問題和工作上缺乏成就感(Lazarus, Folkman, Dunkel-Schetter, DeLongis & Gruen, 1986)。通常對壓力能有效抒解者傾向於保持鎮靜和擬定計畫解決，並將此經驗視為人生成長的機會；無法成功地解決問題者較傾向於易衝動、具侵略性、憤怒，以及忽視問題或輕視問題的重要性。

另一研究則調查因應問題與情緒之間的關係（Lazarus & Folkman, 1988）。受訪者回答在最近的壓力事件中使用以下因應反應的頻率：

正面衝突：我堅持立場。

保持距離：我仍做我的事，假裝一切都沒發生。

自我控制：試著壓抑自己的情感。

尋求社會資源：告訴某個能針對問題提供具體解決方法的人。

接受責任：自我批判並告誡自己。

逃避心態：我希望事情能自動消失或盡快過去。

有計畫的解決問題：我知道哪些是該做所以我會加倍努力完成

正面重新評估：無論是改變或成長，對一個人都是好的。

　　受訪者也提及在回應所面臨的壓力事件上，有下列幾種情緒反應：擔心/害怕/、厭惡/生氣或者自信、滿意/快樂。

　　分析了受訪者的因應反應和因應後的情緒反應後，研究者做出以下的結論：有計畫的解決問題是最有效的因應回應方式，因為它配合了最有正面效果的情緒反應；而與問題正面衝突或保持距離是最無效的因應方式，因為相伴而來的是最負面的情緒反應。對30-40歲的成人而言，正面重新評估是最有效的因應方式，而60歲以上者尋求社會資源則較有利，其他年齡層的人未顯示有強烈的特定模式，也沒有數據顯示哪些模式對他們特別有效。

因應等級量表

　　研究人員將處理日常問題的因應反應區分為有效與不是很有效，而建立了各種因應等級量表，我已經描述過一些可以用因應等級評量的因應策略。在這小節中，我將讓你更清楚地瞭解為了評估人們對生活挑戰的反應而構築的三個因應等級。在這些因應等級中，應試著被要求陳述自己在有壓力的情況下，仰賴各種因應反應的頻率，從全然沒有到有非常多之中做答。

　　人們依情況選擇不同的因應策略是理所當然的，然而人們也發展自己所偏愛的幾種特定因應策略之型態 (Terry, 1994)。因應等級量表說明了人們如何面對壓力情況，以及這些較偏好的因應策略是否對自己最有益的一般概念。

因應策略指標

　　因應策略指標測量在研究文獻上三種已被認同的因應策略之偏好：解決問題、尋求資源及逃避(Amirkham, 1990a, 1994)。

解決問題的評量項目如下：「在我心中已有一行動計畫」，「我試著去解決問題」，「我試著謹慎地計畫行動方針而不是衝動行事」，「我謹慎地衡量我的選擇」，以解決問題做為因應策略的優點是它給予人們對生命的掌握感。

尋求資源的評量項目如下：「我把自己的感受傳達給朋友知道」，「我接受親朋好友的幫助」，「我將這情況告知他人」，「針對這問題我想讓朋友幫我會好一點」。假如其他人可協助你採取主動的步驟來解決問題，那麼尋求資源不失為有用的因應策略。

逃避的評量項目如下：「我幻想較美好的時刻」，「我比平時看更多電視」，「我逃避人群」，「我幻想事情可以改變」。逃避通常不是好的因應策略，因為它常和被動及無所適從的態度有關。

因應壓力情境之調查

此調查之目的在於測量最常被研究文獻所討論的三種因應策略：任務因應、情感因應和逃避因應 (Endler & Parker, 1990, 1994)。

任務因應的評量項目如下：「我把時間安排得更好」，「我把注意力集中在問題上並觀察我如何解決它」，「我思索以前如何解決類似的問題」，「我努力去瞭解這情況」，「我對這問題提出數種不同的解決方案」。任務因應類似於因應指標的問題解決。

情感因應的評量項目如下：「我責備自己的無所適從」，「我被身心的苦痛所困擾」，「我變得非常緊張」，「我在意自己能力不足之處」，「我把情緒發洩在別人身上」。情感因應比因應策略指標所測量的社會支援範圍更廣，情感因應反映了對壓力事件的一般反應類型，即可能不牽涉到依賴他人。

逃避因應的評量項目如下：「我打電話或拜訪友人」，「我去看電影或看電視」，「我出去吃頓飯或吃點心」，「我騰出時間離開這情勢」，「我為自己買些東西」。逃避因應與因應策略指標中逃

避的測定可以相提並論。

　　研究人員已指出任務因應是最合適的因應策略　(Endler & ParKer, 1990, 1994)。使用任務因應者對於自己如何處理壓力事件感到滿意，較少有焦慮和沮喪的情緒產生。情感因應與逃避因應對壓力事件的調適較差，而且使用這兩種因應策略者比較容易導致焦慮和緊張。

因應等級量表

　　此因應等級量表是為了比其他因應等級所評估的內容，囊括更多的因應類型而發展出來的 (Carver, Scheier, & Weintraub, 1989)。在這因應等級量表中的十四種因應型式，是從有關人們如何處理壓力事件的人格理論中推斷出來的。我已將這十四種因應型式的評估列在因應等級量表中，同時加上和每一種因應類型取向有關的代表性問題與人格因素。

　　主動因應（相關個性：樂觀、自信、自尊、少憂慮）：「我採取其他行動解決問題」，「盡我所能改善情況」，「我會按部就班做我該做的事」。

　　計畫（相關個性：樂觀、自信、自尊）：「我試著提出解決的策略」，「我擬定行動計畫」，「我認真考慮該採取哪些步驟」。

　　排除其他活動（相關個性：無）：「將其他活動置於一旁，只專注一件事」，「我全心解決這個問題，必要時，稍微停下其他的事」，「我盡量不讓其他事情或活動干擾我」。

　　有限度的因應（相關個性：樂觀、少焦慮）：「我說服自己等到適當時機才行動」，「針對此事，除非情況許可，否則我不採取任何行動」，「我確定不會因反應太急而使事情更糟」。

　　需要協助而尋求社會支援（相關個性：樂觀）：「我詢問有類似經驗者的作法」，「我試著徵詢別人的意見，以瞭解自己該如何做」，「我就此事詢問他人相關事宜」。

　　基於情緒因素尋求社會支援（相關個性：無）：「我告訴其他人我

的感覺」，「我試著從朋友或親人身上尋求情感支持」，「我和某人一起討論我的感覺」。

正面的重新解讀與成長（相關個性：樂觀、自信、自尊、少憂慮）：「當事情發生了，我會往好處想」，「我試著以不同角度來看事情，使它具有較正面的意義」，「我從經驗中學習」。

接受（相關個性：樂觀）：「我學習視它爲生活中的一部份」，「我接受這個已發生且不能改變的事實」，「習慣這個已發生的事實」。

求助於宗教（相關個性：樂觀）：「我找上帝幫忙」，「我信任上帝」，「我試著在宗教上尋找慰藉」。

過於重視情緒及發洩情緒（相關個性：缺乏自信、焦慮）：「我感到煩亂而發洩我的情緒」，「我釋放我的情感」，「我感受到很多情緒困擾，發現自己常將那些感覺發洩出來」。

否定（相關個性：悲觀、自信低、自尊低、焦慮）：「我拒絕相信事情已發生了」，「我假裝事情尙未發生」，「當作沒有發生這件事」。

行為脫避（相關個性：悲觀、自信低、自尊低、焦慮）：「我放棄追求我想要的一切」，「我放棄追求我的目標」，「我告訴自己，我無法處理，也不想處理」。

精神脫避（相關個性：悲觀、自信低、焦慮）：「我轉向工作或其他能讓我分心的事」，「我看電影、電視或少去想它」，「我做白日夢，想著事情並非如此」。

使用酒精或藥物（相關個性：悲觀）：「我利用酒精或藥物讓自己好過一點」，「我藉喝酒或服藥來暫時忘記自己」，「藉著酒精或藥物幫助自己度過難關」。

我們可從因應等級量表中學到什麼

在因應等級量表的研究中得知一個結果：即面對生活挑戰時，採取積極和自立的方法爲最適當的處理，包括了擬定計畫和解決問題。發展適度的外向個性是有益的 (Amirkhan, Risinger,

Swickert, 1995; Cooper, Okamura, & McNeil, 1995)，因為這將有助於你主動回應生活的挑戰，並在需要時向他人尋求援助。用逃避或否定來因應挑戰，或以一種被動的態度來反應，是最不恰當的因應之道。

因應等級量表提醒我們去思考我們面對壓力事件的策略，並質問自己：我們所表現出的因應反應是否最有益？有兩種方法可幫助你評估自己的因應策略。第一，你要有足夠的彈性去選擇最有利於某特性情境的因應反應。第二，評估此一因應策略最終對增強你的自信心與自制力是否有益。這目的與其說是選擇「正確」的因應反應，倒不如說是保持一種以深思熟慮、問題解決和自信為特徵的「因應態度」(Amirkhan, 1990b; Carver & Scheier, 1994)。

認識具適應性的人格特質

為了成功因應生活挑戰，瞭解自己的人格類型是有幫助的，因為人格類型與一個人對世界的認知和對壓力事件的反應有密切的關係。某些人格類型比其他類型更具有適應性是可以理解的。對於因應生活挑戰有困難的人，其人格類型較不圓融，因而不能修正他們的反應以配合特殊情況的需求。

人格類型的研究與心理學領域的研究一樣久遠。有數不盡的人格理論被提出，且需要大量的目錄收集已發展出來的人格類型。有一個人格類型風行超過100年，其在預測適應或不適應行為的成效上受到廣泛的肯定，它界定出五種不同的人格類型：神經過敏、個性外向、思想開放、和藹可親和負責盡職 (Costa, McCrae, 1992; Goldberg, 1993; McCrae & John, 1992)。針對這五種人格類型，研究人員做出以下結論(Costa & McCrae, 1990, 1992; Marshall, Wortman, Vickers, Kusulas, & Hervig, 1994; McCrae, 1991; McCrae & Costa, 1991; Trull, 1992)。

神經過敏

神經質人格類型者的世界觀，可以以下列敘述做為其特徵：

「我常感到無助，希望他人告訴我該怎麼做」
「我時常感到憂慮和焦慮」
「我無法符合別人的期望」
「我因他人不尊重我而對他們生氣」
「當事情失敗時，我會放棄且變得沮喪」

神經過敏幾乎不是個具適應性的人格類型。它與沮喪、焦慮、自我貶抑、心理不健全、難與他人相處、悲觀、無助、低自尊、無法釋懷的氣憤、生活無法滿足者有關，有著神經質人格類型者傾向於依賴著不適應的因應類型如：一廂情願的想法與自責 (Bolger, 1990)。

個性外向

個性外向之人格類型者的世界觀，可以以下列敘述做為其特徵：

「我喜歡走入人群」
「我喜歡笑也愛和他人說笑話」
「我愛說話，精力充沛且快樂」
「我非常活潑」
「我大部份時間都和其他人共度」

個性外向是屬於具適應性的人格類型，除非它變得太極端。適度的外向與低程度的沮喪、焦慮，以及正面的自我形象、良好的心理衛生、良好的人際關係、樂觀、希望、高自尊、對生活滿足皆有關。然而，假如外向變得太執著或極端，則與衝動、反社會行為、侵略性、自我陶醉和狂亂的行為互有關係。

思想開放

思想開放之人格類型者的世界觀，可以下列敘述作爲其特徵：

「我熱愛文學、詩詞和藝術」

「我喜愛用理論和抽象概念自娛」

「我是個好奇的人」

「我喜愛沈浸在新的想法中」

「我會嘗試解決問題的新方法」

思想開放爲相當中立的人格類型。它與正面的自我形象、樂觀、好奇相伴出現，但假如思想開放，變得太固執或太極端，則會變成衝動、狂亂的行爲。

和藹可親

和藹可親之人格類型者的世界觀，可以下列敘述作爲其特徵：

「我試著有禮貌地對待每一個人」

「我幾乎不曾與人吵架」

「我通常相信別人」

「我與他人相處融洽」

「別人認爲我很謙和且誠實」

和藹可親與良好的人際關係、親近他人、健全的心理衛生、樂觀、良好的自制力和對生活的滿足等有關。假如和藹可親變得極端，則會顯得缺乏個性。

負責盡職

負責盡職之人格類型者的世界觀，可以下列敘述作爲其特徵：

「屬於我分內的事，我都會小心處理」
「我是個非常可靠的人」
「我有良好的組織能力」
「我對自己設定了高標準」
「我以我的工作自豪」

負責盡職與低程度的沮喪和焦慮以及正面的自我形象、良好的自制力、健全的心理衛生、樂觀和對生活的滿足有關。假如負責盡職變得太執著或偏激，則會讓一個人變成太過於依賴他人的名詞。

壓抑的因應類型

除了以上所描述的五種人格類型外，另一個非常不適應的人格類型為壓抑的因應類型 (Weinberger & Davidson, 1994; Weinberger & Schwartz, 1990)。欲瞭解此類型可藉由察覺兒童如何學習處理他們的情緒來得知，一方面教兒童控制他們的情緒，以及避免以行動表現和發脾氣；另一方面，兒童必須學習與他人溝通自己的情感，他們必須要放開心胸、活潑和自動自發。當人們不擅於傳達負面的情緒時，他們會變得非常壓抑，甚至於不願承認自己有負面情緒。使用壓抑因應類型者對自己說出以下的敘述：

「我總是非常有禮貌，甚至對那些令我討厭的人也是如此」
「當人們對我無理時，我很驚訝！因為我不會感到焦慮」
「當遇到壓力時，我只會保持冷靜和理性」

壓抑因應類型者是以一種非常偏離的角度來看這世界，他們長期壓抑自己「不接受」的情緒，並且幾乎不知道他們已失去了自我。

壓抑因應類型有兩種主要的缺點。第一，雖然人們不願承認有壓力正困擾著自己，但生活在太多壓力下而沒有做出適合的因應反應，將會造成傷害。第二，是它使得我們太孤立，假如你壓抑你的自發性，表現得好像每件事總是在你的控制下，則很難與他人維持有意義的關係。

依附人際關係的代價

第三章你將會學到發展良好的支持系統，對增加你的因應問題的錦囊是個有用的技巧。它的好處在於當有壓力時，你可以和他人維持密切的關係，而且可以依靠他們。然而，必須記住的是，良好的支持系統意味著支持的施與受，因為讓自己變成太依賴他人，而失去與內在自制的接觸就不適當了。過度依賴他人會以下列方式危害自己(Bornstein, 1993)：

誘導：依賴他人的人很難去推動自己，因為他們不能沒有他人的指引。

認知的：依賴他人的人將會把自己看成為無能力和無效能的人，因為他們認定他人可以控制他們所發生的任何事。

情感的：依賴他人的人當他們被要求自己照顧自己時，會變得焦慮和擔心。

行為的：依賴他人的人以困窘和無助的態度與他人互動。

因為依賴他人的人非常倚靠他人，所以他們承受了相當大的壓力。一則依賴他人的人對於自己在因應生活挑戰上的能力信心不足，因為他們已變得事事需仰賴他人幫忙，使問題更複雜的是，他們的人際關係形式常是討人厭的，且引起其他人逃避或拒絕他們。所以，依賴他人的人因壓力造成的身心損害屬高危險群就一點也不足為奇了。

個人成長的可能性

一個人的人格類型是穩定且持久的 (McCrae, 1993)。然而，這並不表示你不會改變，這本書的主要目的之一，就是要幫助你察覺自己的人格類型。如此一來，你能夠在面對不利己之生活挑戰時，修正自己的認知與反應。

自我責備與自我負責的區別

由這本書你能得知，以自我責備的方式來面對生活挑戰是無用的。以自我責備來面對生活挑戰者比不使用此種方式者有較不快樂、較沮喪及適應不良的心態(Kleinke, 1988; Revenson & Felton; 1989; Vitaliano, Katon, Maiuro & Russo, 1989)。自我責備與自我負責兩者是相當不一樣的因應型態。自我負責不會因生活中不順遂的事而責備或貶損自己，其在於發展我們的自制力和內在控制，並學習和熟練因應技巧（於第三章說明），它也要求我們誠實決定是否要為問題的原因及結果負責（或不負責）（見第十五章）。

逃避的正反兩面

我們有時也會以逃避來面對生活中的挑戰，以下有一些例子 (Schmidt, 1994)：

社會隔離：「我避免親近他人」
逃避親密：「我避免涉入密切、親密的人際關係」
避免表現負面情緒：「我迴避會讓我產生負面情感的場合」
拖延：「我避免從事單調而令人討厭的工作」
避免因服從而產生衝突：「我避免要我順從他人要求的情境」
保持情感上的距離：「我避免需依賴他人的情況」

避免工作上和財物上的問題：「我避免更換我的工作」「我避免處理財務問題」

逃避的意思是指應該面對問題時，卻沒有盡力去處理。我們不去阻絕問題的來源，反而忽視它們，希望它們趕快離去。不幸的是，生活中的大部份挑戰是不會自動消失的。逃避雖然可暫時的降低焦慮，卻常引起更大更長期的壓力，因為問題早晚會回到我們身上。

逃避對於沒有長期性後果的造因是一有效的因應策略。它可以讓短暫的困擾略過而不用面對，對於一些時間久了自然會解決的問題，我們沒有必要去承受它們引起的壓力。但對於必須面對的生活挑戰，逃避就不是一個好的策略。有些情況下，你必須藉著一種因應的態度，並使用第三章(Suls & Fletcher, 1985)所整理出的因應技巧，來控制自己所承受的壓力。

將逃避視為因應策略的主要缺點就是，無法運用建設性的個人反饋(Bednar, Wells, & Peterson, 1989)。不可避免的是你將接受其他人的正面和負面的回饋，而避免負面回饋者無法利用這訊息（大部份是正確的）有效的改變他們的思考和行為。逃避者也將錯過正面回饋的益處，因為他們太習慣於擺出虛偽的姿態，所以無法區別何時他人的稱讚是可信的。就這方面來說，逃避是一種阻礙人們利用他人回饋的否定方式，所以它也阻礙了個人的成長。

提高警覺和反應遲鈍

藉由思考提高警覺和反應遲鈍的觀念，可以更進一步瞭解逃避的正反兩面(S. M. Miller, 1987)。提高警覺的重要性在於我們藉此保持警覺與注意力，並對潛在的危險預作準備。提高警覺者會盡力去蒐集有關威脅性事件的資訊，警覺心高的人會注意警示的標籤和安全的資訊，並蒐集有關疾病和健康的正確知識。它們耗費許多精力在試著預測自己會發生什麼事；警覺心低的人則不注意潛在的危險，等到威脅發生時才開始有反應。

反應遲鈍可解釋為我們自己傾向於轉移和危險與威脅有關的感受與情緒。遲鈍者指的是為逃避受到負面經驗情緒影響而自我保護的人，他們不管自己內心發生了什麼事；非遲鈍者面對威脅的發生，其情緒反應非常的敏感，在整個挑戰發生的過程中，它們的感受始終都持續著。

研究人員發現，當面臨我們能克服的挑戰時，收集資訊（警覺性高）和對情勢感覺敏銳（非遲鈍者）是最好的因應方式 (S. M. Miller, 1987; S. M. Miller & Birnbaum, 1988; S. M. Miller, Brody & Summerton, 1988)。當一個潛在的危險被克服時，藉由高昂的情緒來保持注意力和活力是有益的；對於超乎我們所能控制的威脅，那麼抱著順其自然的態度來因應是比較合適的。若要監測每個（對我們）有潛在影響的威脅事件，將會帶來很大的壓力，此種人罹患高血壓的危險較高(S. M. Miller, Leinbach & Brody; 1989)。我們必須以最有效率的方法針對挑戰來蒐集資訊，並保持情感上的活力。

自我逃避

另一類的逃避是自我逃避(Baumeister, 1991a)。自我逃避是利是弊端視環境而定。當人們過於極端地要求自己，以至於無法忍受面對自己時，就會導致有害的自我逃避。這類的自我逃避會經由消極、強硬和衝動的行為，而推諉搪塞，不去自我反省的欲望變得愈來愈強烈的話，則將訴諸於自我傷害、濫用藥物和暴飲暴食。當人們將自我中心暫置一旁，容許自己去創造或得到快樂的經驗時，就會產生有益的自我逃避。為了利用有益的自我逃避，我們建議讀者練習以下的技巧：

◇設定實際的目標，讓自己能成功達成而不會長期處在失敗的恐懼中。
◇不要逃避需要你密切注意的問題，但在需要時，也要讓自己喘一喘氣，別把自己燃燒殆盡。

◇藉由發揮你的想像力和參與創造性活動，學習如何讓自己從問題中「抽身片刻」。

人們如何擊敗自己

人們經由主要的自我毀滅、利益交換、反效果策略和自我貶抑等方法擊敗自己（Baumeister & Scher, 1988）。瞭解這些自我毀滅的傾向可幫助你避免它。

主要的自我毀滅

下列為一般常見的主要的自我毀滅行為，請以同意或不同意的程度作答：

	非常同意	同意	不同意	非常不同意
1. 我做危險的事，以求刺激。	---	---	---	---
2. 有時，我似乎並不在意自己會發生什麼事。	---	---	---	---
3. 我常常不會好好照顧自己。	---	---	---	---
4. 當我確定自己生病時，通常會去看醫生。	---	---	---	---
5. 我似乎常常犯相同的錯誤。	---	---	---	---
6. 開重要會議時，我時常遲到。	---	---	---	---
7. 我不相信投機。	---	---	---	---

8. 我每天抽一包以上的煙。	…	…	…	…
9. 我通常會吃早餐。	…	…	…	…
10.我常常愛上不該愛的人。	…	…	…	…

這些敘述取自長期自我毀滅表(Kelley et al., 1985)。同意
1,2,3,5,6,8,10項和不同意4,7,9項者較傾向於自我毀滅。在自我毀滅
上得高分者，並未對自己的幸福負責，他們對內在控制（第三章）
的感受性低，而所做的事也是對自己最不利的，如欺騙、開車不
注意安全和忽略自己的健康等。

主要自我毀滅的例子包括了：被虐待狂、不正常的飲食、藥
物濫用、魯莽及自殺。人們在進行這些傷害性的行為時，通常知
道自己情緒上的痛苦，但不幸的是，不是每一個人都有能力扭轉
局勢。

利益交換

利益交換意味著人們不管健康的危害或焦慮的長期代價，而
選擇及時的快樂或鬆弛，包括了抽煙、飲酒、不繫安全帶、從事
不安全的性行為、拒絕運動、飲食不當、忽視健康照顧和使用亢
奮的藥物等，不利於自己的行為。利益交換也可能發生於人們選
擇安全、非挑戰性目標時，他們在獲得滿足的過程中為自己辯解
過失，並享受在事倍功半的成果中。即使如此，當人們尚未學會
如何去因應失敗時，常會做出不當的利益交換。

反效果策略

反效果策略是由於缺乏洞察力和良好判斷力的結果。缺乏效
能且極嚴苛是這類策略的特徵。比方說，當人們試著去瞭解一個
困難的問題或協商一敏感議題時，由於堅持某種方法而遺忘其他
可替代性的方法或無法善用所有可行的方法時，將阻礙自己的因
應行為，或是因為無法從問題中抽離而提出要求。成功的解決方
法或有效果的協商，必須依賴應變能力；但有些情況下，最好堅
定立場。在平時，藉由妥協或留給對方一些空間反而更有利，懂

得運用第三章所述方法的人，將可避免反效果策略。

自我貶抑

就同意與否回答下列問題：

	對	錯
1. 我希望我能更重視自己。	---	---
2. 整體而言，我對自己很滿意。	---	---
3. 我認為我自己沒有什麼值得驕傲的。	---	---
4. 我常認為我是失敗者。	---	---
5. 我以正面的態度面對自己。	---	---
6. 有時，我想我一無是處。	---	---
7. 有時，我覺得自己很沒用。	---	---

以上這些狀況出自自我貶抑量表（Kaplan, 1970）。同意1,3,4,6,7項及不同意2,5項者，有強烈的自我貶抑傾向且適應性差，他們有焦慮和憂鬱，對新的生活挑戰會有一段難以忍受的適應時期，他們很可能經歷身心上的壓力，較可能引起自殺、藥物濫用和極端的行為表現（Kaplan, 1970; Kaplan & Peck, 1992; Kaplan & Pokorny, 1969, 1976a, 1976b）。

自我貶抑者起因於個人所成長的家庭或社會群體中；曾被排斥及不被接受的人們常會認為自己是失敗者，而且將自己排除於群體之外，因為他們無法獲得自尊、不遵循社會規範，有時甚至出現反社會行為，久而久之，反社會行為就會變成他們維持自我認同和自尊唯一的方法（Kaplan, Johnson, & Bailey, 1986; Kaplan, Martin, & Johnson, 1986）。

可以理解的是，在學習適當的因應反應時，曾被拒絕的人比在良好角色模式中成長者有一段較辛苦的時期。當你似乎無法掌握正面的酬賞時，便很難對生活產生因應的態度。然而，我們可

以用最好的方法控制自己的想法、感覺、態度和行為。本書所討論的因應技巧是指增進你超越自己的力量，再進而提昇個人的能力和效能，那麼你將會有機會得到更多正面的回饋。

結論：有關成功的因應策略

從研究調查這些因應策略中，已得到若干有用的結論。能夠成功處理問題的人，他們有一套因應策略，而且能順應情勢修正反應。良好的因應者具有三種技巧（Atonovsky, 1979）：

彈性：能創造和思考不同的計畫。
有遠見：能預測因應反應的長期影響。
理性：給予正確的評價。

在本章中，我們看到許多對人們因應反應效果的分析研究，雖然這些研究在因應測量上多少使用了不同的辭彙，但皆同意以下的結論：

對於生活中的挑戰，成功的因應者，是以負責的態度針對問題尋找解答。他們抱著自信與統馭力來迎接問題，目的是評估情況，尋求他人的忠告及支持，實踐最有利的計畫來解決問題。另外，他們也把生活的挑戰視為個人成長的一個機會，並試著以希望、耐心及幽默的態度面對這些挑戰。

失敗的因應者以否定和逃避的態度面對生活中的挑戰。他們不是從問題中退縮，就是不花時間和精力去尋求最好的解決方法，而是衝動行事。在心態上不是生氣、攻擊就是沮喪、消極。他們針對自己的問題責備自己或其他人，而且無從瞭解迎向生活挑戰上，希望、統馭和個人控制的價值。

我們生活在一個人們只想輕鬆回答問題的社會，希望用一顆藥丸、捷徑或有保證的解答等這些不需要太多的代價和努力來解決問題。成功的因應之道不是為了發現一個單一、防止失敗的反應，它是一種態度、一種生活哲學。成功的因應者訓練自己使用初級及次級評估，以便推論最適合自己所面對特殊生活事件的因應反應，你將會在第二章學到更多關於此歷程的運作情況。

第 2 章 因應挑戰的過程

評估日常生活的困擾
生活困擾對人們的影響
因應日常生活困擾
初級評估
次級評估
因應之道

本章根據第一章所介紹的概念發展出一個模型，藉以了解因應挑戰的過程，為了解此模型的原理，請回想你平時如何因應日常生活中的困擾。日常生活的困擾是指較不惱人的事件，以單一事件來看，日常生活中的困擾是沒什麼大不了的。然而，假如我們承受很大的壓力或者同時積壓了很多的困擾，那麼就不一樣了。我們已確認某些時候主要的生活危機對我們的生活會造成顯著的影響(Dohrenwend & Dohrenwend, 1974; Holmes & Rahe, 1967)。近幾年來，心理學家已證實日常生活的困擾會造成壓力(Kanner, Coyne, Schaefer & Lazarus, 1981; Monroe, 1983)。雖然日常生活壓力不似主要的生活危機引人注目，但是確實是壓力的一大來源。我們常忽略了有多少日常生活的困擾會導致我們精疲力竭。

評估日常生活的困擾

　　花一點時間，仔細想想造成你生活挫折的問題、憂慮和欲望。在一個調查中發現人們最常見的生活困擾如下(Kanner et al., 1981)：關心體重和身材、家人的健康、物價上漲、家庭生計、太多要做的事、財產、投資、賦稅和犯罪。其它的困擾有環境的污染、交通不便、惡劣的天氣、爭吵及遭拒絕。另一種難以避免的困擾，而且幾乎威脅到每一個人的困擾，就是人際關係衝突的經驗(Bolger, DeLongis, Kessler & Schilling, 1989)，當人際關係的衝突一直持續，則壓力是特別大(Avison & Turner, 1988)。

　　藉由了解你對一般日常事件的反應，評估你在日常生活中的困擾，在每天的事物終了時，記錄自己有無發生以下的事件，並依量表上的分數計分。

　　　　分數　1=有發生但無壓力
　　　　　　　2=幾乎不引起壓力

3=引起一點點壓力

4=引起一些壓力

5=引起許多壓力

6=引起非常多壓力

7=讓我驚慌失措

日常生活事件   得分

1.工作表現欠佳   ---
2.遭言詞上的攻擊或批評   ---
3.被打斷講話   ---
4.被注視   ---
5.感到尷尬   ---
6.與人爭論   ---
7.車子故障   ---
8.交通不便   ---
9.忘了東西原來的位置   ---
10.壞天氣   ---
11.金錢問題   ---
12.聽到壞消息   ---
13.千鈞一髮的經驗   ---
14.上班或約會遲到   ---
15.無法逃避令人煩亂的電視節目、電影、書籍及文章報導   ---

　　以上的各項日常生活壓力(Brantley, Waggoner, Jones, & Rappaport, 1987)是從所包含的58項日常生活困擾中挑選出來的。調查的目的是針對日常困擾對你生活的影響提供一每天指數。你可以依據每一項的得分，計算自己的壓力分數。由於有些日子壓力較大，所以壓力分數很自然地天天都會改變。若你的壓力分數一直都很高（平均5分或更高），則這些生活困擾就會變成你最大

的敵人。

生活困擾對人們的影響

　　長久以來，生活困擾就被懷疑對我們的身心健康有不利的影響，近來的研究已證實的確是如此。也就是說人們所遭遇的日常困擾數量與健康問題、心理及生活壓力之變化有明確的關聯(Brantley, Dietz, McKnight, Jones, & Tulley, 1988; DeLongis, Coyne, Dakof, Folkman, & Lazarus, 1982; Kanner et al., Kohn, Lafreniere, & Gurevich, 1991; Monroe, 1983)。也有證據顯示壓力對於免疫系統有不良的影響，而且使感染疾病的危險性提高(Cohen, Tyrrell, & Smith, 1991, 1993; Cohen & Williamson, 1991)。

　　研究人員發現已經罹患壓力失調(Monroe, 1982)、焦慮和無法平心靜氣的人(Kohn et al., 1991)，他們受到生活困擾的破壞性影響較為嚴重；具有高自尊和良好支持系統的人，對生活困擾產生問題較少(DeLongis, Folkman, & Lazarus, 1988)。在本章後段，你將會學習到如何藉由養成自制力及自我效能來增強自尊心，良好的自尊可幫助我們承受生活壓力的不良影響。在第三章，將可以知道發展良好支持系統的益處，因為他人的援助可幫助我們減輕日常困擾對情緒及心理進康的負面影響。

　　日常生活困擾與壓力反應相互影響。對於成功的因應之道也有重要和密切的關係。圖2-1說明了面對生活挑戰之因應過程(Lazarus, 1984a)，此圖有三項主要的特徵：第一，（老闆嚴厲的語氣、交通阻塞、遭拒絕）除非我們將生活事件評估為挑戰（初級評估），否則並不構成問題。在此有一重要課題，即初級評估需具有真實性，如此才能將問題及威脅合理化。記住，不要讓自己負擔過重，而將必須視為生活中一部份的事件當作壓力。第二，當某個生活事件被評估成一個問題或威脅，並引起壓力時，可以經由次級評估來緩和壓力的負面影響，並產生自我效能及能力的

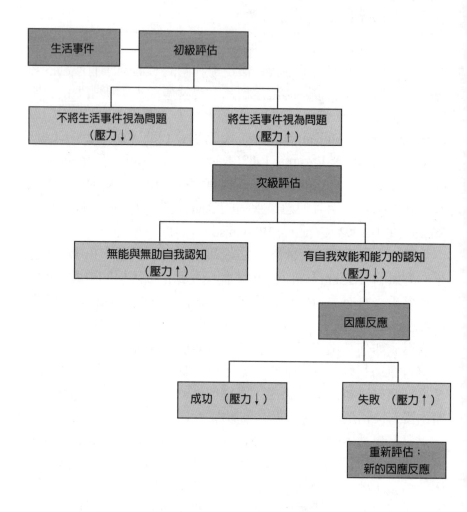

備註： ↑：表壓力增加　↓：表壓力下降

圖2-1　於因應過程中之初級和次級評估

認知。第三,一個成功的因應反應可達到長遠的控制,並將壓力減到最低;失敗的因應反應可促使我們重新評估生活事件或嘗試不同的因應策略。圖2-1顯示因應的反應必須具彈性,而且要學習新的因應策略。因此,誠如第一章所述,擁有計畫A、計畫B、甚至計畫C來解決生活的挑戰是值得的。

評估壓力事件

　　當你將潛在的壓力事件評估成威脅的、重要的和無法控制的等三種情形時,對你的生活將產生負面的影響(Peacock & Wang, 1990)。

　　以下的評估將使你把生活事件視為威脅的:

◇這些情況讓我覺得焦慮。
◇這情形的結果將是不好的。
◇這情形具威脅性。

　　以下的評估將使你把生活事件視為重要的:

◇這情形對我有重要後果。
◇這情形將大大地影響我。
◇這情形對我有長期性的影響。

　　以下的評估將使你把生活事件視為無法控制的:

◇這是個完全沒有希望的情況。
◇這情形不可能解決。
◇任何人都無法改變這情況。

　　當你把潛在的壓力事件評估為在你的控制之下,將更能加以處理:

◇在這情境下，我有能力做好。

◇我能克服這個問題。

◇我有把事情做成的必須技巧。

因應日常生活困擾

因應日常生活困擾的二種方法和分散注意力與放鬆心情的正面情緒有關（Stone, Kennedy-Moore & Neale, 1995）。分散注意力意味著藉由思考其他事物，或從事一些活動來轉移你對問題的注意力，但這些不表示你逃避問題；更確切地說，分散注意力可讓自己暫停一下，以便研究或深思一些你無法改變的事情，至少，不是目前可解決的事。放鬆係指挪出時間做自我放鬆的運動，對許多情況而言，放鬆是一個有用的技巧，在第三章將有詳盡的討論。

與日常生活困擾的負面情緒反應有關的是情緒發洩。情緒發洩是一種將日常生活困擾的情緒反應，以「情緒爆發」的方式釋放。你將在第八章學到，以情緒爆發的方式發洩情感不是個有效的因應方法，除非是與解決問題有關。

在第三章將建議使用支持系統，它是個很有用的因應策略。然而，這端賴如何來善用支持者而定。假如你對日常困擾的反應就是向支持者抱怨或訴苦；事實上，你可能會覺得更糟。然而，倘若你讓支持者幫你解決問題，這可能會讓你的心情變得更開朗。

現在你對初級評估、次級評估及因應之道的概念有了基本瞭解，往後的章節裡將針對這些重要的過程做更詳盡的分析。

| 生活事件
(Ellis：觸媒事件) | → | 生活事件
(Ellis：信念系統) | → | 終結情緒表現和
可能的壓力
(Ellis：信念系統) |

圖2-2 初級評估的過程

初級評估

　　你如何學習建立一實際的初級評估？了解Albert Ellis在他的合理情緒行爲療法（Ellis, 1962; Ellis & Harper, 1975）中所提出的見解是一個很好的開始。Ellis幫助我們了解初級評估的主觀性，他解釋人們在初級評估上所能控制的，遠超過他們自己所了解的。利用合理情緒療法，可將初步評估的過程分成三步驟（圖2-2）：步驟一，由生活事件構成，Ellis稱之爲觸媒事件；步驟二，對生活事件的評估，起源於我們自己的主觀信念系統；步驟三，由情感、情緒及可能壓力所組成，其爲生活事件如何被評估的結果，也就是說，我們怎麼評估生活事件，對我們的情緒和情感有重要的影響。Ellis的理論會讓人誤以爲簡單，容易了解它是如何運用的，但要能應用在初級評估的例子：有位男士在升遷上遭到拒絕，當他進行以下的評估時，他會有那些情緒變化？

　　評估A：「我喪失了升遷的機會，表示我是個失敗者。我能力不好，我的一生毀了，沒有升遷我不可能再有快樂了」
　　最終情緒表現：

評估B：「我是如此地賣力工作，卻換得如此下場。真想辭職算了，那些迂腐的主管們自認為如此崇高和偉大！他們這樣的對待我是不對的」

最終情緒表現：

評估C：「對於升遷的機會我非常地失望，對我而言，這是種挫折，我的心情可能會因此感到煩亂一陣子，但我知道自己必須振作，並尋找新的方向」

最終情緒表現：

評估D：「沒有升遷，並不是不得了的逆境，我不會在意那些主管對我有何看法」

最終情緒表現：

評估A最常引起沮喪；評估B可能會引起氣憤；評估C的結果可能引起悲傷和希望；評估D的結果則視它的真實性而定，假如這位男性真的不在意升遷，那麼他未獲升遷的事實對他便不會造成太多影響；假如他很想要晉升，但無法如願，短期內他可能會感到沒什麼，長期下來則會引起緊張和壓力。

合理情緒療法所根據的理論並非新的理論，在公元一世紀時，希臘哲學家Epictetus曾說：「人們不因事情而感到煩亂，但卻會被他們對自己的看法所擾。」(cited in Ellis & Harper, 1975, p.33) Willian Shakespeare在哈姆雷特中寫道：「事情原本皆無好壞，全憑個人的想法而定」（第二幕、第二場）。

辨認非理性的評估

初級評估是個體信念系統的產物。假如你要求他人十全十美，一旦事與願違時，則會令你大失所望。再者，假如你強要求別人給予無條件的關懷，一旦它並非垂手可得時，你將會覺得受到傷害及感到氣憤。Ellis指出人們可學習辨認何時做非理性的評

估，以及能學習採取步驟加以修正。思考以下的評估（Ellis, 1962; Ellis & Harper, 1975）：

「對我重要的人應該永遠愛我」。
「我不應受到虧待，如果他們如此對待我，則為壞心眼的
　人」。
「當事與願違時，我會非常懊惱」。
「當事情還不能確定時，我會一直擔心」。
「我每次都要獲得成功」。

　Ellis指出上述的評估是非理性的，因為它們不切實際，而且必定會造成負面的經驗。非理性的評估有專斷的傾向，其特徵為「應當」、「必須」和堅持完美。以下非理性的信念已經獲得一連串的研究調查所確認（Lohr, Hamberger, & Bonge, 1988）。

　讚美的需求：「我必須被我生命中所有重要的人讚美和愛護」。
　高度的自我期許：「假如我是有價值的人，我必須在各方面都能徹底的適應及勝任。」
　責備傾向：「假如我（或其他人）是不好的、邪惡的和無知的，那麼我（或其他人）就該受責罵。」
　情感上的無助：「我的不快樂來自於其他人或環境，我只有少許或甚至沒有能力來控制我的不快樂。」
　過度焦慮：「假如危險或可怕的事有發生的機會，我會一直擔心。」
　逃避問題：「逃避比面對困難和責任容易多了。」
　依賴：「我必須依靠比我堅強的人。」
　無助：「我的過去對於我現在的行為有決定性的影響；如果某件事情曾對我有很深遠的影響，那麼它將影響我一輩子。」

人們如果堅持這些信念，在生活中將產生問題，因為它們很難讓人獲得滿足。

　　經由學習以比較理性的態度來做評估，我們便可以修正我們的負面情緒和減少壓力。好比說，一個女人的丈夫離開了她，她如何選擇以下任何一種評估來處理這個生活事件？

　　「他是我生命中所有的依靠，沒有他我的生命就沒有價值。」（沮喪）
　　「我不能忍受他離開我，我受不了沒有他。」（自暴自棄、驚慌失措）
　　「他怎麼能這樣對待我？他是多麼的不體貼、不負責任啊!他真是個大爛人。」（受傷害、生氣）

　　這些評估都會引起過度的壓力和痛苦。理性-情感治療法的目的是藉由產生更多適合的評估來幫助這位女性，使她對生命有更強烈的控制感，誠如：

　　「離開我是他的損失，我將會思念他，現在我只覺得生氣和悲傷。此外，我已經準備好繼續往前邁進，並找個新好男人。」（生氣、悲傷、希望）

辯解認知上的曲解

　　除非我們學習以因應者而不是犧牲者的角度來面對壓力性生活事件，否則認知上的曲解與非理性的評估相似，因為它們所造成的不愉快、不滿足和壓力，比我們所面對碰到的還多。

　　Aaron Beck 與其同事略述了以下認知上曲解的例子（Beck, 1967, 1976; Beck, Freeman, et al., 1990; Bedrosian & Beck, 1980）。

　　選擇性概念係指斷章取義的模糊問題。例如，某個人忽略了其他

的成就，僅因一次失敗便可能變得沮喪，或者來自他人一個非善意的反應，可能就超過了這一天你接到所有善意的反應。這結果來自於選擇性概念：假如一件事不好，則所有的事都不好。

任意推論指依據不充分或不完整的資料做結論。例如，他人表現出不高興，就「證明」他不喜歡你，或者老闆在走廊上遇到你，而不跟你打招呼，你就確定他對你的表現感到不滿。當我們任意推論時，我們都忘記在好與壞之間取得平衡。

以偏蓋全即僅依一個或兩個意外事件就逕自判斷和推論。碰到一個失敗或拒絕就表示「我是個能力不足的人」；他人一個反應就證明「沒有人喜歡我」。當我們不能做個深呼吸、退一步想或者從大局來看時，就會發生以偏蓋全的情況。

個人化係指將不好的事件的箭頭特別指向自己的一種推論。「一位無禮的司機在路上向我挑釁」，「下雨天只會使我的一天更悲慘」，「警察可以對任何人開罰單，為何偏偏找上我？」。關心自己的事固然很好，但我們必須提醒自己是世界上數十億人口中的一個而已。

極端思想是非黑即白的思考方式。「你可以站在我這邊，或者變成我的敵人」、「假如我得不到我要的，我不會快樂」，「人們若不相信我所相信的事就是笨蛋」，想要在世上過活的方法，就是學會通融和認清世上暗淡的一面。

誇張和大驚小怪會使一些些的不愉快變成大災難。「你忘記我的生日，那就表示你不愛我了」、「我在這測驗中只得到B，我的大學生涯已經完蛋了」。學習如何在受挫時，放鬆心情並保持平靜是有用的因應技巧。

承擔過多的責任是不切實際的自我責備。「假如我（更強壯、更愛好音樂、更迷人等等），我女朋友就不會和我分手」、「當我做錯事時，我丈夫會生氣，我必須學會少做錯事，他才不會這麼氣憤」，「我最好的朋友心情沮喪，他需要我時時刻刻陪著她」，要能夠設定限度和範圍才能得到最好的調適。

辨認適應不良的基模

　　另一個了解非理性評估的方法即研究適應不良的基模（Young, 1994）。此基模是指當其他人在我們身旁時，我們決定該如何看待自己的一種思考模式。我們和別人在一起時是扮演何種角色？我們會採取對自己不利的信念來處理人際關係嗎？在表2-1所描述的基模都有缺陷，而且與負面影響、沮喪和焦慮有關（Schmidt, Joiner, Young, & Telch, 1995），有這些缺點的人若能修正或放棄，則將獲益良多。

改變適應不良基模

　　適應不良的基模並不容易改變；尤其是如果你已經長期利用它的話。有必要把這些基模視為與實際人生觀相互搏鬥的敵人。以下我們提出一些克服適應不良基模的策略(McMullin, 1986)：

　　還擊：還擊是我們對自己說：要避免太強調對自己不利的信念。有時可以用單一個字還擊：「無意義」、「真愚蠢」、「不是真的」、「停止!」；或者也可使用完整的句子還擊：「只要我盡了力，我不見得要很完美」、「期待每一個人都愛我，那是不實際的」、「有時，他人不認為我是對的，但這並不表示每一個人都處心積慮想要為難我」。

　　選擇其他的解釋：適應不良基模常造成對生活事件錯誤的解釋。質疑我們的認知是很有用的；尤其在面對壓力而去挑戰這些認知的時候。以下有一些例子是我們在遇到有壓力性的生活事件時，如何利用其他選擇的解釋，做出較適切的初級評估：

1. 一位男士應徵他真正想要的工作卻沒有被錄用。
   a.適應不良的解釋

   「我不值得得到這份工作，我不是好的人選」。
   「那些人不公平，他們都想為難我」。

表2-1 適應不良基模

A. 自主性
  1. 依賴
    a. 定義：一個人無法靠自己完成工作，需要他人經常不斷的協助。
    b. 可能的想法：「我自己無法勝任」、「我需要別人的幫助」、「我不懂得如何鼓勵自己」
    c. 潛在的問題：消極、與他人疏遠、成就未達理想。
  2. 服從/沒有個性
    a. 定義：一個人為滿足他人的需求，自願或非自願地犧牲了自己的需求，甚至無法認清自己的需求。
    b. 可能的想法：「假如我做我想做的事，結果一定不好」、「我必須為其他人而犧牲自己」、「我的需求沒有別人的重要」
    c. 潛在的問題：感覺有壓力存在且疲憊不堪，內心感到權利被剝奪和生氣。
  3. 易受傷害和疾病的侵襲
    a. 定義：隨時都擔心災難將要降臨到身上來。
    b. 可能的想法：「可怕的事將發生在我身上」、「我擔心事情會出差錯」、「我覺得很焦慮和害怕」。
    c. 潛在的問題：焦慮、驚慌、過度的情緒緊張。
  4. 害怕失控
    a. 定義：一個人擔心自己會不由自主地失去對行為、衝動、情緒、身心等等的控制。
    b. 可能的想法：「我快要控制不住了」、「我不能控制我自己」、「我是否變得情緒不穩了呢？」
    c. 潛在的問題：焦慮、緊張，或者固執、過度抑制。

B.社會關係

5.缺乏情感

  a.定義：一個人希望獲得別人的呵護、同理心、情感和關懷等等的需求從未得到滿足。

  b.可能的想法：「從沒有一個人滿足我的需求」、「我得不到足夠的愛與關懷」、「沒有人真正的在乎我」。

  c.潛在的問題：生氣、憤恨不平、利用別人。

6.自暴自棄

  a.定義：一個人擔心將立即失去重要的友人後，便把自己的情感永遠孤立起來。

  b.可能的想法：「我將永遠孤獨一人」、「沒有人會和我做朋友」、「我將會被遺棄」。

  c.潛在的問題：孤獨、害怕做任何承諾。

7.不信任

  a.定義：猜測他人有心傷害、虐待、欺騙、說謊、操縱或者利用他人。

  b.可能的想法：「人們都想傷害我、攻擊我、壓制我」、「我必須保護我自己」、「在他們傷害我之前，我應先下手為強」。

  c.潛在的問題：具敵意、不信任、攻擊性。

8.與社會隔離/疏遠

  a.定義：一個人感覺自己被其他人孤立，與其他人不同，而且不屬於團體或社會之一份子。

  b.可能的想法：「我不適合這社會」、「我與眾不同」、「沒有人了解我」。

  c.潛在的問題：離群索居、孤單。

C.自我價值感

9. 有缺陷/不可愛的

    a. 定義：感到自己心靈上有缺陷和缺點，根本不可愛的一個人。

    b. 可能的想法：「從沒有一個我喜歡的男人/女人愛我」、「沒有人願意接近我」、「在某些方面，我天生就有缺點和缺陷」。

    c. 潛在的問題：沮喪、低自尊。

10. 不受社會歡迎

    a. 定義：一個人相信自己在外面不受他人歡迎。

    b. 可能的想法：「我是被社會遺棄的人」、「人們不喜歡我」、「我很胖、很醜，而且令人厭煩」。

    c. 潛在的問題：孤單、沮喪、低自尊。

11. 無能力/失敗

    a. 定義：一個人相信自己不能有成就、不能在每日職責上及做決定上表現出有能力。

    b. 可能的想法：「每一件事，我都做得不夠好」、「我是無能力的人」、「我嘗試去做的每件事都會出錯」。

    c. 潛在的問題：成就未達理想、剛愎自負、低自尊。

12. 罪惡感/懲罰

    a. 定義：一個人相信自己不倫理、不道德和不負責任，應受到嚴厲的批評和處罰。

    b. 可能的想法：「我是壞人」、「我該受處罰」、「我沒有獲得喜悅和快樂的權利」。

    c. 潛在的問題：沮喪、低自尊。

續表 2-1

13.羞愧/困窘
　　a.定義：羞愧或羞怯頻頻發生的感覺。
　　b.可能的想法：「對自己的失敗或無能感到丟臉」、「我是
　　　劣等的人，不該接近某些人」、「假如有人發現我的缺
　　　點，我會不敢面對他們」。
　　c.潛在的問題：焦慮、羞怯、低自尊。

D.期許與限制
14.嚴峻的標準
　　a.定義：犧牲快樂、喜悅、成就感或令人滿意的人際關
　　　係，以冷靜的苦幹精神達到自己最高的期許。
　　b.可能的想法：「我必須成為最好的」、「我必須達到完
　　　美」、「我必須努力工作」。
　　c.潛在的問題：過度的情緒緊張、離群索居。

15.自視過高
　　a.定義：一個人堅持自己能做、能說、或者能馬上擁有他
　　　所想要的。
　　b.可能的想法：「我應該總是能得到我想要的」、「我很特
　　　別且不需接受加諸在別人身上的限制」、「我該得到立即
　　　的滿足」。
　　c.潛在的問題：衝動、生氣、疏離。

SOURCE: From *Cognitive Therapy for Personality Disordes : A Schema - Focused Approach* (Revised Edition)
by J. E. Young, J. E. Young, 1994, New York: Cognitive Therapy Center of New York. Copyright by Professional
Resource Exchange, Inc., P. O. Box 15560, Sarasota, FL 34277. Adapted with Permission.

b.選擇其他的解釋

「這競爭很激烈且只有一個職位空缺」。
「我的條件很好，只是某人更符合他們的需要」。

2. 一位女性近來遭受著失落的滋味
   a.適應不良的解釋

「我是個懦弱的人，才讓這件事這麼的困擾我」。
「我從沒有比較好的感覺」。
「我有點不對勁」。

   b.選擇其他的解釋

「在這情況下，我這樣的感覺是很自然的」。
「我必須給自己一個機會，而且不讓自己太難過」。

3. 有些人無禮的對待你
   a.適應不良的解釋

「我不好，這是我應得的」。
「那個人壞透了，而且應該被懲罰」。
「每個人都嫌棄我」。

   b.選擇其他的解釋

「那個人可能心情不好」。
「假如有人脾氣差，那是他們的問題」。
「我知道如何不得罪各式各樣的人」。

辨識最糟的設想情況：我們有時會誇大其詞，使事情看起來比實

際情況更糟糕。當這種情形發生時，我們必須很實際地思考：「最糟的情況會怎樣？」，我們可將困難的生活事件從1-10分為幾個等級。最低限度（1以上）包括那些令你不高興，但你知道你可以克服的事件。在量表的另一端（8-10分）則表示某件事情讓你覺得好像世界末日，你應使用你的因應技巧，讓事情的序列降到5分以下。

重新為他人貼上標籤：重新為他人貼上標籤，可以幫助我們對某些生活事件的看法更能順應情勢（McMullin, 1986, pp.26-27）。例如

一個人---	可稱之為	或稱之為---
見異思遷	優柔寡斷	適應性強的
雜亂無章	馬虎草率、骯髒的	自然流露自由自在的
易焦慮	懦弱、卑怯的	自我保護
情緒敏感	病態、脆弱的	細心
不擅長某個任務	愚笨、拙劣的	未經磨練
取悅他人	被動的	可愛的
人云亦云	亦受騙的	不懷疑人
愛冒險	衝動	勇敢
易激動	歇斯底里的	精力旺盛的
鍥而不捨	強迫的	有毅力的
有時會沮喪	神經過敏的	正常人
確定某件事	自負的	有自信
表達自己的意見	自我中心的	誠實、有主見的

做出理性的評估

改變適應不良基模的方法之一，就是在你意識到它們出現時，立刻懸崖勒馬。第二種方法是在你面臨生活挑戰前，就練習做合理性的評估。回想上一次應徵工作的面談經驗，在面談時，你對自己說了什麼？假如你面談的反應是以下幾種負面評價時，

你的感覺為何？

「我想不出該說什麼」
「我覺得很難堪」
「這面試官不喜歡我」
「我的回答聽起來不知所云」
「我的態度冷淡」

將以上負面評估的結果與下列正面評估做一個比較：

「這是我想要的工作，而且我表明了我的態度」
「我真的擅長這份工作」
「我打扮得體並為這次面談做了萬全的準備」
「對我而言，求職的面談是個很好的經驗」

　　研究人員發現在求職的面談上，比起那些對面試官感到非常焦慮的人來說，面試官焦慮程度比較低者，其有較多正面的評估和較少負面的評估(Heimberg, Keller, & Peca-Baker, 1986)。本書從頭到尾都將討論許多有利於練習理性評估的情況。
　　第三種處理初級評估過程的方法（圖2-2）是改變我們的生活事件。在本書稍後，你會學到如何藉由發展社交技巧、自我肯定和談判的策略，而能更有效地管理你的生活。然而，必須記住，你不可能控制所有的生活事件，並且常常必須依賴實際理性和具適應性的評估。

健康思考的重要性

　　以上的討論是為了增強Phillp Kendall(1992)所說的「健康思考」之重要性。思考的二種主要要素是內容（你所想的）與過程（你思考的要旨與正確性）。以內容而言，通常正面的思考和心存希望會比負面思考、失望和放棄更有收穫，你可以學習不陷入悲觀和負面的思想，並發展Kendall在「無負面思考的力量中」所提及的

技巧來幫助自己。

　　就思考過程而言，你必須自我反省自己對世界的思考方式是否有缺失或曲解。行為衝動的人常不去深思自己行為的後果。它們可以藉由學習在有所反應前，考慮自己的選擇來幫助自己。幻想自己很難做出抉擇或採取主動的人，有時是想太多的緣故。學習不去胡思亂想，並避免讓自己的思想受到自發性的干擾，對自己才會有幫助。不斷的省思你的思考型態是個長久的挑戰，如此你才能以開放的心胸，適應且創造性的方式來評估你的生活經驗。

次級評估

　　次級評估指我們反問自己是否能解決已評估為壓力的生活事件。次級評估的過程非常依賴成就感、自制和自尊。
　　針對以下的問題，回答你同意或不同意的程度

	非常同意	同意	不同意	非常不同意
1. 我相信我的問題是可以控制的	---	---	---	---
2. 我的問題有方法可以解決	---	---	---	---
3. 我的問題對我非常重要	---	---	---	---
4. 我的問題對我而言相當重要	---	---	---	---
5. 我很熟悉這些種類的問題	---	---	---	---
6. 以前我也曾經歷過這類問題的發生	---	---	---	---
7. 我相信，我的問題只是短時間的	---	---	---	---
8. 這是短暫的問題	---	---	---	---

9. 我的行動助長了我的問題　　　---　---　---　---
10. 我自己的行為使我產生問題　　---　---　---　---
11. 我知道問題未來的方向　　　　---　---　---　---
12. 我的問題是可預測的　　　　　---　---　---　---

以上的敘述摘自苦惱程度量表(Vitaliano, 1988; Vitaliano, Russo, Weber, & Celum, 993)。此量表評鑑六種次級評估：

控制性：第1,2項敘述。你覺得自己能控制這問題的程度有多少？若你能使用自己解決問題的技巧去發現控制壓力性事件的方法，則對你很有幫助。

重要性：第3,4項敘述。這問題有多重要？和你有多大的關係？重要問題比不重要的問題引起較多壓力，你要正確地評估這情況，才不會對不重要問題反應過度，而且不會否認或逃避重要的問題。

新經驗：第5,6項敘述。過去你曾經遇到過這類問題嗎？或者對你而言是新的經驗呢？對我們而言，新的問題是種挑戰，因為我們不熟悉它。然而，不論你面對新奇的或熟悉的問題時，你都要有彈性，發揮創造力來處理它。

持續期間：第7,8項敘述。這問題是短暫的或者持續一段長時間呢？再者，當面對或處理不會自動消失的問題時，可讓自己現實一點，不需過度去承受短期間問題的壓力。

因果關係：第9,10項敘述。問題是因你而起或者有其他理由呢？你要負責解決問題，但為此而責備自己，不見得對事情有幫助。

可預測性：第11,12項敘述。你可預測這問題的結果嗎？可預測結果的問題比無法預知結果的問題所帶來的壓力較少。若你維持一個有效因應者之形象，問題將顯得比較容易處理。

如圖2-1所示，當我們面對威脅和挑戰，假如你覺得無能為力

和無助時，你便不可能會提出適當的因應反應。我們的能力和熟練度是來自於過去處理類似壓力的知識與經驗，同時，也是一種心境的表現。但有相同知識與經驗的兩個人在成就感上會有很大的差異，為何會如此呢？為了更徹底了解次級評估的過程，學習有關自我效能的概念將有所助益。

自我效能

自我效能的概念奠基於長久以來有關人們能夠成功因應困難情況重要性的研究和理論上(Kirsch, 1986; Maddux, 1991)。許多有關自我效能的過程和發展，來自於Albert Bandura的研究(Bandura, 1977, 1989; Bandura, Adams & Beyer, 1977)。自我效能對一個人的認知、動機和情緒有重要之影響。

認知：自我效能激發人們設定有意義的目標，因為他們相信自己做得到。有自我效能者能藉由定計畫、解決問題和學習必須的技巧來完成生活中所期望的結果。

動機：自我效能引起我們的持續性、毅力和耐心。具有動機者，在失敗後不輕言放棄，他們會尋找他種方法來達到自己的目標。

情緒：自我效能高者對自己的因應技巧有信心，因而，他們很少以沮喪和焦慮來反應生活挑戰。

自我效能高者清楚自己的能力和極限：他們能夠設定實際目標和合理的期許，他們知道利用問題中心比利用情緒中心的因應方式來得好（第一章；Chwalisz, Altmaier, & Russell, 1992）。因為他們相信自己的因應技巧，所以不會逃避艱難，但知道自己能掌握的挑戰，他們也知道如何去辨認不合理且不實際的欲望，假如硬是追求這欲望，終將大失所望。

自我效能的三個向度：量度、強度和廣度(Bandura, 1977, 1982)。

自我效能的量度：自我效能的量度係指一個人願意面對挑戰的

困難度。例如，有些人承認自己必須勇於嘗試新的事情，但從不真正去做；有些人可能冒著風險為他們的小孩辯護，卻寧願不相信其他成人；一位男士或女士可能覺得對小團體演講深具信心，但對大團體演說則否。

自我效能的強度：自我效能的強度係指一個人能夠表現出眾所矚目之行為的信念。「我或許能夠做得到」與「我知道我能做得到」這兩種想法是不同的。

自我效能的廣度：自我效能的廣度係指一個人在各種情況下，自己覺得有信心能夠表現特定行為的程度。即在各種場合中皆能以最適當的態度來應對。

根據自我效能模型來說，對一個願意誠心盡力去達成目的或面對生活挑戰的人而言，必須符合以下三項條件：(Bandura, 1977)

1. 相信這特別的目標是可達成的，並期許假如自己願意盡力去做，就可達成這目標。
2. 相信自己所擁有能達到目標的必要技巧。
3. 這目標有值得努力的價值。

評量自我效能

針對下列敘述作答：

非常同意 同意 不同意 非常不同意

1. 假如第一次我無法完成一件工
作我會繼續努力直到做好為止　　　--- --- --- ---
2. 當我為自己設定了重要的目標
時我很少去完成它　　　--- --- --- ---
3. 我很容易放棄　　　--- --- --- ---
4. 當我對某件事感到不悅時，我

會忍耐直到我完成它為止　　… … … …

5. 假如某件事看起來很複雜，我
不會自尋煩惱去嘗試它　　… … … …

6. 對我來說結交新朋友是困難的　… … … …

7. 我以自己交朋友的能力去獲得
朋友　　　　　　　　　… … … …

8. 假如我看到一個我想見的人，
我會主動走向他，而不是等他
來找我　　　　　　　… … … …

以上這些敘述取自自我效能量表(Scherer & Adams, 1983; Scherer et al., 1982)。一個具高自我效能者傾向於同意上述之第1,4,7,8四項，而不同意第2,3,5,6四項。敘述1至5項測量一般的自我效能；敘述6至8項測量在社會互動的自我效能。自我效能得高分者他們在生活上較有主見、外向、具較高的自尊心，且對生活的控制感較大。高自我效能也與工作的成功、學業的成就有關。

發展自我效能

自我效能係指我們期望自己有信心對生活挑戰所做的反應能產生意義深遠的影響。有著強烈自我效能感的人會以活力和毅力來面對生活的挑戰，他們會嘗試新的替代法，直到他們成功或者至少渡過難關。

如何發展自我效能？為何有些人比其他人有較大的自我效能？自我效能來自生活經驗和來自可做為重要模範的人們(Bandura, 1977)，也就是說，自我效能的發展可經由觀察他人如何成功地處理生活挑戰，以及在你的成長過程中你所受的教育和支持而定。

自我效能建立於以行動、彈性及毅力三種態度來因應生活中的挑戰。行動是必要的，因為最好的學習便是實際去做；彈性即鼓勵我們嘗試新方法，避免陷入困境中；我們不可能永遠成功，

但毅力將會帶給我們渡過難關的積極態度。

我們如何能增強生活中的自我效能呢？Bandura及其同事的研究調查中提出了以下的建議：(Andersen & Williams, 1985; Bandura, 1977, 1989)。

過有目標的生活。除非我們在事情上獲得成功，否則我們不能發展自我效能，而且如果沒有目標也不會成功。將設定目標變成一種習慣，並且當達成這些目標時，應為自己感到光榮。

設定合理標準的目標。這些目標應具有足夠的挑戰性，以提供一滿足感，但也必須符合實際才能夠達成。

尋求良好的角色模範。角色模範不必是你本身認識的人，但他們應當可以激發你產生有能力和熟練的生活態度。

以正面的態度向自己喊話。假如你覺得大聲地自言自語會很尷尬，那麼就靜靜地自言自語。花點時間，了解自己的內在心理，並且仔細回想美好的經驗和過去的成功。

記住，成功地達成目標及克服生活挑戰，有賴於我們自動自發地充分發揮自己的能力與努力。音樂家、藝術家和作家花了許多的時間使他們的技巧更臻熟練；運動員很清楚這條法規，所以他們說：「勝利端視於你想得到它的程度」

因應之道

你已學習到的因應技巧意味著在面對生活挑戰及擬定適當的行動方針時，要保持鎮定，也學習到沒有一種因應反應能擔保適用在所有情況。因應是一種你能彈性運用最適合情況需要的技巧和策略去做反應的過程。在第三章將介紹八種因應策略：利用支持系統、解決問題、自我放鬆、維持內在控制、談論自己如何克服挑戰、發揮幽默感、做運動，以及達成任務時獎勵自己。這些技巧應放在每一個人的因應技巧錦囊中。本書其餘的章節則著重

在許多人生活中有潛在壓力的特殊生活事件上，而你所得到的知識，將有助於你發展一些有用的策略，來支持自己面對這些挑戰、覺得自己有能力，並將挑戰視爲促進成長之生活經驗中的一部份。

第3章 豐富你的因應之道：
談加入八種因應技巧

在本章你將學到如何利用加入你因應之道的八種技巧，並在往後的日子裡熟練這些技巧。這些因應技巧包括了利用支持系統、解決問題、自我放鬆、維持內在控制、勉勵自己克服困難、發揮幽默感、做運動及達成任務時獎勵自己等八種技巧。

利用支持系統

利用具建設性的支持系統是常被許多人忽略的因應技巧，支持系統可藉許多方法幫助你面對壓力性事件，所以評估你的支持系統，了解支持系統如何幫助你，以及思考如何建立你應用的支持系統是很有幫助的。

目前已相繼發展出來有許多用以評估支持系統的不同調查問卷。（Heitzmann & Kaplan, 1988）。以下是最常用來測量社會支持的問卷，請試著回答下列問題來測試你的支持系統：

1. 當你必須發言時，你有忠實的聽眾嗎？假如有，請列出他們的名字。
2. 你能和別人坦白的交談而不必小心注意自己的言談嗎？如果有，請列出他們的名字。
3. 當你需要幫助時，有真正能讓你指望而依靠的人嗎？如果有，請列出他們的名字。
4. 有人能真正欣賞你這個人嗎？如果有，請列出他們的名字。
5. 你有真心信賴和關心你的朋友嗎？如果有，請列出他們的名字。
6. 有人能真正支持你所做的主要決定嗎？如果有，請列出他們的名字。

這些問題摘自社會支持問卷調查表（Sarason, Levine, Basham,

& Sarason, 1983; Sarason, Shearin & Pierce, 1987）。此調查表是由每個問題中可得的支持者數目來評分。另一社會支持分數是從1分（非常不滿意）到6分（非常滿意），針對當事人在每個問題的支持系統滿意度來評分。

我們所獲得的社會支持觀念，乃來自於知道我們能預期從特定人員身上獲取多少支持。此觀念也發展成一種態度：即當我們需要社會支持時，會有那些人永遠在我們身邊，換言之，當我們相信自己是有價值的、可愛的、值得的和令人喜愛的人時，我們會覺得「被支持」(Pierce, Sarason, & Sarason, 1991)。

支持系統的益處

研究指出比起那些缺乏社會支持系統者來說，在生活中有良好的支持系統者比較少產生沮喪及焦慮，而且比較樂觀，其他研究也指出有良好支持系統者對克服沮喪、調適身體殘疾所造成的傷害、維持自尊和克服寂寞等方面比較成功。也有證據顯示，有良好支持系統者在健康上較少出問題，且生理壓力的程度也相對比較低。（Billings & Moos, 1985; S. Cohen & Hoberman, 1983; D. R. Cohen, Sherrod, & Clark, 1986; S. Cohen & Syme, 1985; Lepore, Allen, & Evans, 1993; Mitchell, Bilings, & Moos, 1982; Schulz & Decker, 1985)

支持系統能提供以下幾種的協助（S. Cohen & Hoberman, 1983; Schaefer, Coyne, & Lazarns, 1981; R. S Weiss, 1974)：

情感上的支持：當你要找人傾吐心事；當你想確定自己被愛、被關心時；當你想要找個人來依靠，或者當你需要增強自尊時，情感的支持對這些情況是很有用的。

有形的支持：當你在工作或零星雜務上需要援助時；當你需要恩賜或借貸的協助時；當碰到自己無法應付的問題時，有形的支持對這些情況很有幫助。

資訊的支持：當你需要資訊或建議；當一些反饋能幫助你解決

問題或挑戰時，資訊的支持能發揮其功用。

歸屬感的支持：給予你歸屬感，一種你能跟其他人融入一起的感覺，以及抱持你不會孤單和當你需要同伴時，他們就陪伴你的信念。

好的支持系統還提供其他的益處（Cobb, 1976; Heller, Swindle, & Dusenbury, 1986; B. R. Sarason, Shearin, Pierce, & Sarason, 1987; Thoits, 1986)。首先，支持者能滿足你在培育情感上的需要和增強你的自我價值感、信任感和生活方向。當你迫切需要時，你就可以知道良好的支持系統可增加你的自信。再者，支持系統會激勵你盡力處理生活挑戰，幫助你成爲較佳的因應者（Rook, 1987)。

建立支持系統

在我們的因應錦囊中，如何加入有效的支持系統呢？有幾點必須考慮。首先，須了解強而有力的支持系統和你認識的朋友數量多寡比較無關，而與你發展特殊的人際關係比較有關，因爲它會使了解和關心你（Wethington & Kessler, 1986)。擁有一個良好的支持系統和人緣與交遊廣闊是無關的，即使是喜歡獨處的人，當他們有需要時，也能擁有有效的支持系統供其利用。

第二，建立良好的支持系統是一種因應技巧，因爲它需要個人的努力才能擁有（Dunkel-Schetter, Folkman, & Lazarus, 1987）。等待其他人來了解我們需要他們的支持，這種支持的效果將大打折扣，我們必須自發性地採取主動。在下列敘述中，選擇在每種情況中最能描述你的選項：

1. 你在一項困難的任務中失敗，你會：
   a. 找一個人教你如何改善情況。
   b. 靠自己繼續苦幹。
2. 當你覺得寂寞時，你會打電話與某人聊天嗎？

a. 我會打。

　　b. 我不會打。

3. 假如你被別人的問題所困擾，你會：

　　a. 讓它繼續困擾你。

　　b. 與某人討論。

4. 你需要一些資訊時，你會：

　　a. 靠自己尋找。

　　b. 請別人協助。

5. 當你向當地的三明治店訂購後你卻發覺不夠了25分錢，你
　　會：

　　a. 取消你的訂購。

　　b. 詢問他人是否能借你25分錢？

6. 你必須填寫一些令人困惑的官方格表時，你會：

　　a. 試著找人幫忙。

　　b. 盡自己所能慢慢地完成它。

7. 假如在一項計畫上你認為你做的很差，你會：

　　a. 靜觀自己如何進行。

　　b. 向在此一領域有研究者詢問和給你回饋。

8. 當不能肯定自己的生涯目標時，你會：

　　a. 試著靠自己去了解。

　　b. 找人幫你釐清你的目標。

　　以上這些敘述摘自搜尋量表(Seek Scale)，此表用來測驗人們
如何積極地尋找社會支持(Conn & Peterson,1989)。會自動尋找支
持的人，在第1、2、6項敘述中選擇a.及敘述3、4、5、7、8項中
選擇b.。將使用社會支持系統視為懦弱的象徵是錯誤的觀念，當你
有需要時，主動地從他人那裡尋找支持，事實上會增加你的能力
感和自尊，因為你是採取行動而不是被動地等待事情自動改善。

　　建立一個支持系統時，必須牢記在心的第三個重點是從他人

那裡所得到的益處和你的期望與態度息息相關(Lakey & Cassady, 1990; Vinokur, Schul, & Caplan, 1987)。社會支持系統只對那些能將自己開誠佈公，並且能善加利用它的人才有價值。若你已經成為能夠利用他人支持系統的人時，是值得高興的事。

第四個指導方針是使你的支持系統配合你個人的需求(Bruhn & Phillips, 1984；S. Cohen, 1992; Cutrona, 1986)。有些人較喜歡有一個或兩個人做為他們的支持系統；有些人則發現來自團體的支持比較理想；有些人覺得有個能給予同理心和溫暖的養育支持系統是最安樂的；有些人但願有個可以提供挑戰和衝突的支持系統。有時，對某種問題你需要某種支持系統，而針對其他各種的問題則需要其他不同的支持系統。在我們一生當中，經歷種種變遷時，我們會盼望在社會中獲得支持和對我們有利的支持系統，了解自己的內在需求才能維持一個和你的人生發展一致的社會支持系統。

利用衛生保健專家

理所當然的，你希望你的支持者對你的生活產生正面的影響，如提供支持、樹立好榜樣、保持冷靜、有人可依靠及不提出無理的要求(Suls, 1982)。假如事實上朋友和家人不能提供你所需的支持時，則尋求衛生保健專家的幫助將是明智的選擇。衛生保健專家的重要性在於他們有能力提供支持，卻不致摻雜太多個人情感，遺憾的是許多人並不了解尋求衛生保健專家的支持，是一種因應技巧而不是懦弱的表徵。(Sibicky & Dovidio, 1986)。這些專家們可提供以下數種援助(Wills, 1987)：

加強自尊：當你和受過專業訓練的專家合作時，溫暖、和睦與人分享情感是真正可提昇士氣的方法。增強自尊的良好方法即是扮演主動的角色與你所信任的支持者一起解決問題。

促進維持自信與動力：為了成功因應生活的挑戰，保持自信與動力是必要的。一個衛生保健專家能在你想要放棄時，給你鼓

勵，即使此刻的情況可能令人沮喪，但來自專家的支持，將帶給你信心，使你找到最好的解決之道。

理性思考：本書非常強調理性思考的重要性。有時，你需要一位受過訓練的專家以客觀的立場幫你分析你的看法和期望。你正對自己說一些無濟於事的話嗎？如果你以不同的方法跟自己內心對話，你認為面對一些生活上的挑戰時，日子會過得比較順利嗎？

本書另一主要重點在於強調學習新的因應技巧之價值。衛生保健專家是老師，他們能幫助你在面對困難的挑戰時增加自己的選擇。

當你需要時，請求支持系統的協助

當你陷入困境時，最實在的辦法就是求助於你的支持系統。然而，相對的也要付出一些代價。第一個代價就是你必須誠心地回報支持者所給你的協助，假如你謹慎地選擇你的支持者，那麼這個代價並不難做到。依賴支持系統的另一個代價則是尋求協助時，有時會讓我們產生依賴性。當下列情況發生時，大部份人都會比較願意接受他人的援助(S. Cohen & Mckay, 1984; Wills & DePaulo, 1991)：

1.當你對於要尋求援助的問題不會感到羞愧或心虛。
2.當尋求援助時，不必放棄你對生活的統馭力。
3.當所給予的援助是鼓勵自己發展因應技巧，而不是一個等著別人來解決問題的被動角色。
4.當尋求支持者保證自己能掌控協助的期限和型態時。
5.當在你背後的支持者是值得信任、尊敬並能以冷靜、客氣和令人振奮的態度提供支持。

發揮你的創造力去尋找能讓你維持自制力和獨立性的支持者，會比你因為擔憂背後的代價而嚴峻地拒絕社會支持，有更多

收穫。

解決問題

依照你同意或不同意的程度，回答下列問題：

非常同意　同意　不同意　非常不同意

1. 我相信我有能力解決新的和
   困難的問題。　　　　　　　--- 　--- 　--- 　　　---
2. 只要有足夠的時間和努力，
   我相信我能解決我所面臨的
   大部份問題。　　　　　　　--- 　--- 　--- 　　　---
3. 我所面臨的許多問題都太複
   雜而無法解決。　　　　　　--- 　--- 　--- 　　　---
4. 我下定決心往後要以愉快的
   心情處理。　　　　　　　　--- 　--- 　--- 　　　---
5. 當遭遇到問題時，我不確定
   是否能掌握情況。　　　　　--- 　--- 　--- 　　　---
6. 我有能力去解決大部份的情
   況，即使不是立即的解決。　--- 　--- 　--- 　　　---

以上的敘述摘自問題解決調查表(Heppner & Peterson, 1982)。
假如你是同意第1、2、4、6四項而不同意第3、5兩項，在問題解
決能力上你有相當高的自信。但不論你現在解決問題的自信心有
多麼高，在讀完本章後，你將有很大的機會提昇你的自信心。

當你為應付生活挑戰而擬定計畫時，所遵循的程序就是一種
解決問題的方法。它是實際的技巧，在心理方面也很有用。好的

問題解決策略可建立信心，當你知道你有解決問題的技巧隨時可用時，你的能力感和統制感也會增強(Heppner & Hillerbrand, 1991)。有效的問題解決技巧與良好的個人調適有關(D'Zurilla & Nezu, 1990; Haaga, Fine, Terrill, Stewart, & Beck, 1995)。研究人員發現優秀的問題解決者相當清楚想要克服生活挑戰，需要個人的努力。(Baumgardner, Heppner, & Arkin, 1986)。

　　在略述問題解決過程之前，我們先想想以下三個重點。第一，人們常陷入困境中，因為他們執意只用一種解決方法在他們的問題上。當這個方法行不通時，它們仍一錯再錯堅持到最後，不知變通(Watzlawick, Weakland, & Fisch, 1974)。很明顯地，假如我們無法以鎚子固定某物，那麼緊握著大鎚長錘也無濟於事。然而，我們在日常生活中，遭遇挑戰時，常會忘記這一點。

　　第二點要考慮的是，有時以獨特且與眾不同的解決方法，亦可有效地處理問題，尤其和別人一同處理問題時，更要如此。下一次當你努力嘗試與他人一起解決某個問題時，做件意想不到的事吧！我不是提議你以危險的或有害的方法行動，然而是要你謹記在心：最好的問題解決者知道如何發揮創意，並從其他可能的角度來看問題。

　　第三點你應該知道的是解決問題需要你採取主動，而不是被動地等待。對問題採取壓抑或產生反作用這兩種因應是無益的(Heppner, Cook, Wright, Johnson, 1995)。對問題產生壓抑反應者，其特徵有以下幾種態度：

◇我無法長久維持我的行動去真正解決我的問題。
◇我花時間做不相關的雜事和活動，而不對自己的問題有所行動。
◇我甚至不去思考我的問題。

對問題有反作用反應者，其特徵有下列幾種態度：

◇我的反應太急躁，反而使問題更糟。

◇我過去的感受阻礙我解決目前的問題。

◇我一心一意想著我的問題和過分強調某些部份。

　　維持你的自信、保持冷靜和擬出你的選擇，比壓抑和以反作用的方式來因應問題更有益。

　　問題解決有五階段：自我認知、定義問題、列出選擇、做決定及試驗(D'Zurilla & Nezu, 1982, Goldfried & Davison, 1976)，說明如下：

　　自我認知：成功解決問題的第一部份即發展自我認知，相信自己是問題終結者。問題終結者能體悟問題是生活的一部份，並知道以沈著、理性和不衝動的態度來面對生活挑戰的重要性。為了發掘問題解決的方針，你必須對自己說：「面對問題與困境是生活的一部份，當我遇到麻煩時，我知道我必須保持冷靜，並遵循問題解決技巧去決定最好的行動方向。」

　　定義問題：當面臨威脅或挑戰時，第一件事就是正確地了解「到底發生了什麼事？」。花一點時間去釐清重要的關鍵問題和衝突，然後製作目標一覽表。在這階段，支持者會鼓勵你以客觀的觀點，由各種角度來了解問題。

　　列出選擇：在這階段你們將確定計畫A、計畫B及計畫C。為了擬定完善的計畫，你必須抱持開放的心胸，在決定行動之前，考慮所有可行的選擇是很重要的。記下每一種可能的計畫，越多越好，並發揮你的創造力。因為我們必須盡可能提出許多計畫，才能有充分的構想供你運作。此外，支持者可幫助你腦力激盪而得到妙計，以避免你執著於單一路線的思考。

　　做決定：假如你已花足夠的時間去定義問題和擬定許多選擇時，你便可以很容易去決定行動的方向，同時當你可以完全掌握眼前的問題，並列出具彈性的選擇的話，則較容易做決定。刪除一些可能的反應，再決定那個選擇最適當，那個最能得到你想要

的又不會引起其他問題？當決定最恰當的反應後，接下來預測可能的結果是個不錯的想法。必須記住的是對大部份的情況而言，沒有所謂「正確的」行動方針，因為回應生活的挑戰有利也有弊，假如你第一次的決定沒有解決問題，我們必須機動性地選擇另一項計畫。

試驗：假如第一次的行動方向立刻獲得成功了，那恭禧你!如果沒有，此時，再次重複問題解決的這五個步驟。想想自己是否正確地定義問題呢？有考慮所有可能的選擇嗎？你必須對所有的選擇沒有偏見，永遠記住自己是問題的終結者。

自我放鬆

自史前時代以來，人們就已經學會以打或跑的反應方式來面對威脅和挑戰。二十世紀初期著名的生理學家Walter B. Cannon(1929)曾評述這種打或跑的反應。Cannon解釋人類如何藉由增加腎上線素、肌肉張力和血液流量來保護自己，這是自己面對敵人時更具戰鬥力，或面對無法抵抗之危險時，能盡快脫逃。在早期人類歷史上打或跑的反應是非常有用的，因為打鬥或逃跑對人類所面臨的各類威脅是最適切的反應。不過，就現今來說，此種反應在時數上已喪失了許多功效，因為現在我們所遭遇到的困擾與挑戰常常是心理上的。例如，打或跑的反應型式可能適合狩獵和求生，但對於因應交通堵塞、污染和人際衝突方面的問題，則不是個合適的方法，假如人類從現在起繼續生存在地球一百萬年，則對日常的挫敗和困擾可能會發展出自然的抒解反應。在這期間熟練放鬆反應對我們的一生是有價值的。事實上，學習這種反應並不困難，最主要是要有耐心和實地演練。根據以下的建議，你可以開始將自我放鬆視為一種因應技巧。當你進行之後，你可能希望去修正這些做法，以符合自己個人風格與需求。

自我放鬆的指導

　　試著找出讓自己舒服的坐姿或臥姿，慢慢做數個深呼吸，感覺氧氣充滿整個肺部，讓你的呼吸緩慢且鬆弛，再深深地、緩慢地呼吸，對自己說「深呼吸－閉氣－吐氣」。讓你的思考活動休息一下，把所有的思緒和擔憂放在一旁，稍後，會有足夠的時間去留意它們，這是完全屬於你的時間。假如有任何令人分心的事情發生，就讓它過去吧！就只讓自己深深地、慢慢地呼吸，當你繼續做深且慢的呼吸時，將意念放在你的雙腳上，然後，個別或一起繃緊雙腿的肌肉，並維持數秒，然後再放鬆，把所有的緊張完全釋放出來。當你的腿部肌肉放鬆時，你會感到一股暖流，就好像血液在你的腿部自由的流動。當你讓腿部肌肉交替地放鬆或繃緊時，你將會從中學到了解這之間的不同。在我們大多數的日子裡，肌肉緊張佔了很多時間，我們甚至是沒有去了解它，經由這個練習將可幫助你了解自己的身體而學會如何更有效地控制它。在放鬆和繃緊你的腿部肌肉幾次之後，讓你的腿完全放鬆，就讓所有的緊張從你的肌肉中釋放出來，並讓血液在腿部自由流動，感覺自己的雙腿變得很暖和且非常的舒服。想像自己的雙腿在一宜人的溫水中浮動著，如此的舒服且輕盈，讓你幾乎感覺不到它們的存在。

　　現在則將焦點集中在手臂及手掌上。雙手同時或單手將肌肉拉緊、再放鬆；手臂也是緊繃再放鬆，學著去辨認手臂及手掌在緊張和放鬆狀態之間的不同之後，再反覆幾次相同動作，讓所有的緊張完全從手臂和手掌中釋放出來，讓它們徹底放鬆。當你放鬆手臂和手掌所有肌肉的緊張時，你將會感覺到血液流動地更暢通且手掌和手臂更暖和、更放鬆且更舒服，就好像在一宜人的溫水中無重量似地浮動著。

　　再將焦點轉移到頸部和肩膀。舉起你的肩膀，讓肩膀和頸部的肌肉緊繃。假如你持續很久，最後你可以體驗到僵硬的頸部和背痛，這種現象有時發生於習慣緊張與焦慮的生活而不自知時。放鬆你肩膀和頸部肌肉後，你可以察覺到肌肉緊張和放鬆的不

同，試著緊繃和放鬆數次之後，你可學到如何辨識緊張，這是個重要的技巧，因為它可告訴你何時該做放鬆練習。現在讓所有的緊張從你的肩膀和頸部的肌肉釋放出來。然後對自己說：「放輕鬆、放輕鬆、再放鬆」，感覺你肩膀和頸部肌肉完全地鬆弛，以及血液自由地流動所產生的暖意和鬆弛感，如此你的肩膀和頸部會越來越輕鬆，就好像乘著白雲漂浮在空中，讓你的肩和頸沒有壓力，只感覺到純然的舒適。

繼續做深且慢的呼吸，經由自我放鬆的運動讓氧氣進入體內補充血液細胞。再繼續深且慢的呼吸，現在將意念集中在臉部的肌肉，拉緊口顎的肌肉，你會對這些肌肉如此的強壯感到驚訝！學會辨認口顎肌肉放鬆與緊張之間的不同。緊緊地閉上雙眼並做個大大的鬼臉。你能輕易地分辨假如你緊繃著臉過日子，可能會引起壓力性頭痛。現在完全放鬆你的臉部肌肉，感覺到血液進入臉部，漸漸地暖和且舒緩。

繼續做深且慢的呼吸，當你專注在肩、頸和臉部的肌肉時，你可能完全地忘記你的雙手和雙腳，因為現在你的雙手、雙腳是如此的放鬆，幾乎感覺不到是身體的一部份，你知道它們是存在的，但你也讓它們如此地放鬆，幾乎感覺不到它們。就好像乘坐在雲端，遨遊在風和日麗的天空裡，躺在美麗的海灘上或者於山中清爽的瀑布下放鬆身心。

自我放鬆的技巧可用來做對自己有益的事。它可讓你跳脫生活中的困擾也可讓你內心寧靜，使身體神奇地運作。當你的呼吸深且慢時，可幫助氧氣進入血液，心臟在已放鬆的情況下將豐富的血液流至全身各處。你可以花點時間去認識放鬆狀態下的身體內部運作，而放鬆技巧也可幫助你以正向的態度面對人生。繼續保持深且慢的呼吸，讓所有的肌肉越來越放鬆，就好像乘著浮雲到你最喜歡的地方去，讓自己獨處一段時間－遠離塵囂。

放鬆的反應由三部份組成：環境、身體和意念(Benson, 1976; Jacobson, 1938; Wolpe, 1982)：

環境：在安靜的環境下最容易學會放鬆。在一個不會讓人分心的地方，以最舒服的姿勢來學習放鬆，當你的放鬆技巧逐漸進步，你將發現在任何容易令人分心的環境下，你都能放鬆。

身體：當你練習放鬆時，你的身體運作會減緩，呼吸和血壓下降、心跳也變慢、肌肉幾乎沒有張力。你如何讓身體有這些反應呢？最好的方法就是由減慢呼吸開始，深且慢的呼吸，然後閉氣、再吐氣，如此反覆約五分鐘，讓氧氣更有效率的進入體內，因為當你焦慮或有壓力時，呼吸是快且淺的。呼吸是生活中極重要的部份，然而大部份時間我們卻很少會注意如何有效地呼吸。當數次慢且深的呼吸之後，你會感覺到已開始放鬆了。

第二種放鬆的方法，就是利用上述自我放鬆的程序，了解如何支配身體各部的肌肉。

意念：你可應用意志力以數種方法放鬆自己。當你從日常的想法跳出並進入放鬆的心境時，便能增強放鬆反應，當放鬆時重複一個字或片語可幫助你們克服分心，這在超越冥想法中稱之為「默誦眞言」。Herbert Benson(1976)建議僅重複一個字來做放鬆練習，我常喜歡對自己說：「放輕鬆、放輕鬆」，你也可以藉由練習釋放想法，有創意地運用你的意念。當你專注在深呼吸和放鬆肌肉時，可想像自己在一特殊的地方，比如，清涼的瀑布下、溫暖的沙灘上或是寧靜的草原上，運用你的意志力來加強自己內心的平靜，讓思慮遠離俗事。

另一個將思考過程應用於放鬆身心的方法是，暫時停止判斷你正在做的事。當你放鬆時，你必會受外來的聲音或不愉快的想法所干擾，當你遇到此種情況時，讓自己放輕鬆，就讓這些聲音和想法掠過，然後再進入放鬆的狀態。對放鬆的反應需抱持接受的態度，提醒自己慢慢地深呼吸，放鬆肌肉，看見自己再次乘坐白雲到一特別的地方，遠離你身旁所有的活動。

雖然放鬆反應不像打或跑反應那麼自發，但人類也已經這麼做了幾千年，重要的是必須記住放鬆技巧是經由耐心和練習所學

習來的。

維持內在控制

針對下列敘述回答你是否同意：

非常同意　同意　不同意　非常不同意

1. 對於發生在我身上的事情，
   我不太能夠掌控。　　　　　　　--- --- --- ---
2. 我真的沒辦法解決我遇到的
   一些事情。　　　　　　　　　--- --- --- ---
3. 對於改變生命中諸多重要的
   事，我實在無能為力。　　　　--- --- --- ---
4. 對於處理日常生活中的事，
   我常感到無助。　　　　　　　--- --- --- ---
5. 無論發生什麼事，我幾乎都
   依賴自己。　　　　　　　　　--- --- --- ---
6. 只要我下定決心，任何事我
   都能做到。　　　　　　　　　--- --- --- ---

假如你不同意上述第1,2,3,4,項及同意5,6,二項時，在你生命中你有統馭和控制感。研究人員發現承受較少身心症狀的人，比那些總感覺自己無法掌握生命的人有更強烈的掌控感(Folkman, Lazarus, Gruen, & DeLongis, 1986; Pearlin & Schooler, 1978)。

心理學家觀察人們對於掌控生活的認知差異已有數年的時間。對發生於本身的事情可負責任者，稱為內控者，因為他們有內部控制點，而那些認為大部份發生於個人身上的事情是超出個人所能控制者稱為外控者，因為他們有外部控制點。但須說明的

是，我們並非天生的內控者或外控者，因為控制點的發展是根據你生長過程中的學習與經驗而來，而更重要的是基於生活的體驗，控制點會被重新評估或改變。

生活中有許多領域可由內部控制點來調適。例如，內控者往往比外控者更有成就，因為他們很少以負面的態度來面對失敗，而是由成功引發更多的個人滿足感。內控者非常傾向於以問題解決的方式來因應壓力性事件，尤其當壓力性事件已超過他們的控制(Parkes, 1984)。內控者較可能以幻想和願望式的思考來反應可控制式的壓力性事件，且內控者較為獨立，對於生活上的事情較負責且重視身心上的健康(Lefcourt, 1976; Phares, 1976)。內控者易於抱持以下的信念(Rotter, 1966)：

> 長遠來看，人終究會得到在世上應有的尊敬。成功是努力得來的，運氣只佔少部份。人的不幸源自於他們所犯的錯。不瞭解如何與他人相處的人不會得到他人的喜愛。我有多用功就會得到多少成績，這兩者有直接的關聯性。

外控者傾向於抱持以下的信念(Rotter, 1966)：

> 很遺憾，一個人的價值無論他（她）怎麼努力，往往都是不被認同的。得到好的工作主要是基於天時、地利。人類生活中許多不愉快的事情，大部份是由於運氣不好。無論你怎麼努力嘗試，有一些人就是不喜歡你。假如人們喜歡你，無需努力取悅他們，他們就會喜歡你。有時，我不能理解老師如何決定他們所給的成績。

假如你回顧第一章因應的定義，你就能理解內在控制點的價值。因應包含了計畫、問題解決和學習與練習新技巧，它是基於一種自我負責和對自己的生活主動掌控的態度。外控者時常有拙劣的因應反應，因為他們在為壓力性生活事件做初級評估時，他們幾乎不相信自己能做些什麼(Lefcourt & Davidson-Katz, 1991a)。

外控者的次級評估也是壓力來源之一，因為他們不能辨識眾多的選擇，由於外控者對生活沒有發展出該有的因應態度，所以他們很難以一個積極、自立的態度反應生活挑戰。

當內控者對壓力性事件作初級評估時，他們會視這些情況為可解決的挑戰，而不是遭受威脅。他們所做的次級評估也較樂觀，因為他們知道有許多可用的因應技巧任自己自由支配。內控者視潛在性壓力事件為挑戰而不是威脅，所以他們不會有如外控者的情緒反應或逃避。內控者將他們的精力投注於獲取解決問題所需的資訊。具內在控制者知道他們必須照顧自己，並主動學習能夠維持自己心理和生理健康的知識。

雖然發展內在控制是個有用的目標，但別把自己推向現實之外。世上有許多事是你不能控制的，多想也是無益，就如將意外、災害，甚至輕微的挫折等不屬於你責任範圍內的事件歸咎於自己，就是無益的目標。你常想去控制但又無能為力的生活事件，總是不斷發生。當它們發生時，事實上最好的行動方針就是接受這些生活事件為現實生活的一環，以及運用內在控制提出最合適的方法來調整它們。

勉勵自己克服挑戰

身為人類，我們都有一種自言自語的特殊能力。不論是大聲地或無聲地自言自語，你都能利用這種能力訓練自己克服艱難的挑戰。雖然你曾經在困難的情境中自言自語，但有三種技巧可幫助你做得更有效。這些技巧包括了準備面臨挑戰、面對挑戰，以及反省自己所學到的教訓(Meichenbaum, 1977, 1985)。

準備面臨挑戰

　　你可以採取一個能增加你控制局勢的方向，告訴自己開始為挑戰作準備。利用你的問題解決技巧計畫如何渡過這挑戰。即使它可能有壓力，你也要思考你將如何因應，並從這些經驗中得到教訓。設計有效的方法使用你的支持系統，而且在真正發生挑戰之前，阻止自己將事情的困難度，誇大使自己陷入愁雲慘霧中。做以下的因應策略將有所助益：

　　「光是坐著擔心是無益的」
　　「我將不使自己煩亂」
　　「我將使用我的問題解決技巧做個計畫」
　　「它可能不好玩，但我可以應付它」
　　「它將是個很好的學習經驗」
　　「我覺得很焦慮，但那是自然的」
　　「當我計畫我的策略時，我可以利用自我放鬆技巧」

　　你也可以藉由察看這個挑戰在你心中的樣子來作準備。想像你自己當事情產生壓力時，使用問題解決技巧來面對的這個情況，假如在預演面對這挑戰的過程中，你感到焦慮且生氣時，不妨利用自我放鬆技巧讓自己冷靜下來，你必須再三地練習因應這個挑戰，直到你能通過所有的情況，並且感覺事事皆在掌控之中。

面對挑戰

　　當挑戰發生時，給自己精神上的支持會讓你滿意自己的表現，告訴自己是個因應者，並且知道如何使用本章所述及的因應技巧。學習藉由自言自語來勉勵自己克服挑戰：

　　「我是個因應者，我知道我可以掌握它」
　　「這挑戰很艱難，但我一定能度過難關」

「我感到緊張，現在正是放鬆的時刻」
「堅持我的計畫，別讓負面的思考讓我出錯」
「放輕鬆，我必須集中注意力在我該做的事情上」
「我不能讓焦慮和生氣佔上風」
「如果我表現得好像能控制局勢，我就會有這種感覺」

當你正碰到挑戰時，發揮你的創造力去思考你能對自己說的話。有時，在艱困的情況下，加入一些幽默感也很有幫助。讓自己放輕鬆，並將挑戰視為測試你因應技巧的機會。樂意接受所犯的錯誤，不要強迫自己必須有完美的表現。

反省你學到的教訓

當挑戰結束後，花點時間反省你學到了什麼。只要你不會太挑剔，注意自己的錯誤和詢問自己要如何改進，都是好的。我們必須誠心的將自己視為總是打開心胸學習新事物而難免會犯錯的人，但我們也必須確定自己所做的事是正確的。當你正在因應經歷挑戰情況時，花點時間想像自己的樣子，人們常犯了將注意力集中在自己負面表現上的錯誤，而不對自己的成就感到光榮，我們的學習經驗應建立在欣賞自己做對的事，修正自己做錯的事情上。挪出時間來反省你的表現，並對自己說類似以下的話：

「我已克服了挑戰，再多的辛苦都值得」
「沒有我預期的糟糕」
「我做的相當好，下一次我可以做得更好」
「生活充滿了困難的挑戰，我不妨學習如何因應它們」
「視自己為因應者是令人愉悅的事」
「生活挑戰給我練習因應技巧的機會」

發揮你的幽默感

下列哪些敘述是你反應生活挑戰的方式：

非常同意　同意　不同意　非常不同意

1. 當我處於緊張的情況下，我
   通常會找滑稽的事來做。　　---　　---　　---　　　---

2. 假如我必須身在不是哭就是
   笑的情況下，我常覺得笑還
   是比較好。　　　　　　　　---　　---　　---　　　---

3. 當我遇到問題時，我常失去
   了幽默感。　　　　　　　　---　　---　　---　　　---

4. 我必須承認，假如我有更多
   的幽默感，我的生活會過得
   更輕鬆。　　　　　　　　　---　　---　　---　　　---

5. 我通常能發現某些事讓自己
   發笑或開個玩笑，即使在惱
   人的情況下。　　　　　　　---　　---　　---　　　---

6. 在我的經驗裡，幽默常是因
   應問題上非常有效的方法。　---　　---　　---　　　---

以上的敘述取自幽默因應量表(Martin & Lefcourt, 1983)。將
幽默感視為因應技巧，會同意第1.2.5.6項敘述而不同意第3.4項敘
述。

將幽默感做為因應技巧之重要性，長久以來已被心理學家承
認。佛洛依德曾將幽默感評述為最高的防衛機制，對佛洛依德來
說，幽默是個「稀少且珍貴的天賦才能」，讓我們在面臨壓力時

說：「注意！這個表面上危險的世界也不過如此，就像孩子們的遊戲般，開開玩笑就算了。」（引自Lefcourt & Davidson-Katz, 1991b, p.43）。Harry Stack Sullivan(1970, p.182)描述幽默感是一種天賦，它能提供「對自己的生活本分維持一種均衡感的能力」。Arthur Brayfield（個人溝通）常建議人們練習第11條法規：別讓自己太嚴肅。

在研究幽默和健康的文獻調查中，研究人員對於將幽默視為因應技巧提出以下的結論：

1. 當遭遇壓力時，有良好幽默感的人比缺乏幽默感的人較少有負面的心理情緒反應。對於處理人們因屈服於負面事件所造成的不滿情緒和以客觀角度來看事情，幽默特別有幫助。然而，幽默未必能降低一個人面對威脅時所產生的焦慮。

2. 幽默對於應付負面情緒；如氣憤、悲傷和沮喪，是個有效的方法。有良好幽默感的人較可能採取積極的態度面對負面情緒，並試著擺脫它們，讓個人繼續面對逆境；而缺乏幽默感的人可能較被動，而且會讓負面情緒控制他們。

3. 有良好幽默感的人較可能有健康的身體。研究已指出幽默與正面的免疫功能和生理上的低壓力表徵是有關聯的。

幽默幫助我們以數種方法來面對壓力(Nezu, Nezu, & Blissett, 1988)。首先，幽默加強我們的自我效能感，我們能運用幽默感將壓力性事件當成挑戰，並且輕易地克服和處理它，而不是對它產生畏懼和驚慌。第二，幽默可幫助我們從問題中將自己「隔開」，提供考慮其他解決之道的機會。第三個好處是當我們歡愉而不沮喪時，幽默會讓其他人更喜歡接近我們，並伸出援手。

以溫和、自嘲的戲謔形式似乎是最健康的幽默。就如之前的提示，這是一個別讓自己太嚴肅的感覺，這類健康式幽默和具有諷刺與敵意的不健康幽默有明顯的差異。

思考將幽默視爲因應技巧有四個重點。第一，誠如Viktor Frankl(1967)所說的，幽默是矛盾的，你不能同時對自己感到眞的悲傷，又取笑自己。第二，幽默是人類獨有的特質，它讓人們從痛苦和苦難中抽離出來，而提供了選擇和控制的觀念(Frankl, 1969, p.17)。第三，藉著幽默提醒自己輕鬆地過生活，以及別過分擴大問題的嚴重性，而有助於我們全盤瞭解問題(Lefcourt et al., 1995)。最後，自嘲的戲謔是個自我肯定的形式，取笑自己是對自己說：「我喜歡自己和接受自己是個難免犯錯的人」。Albert Ellis畢生都是幽默的主要提倡者，他寫了一些歌詞幫助我們看清問題，以下有一些例子(Ellis, 1985, p.55-58)。

怨、怨、怨

(配合Guy Schull的「Whiffenpoof Song」的曲調)

我不能滿足我所有的願望

怨、怨、怨！

我不能撫平心中的每一個失望

怨、怨、怨

生命所積欠我的，正是我所錯失的事

命運必定賜予我永恆的幸福！

然而我雖不願意，但也必須接受這打折的福份

(由Albert Ellis作的歌詞，於1997年由理性－感性療法協會取得版權准予轉載)

「愛我、愛我、只愛我」

(配合「Yankee Doodle」的曲調)

愛我、愛我、只愛我，否則沒有你我會死！

爲你的愛作個擔保，好讓我不會懷疑你！

親愛的，愛我，完全的愛我，實實在在地試著完全愛我！

但親愛的，假如你必須指望我，我將恨你，直到我死爲止！

愛我，無時無刻徹底完全地愛我；
除非你只愛我一人，否則我的生命將陷入泥沼而無法自拔！
親愛的，以最多的溫柔來愛我，沒有假如，也沒有但是！親
愛的，假如你少愛我一點，我會無比的厭惡你！

做做運動

近幾年運動人口日益成長，越來越多人知道有計畫規律運動的好處，且他們身體力行，並參與運動團體，又加入其他各種的肢體活動。運動能在許多方面幫助人們，因此很值得將它納入因應錦囊中。

運動的好處

研究調查比較參與規律運動計畫者和未參與者之後，指出運動有以下幾點好處(Clifford, Tan, & Gorsuch, 1991; Crews & Landers, 1987; Doyne, Chambless, & Beutler, 1983; Folkins & Sime, 1981; Freemont & Craighead, 1987; Jasnoski, Holmes, Solomon, & Aguiar, 1981; Keller & Seraganian, 1984; King, Taylor, Haskell, & DeBusk, 1989;Long,1984 Long & Haney, 1988; Wilfley & Kunce, 1986)：

◇減少精神上的緊張。
◇增加氧的有效性。
◇增加一個人對身體外觀的滿意度。
◇對身體健康較具概念。
◇從壓力中恢復，增進生理機能。
◇增強心血管機能。
◇減少身體脂肪的比例。

◇減少緊張和焦慮。

◇增強自我效能。

◇提高自信心。

◇降低沮喪。

◇增加正向的情緒。

　　運動使我們的身體達到較好的曲線是個直接有益的效果，在心理上也增強我們的成就感和自我效能感(J. D. Brown, 1991)。當你運動時，你知道你正在做一件對你有益的事，而且你可以體驗到光榮和成就感；運動對生理健康也是有用的，因為它提供了一個機會使你不再對你的問題掛心，以及提供一個機會撫平你的怒氣、沮喪和焦慮(Bahrke & Morgan, 1978; Czajkowski; et al., 1990; Simon, McGowan, Epstein, Kupfer, & Robertson, 1985)。

激勵自己

　　毫不懈怠地維持規律的運動計畫是人們最困難的挑戰之一。你要如何激勵自己規律地運動呢？以下有一些建議 (Marcus & Owen, 1992; J. E. Martin & Dubbert, 1982; Wilfley & Kunce, 1986)。

　　1. 設定合理且能達到的目標，你要整理一個和你的動機程度一致的運動計畫。

　　2. 避免運動傷害。由專業的訓練者教授有關適當的運動技巧知識是值得的。

　　3. 尋找適合你的運動環境。有些人較喜歡把運動視為是獨處的時間，而沈浸在自己的思考中，有些人則覺得和朋友或在團體與社團的情境中共度運動時光比較有趣。

　　4. 設計運動時間表。準備一本筆記本記錄自己的表現。

　　5. 提醒自己從運動計畫中所得到的益處。

　　6. 起初不習慣運動的人可能會發覺運動後汗流浹背、心跳加速和不舒服的短促呼吸。然而，規律運動者已知道這些身體感覺

與身體健康是有關聯的。給自己時間把運動的辛勞視為對自己健康有價值的貢獻。

7. 尋找適合你的運動型態。運動有許多形式，由有氧運動到游泳、跑步、騎單車、散步和競賽不等。有些人喜歡多樣的運動，有些則喜歡極單純的運動。所以你必須尋找一個符合你生活型態和個性的運動計畫。

以下有關運動的三個重點也值得注意。第一，假如你已決定將運動視為你希望去實行的一種因應技巧時，而且已經把運動融入你的個人認同的話，將很有幫助(Kendzierski, 1990)。別把自己當成「沙發上的馬鈴薯」或者一個久坐不動的人，想像自己是個決心把身體健康當成生活上一部份的「運動者」。第二，將運動和其他因應技巧相結合，如自我放鬆和勉勵自己克服挑戰，這將讓你對因應壓力有更均衡的一套技巧(Roskies et al., 1986)。最後，在你開始你的運動計畫之前，務必先請教你的醫師。

勉勵自己完成任務

擔任一名臨床心理學家，看到人們對自己過度苛求是令人印象深刻的經驗之一。測驗看看你是否同意下列敘述。

非常同意　同意　不同意　非常不同意

1. 當我在小事情上成功時，我
   會鼓勵自己繼續下去。　　　---　　　---　　　---　　　---
2. 當我做對了一些事，我會挪
   出時間享受這美好的感覺。　---　　　---　　　---　　　---
3. 除非我做了絕對完美的事，
   否則只能讓我得到一點點的

滿足感。　　　　　　　　　　--- 　　　--- 　　　--- 　　　---
4. 我時常無法正面地思考自己。 　--- 　　　--- 　　　--- 　　　---
5. 我藉由計畫事成之後的玩樂使
　　自己渡過難關。　　　　　　--- 　　　--- 　　　--- 　　　---
6. 我藉著獎勵自己的方法來完成
　　我的目標。　　　　　　　　--- 　　　--- 　　　--- 　　　---

　　這些敘述根據自我強化頻率量表改寫而成(Heiby, 1982,
1983a)。知道如何讓自己感覺舒服者，傾向於同意第1.2.5.6項敘述
而不同意第3.4項敘述。誰是你最好的朋友？你的答案應該是「我
自己」！運動家、藝術家、音樂家、作家和其他完成任務者是如
何獲得活力來達到自己的成就的呢？他們藉著在每一小階段上設
定目標，以達到大範圍。所以當他們一路走來就覺得心情暢快無
比。成功者也瞭解別對自己太嚴苛的重要性。假如你總是能達到
讓你有成就感的目標，那麼小挫折就沒有什麼大不了。令人驚訝
的是，有許多人當他們做了一些友善的、好的、很有價值的事
時，是那麼地不情願鼓勵自己和獎勵自己。當然，被其他人肯定
是很好的，但來自他人正面的鼓勵，未必可以預期和可以信賴。
所以，假如你堅持完成任何事，這鼓勵應該來自你自己。

從本章所學到的一些想法

　　在本章有個重要的課題即「想做個好的因應者是一種技巧」。
這個陳述的正向部份是每個人都有希望達成。然而，它也意味著
因應問題未必可以輕易做到，你必須身體力行。所以當你讀完這
本書其餘的部份時，應熟練本章所描述的八種因應技巧；另一重
點就是評估對情緒反應有很大的影響，而評估往往都是主觀的。
在往後的章節裡，你將可學習到當碰到大多數人必須面對的生活
挑戰時；不論同時或不同時，你要如何因應你的因應技巧。

第4章 健康心理學—創造優勢生活

因應技巧1：養精蓄銳以應付值得煩惱的失敗

做理性的評估

因應技巧2：利用理性評估去尋找一個明確的行動方向

堅持到底

因應技巧3：要堅持到底，並利用問題解決技巧來追求成功

維持自尊

因應技巧4：付出努力與才能以維持自尊

自我阻礙

因應技巧5：在自我阻礙和自我負責之間取得良好的平衡

尋求挑戰

因應技巧6：尋求有意義的挑戰以發展自我效能

發展能力

因應技巧7：將失敗視為發展能力的機會

學習有效的因應方法

因應技巧8：推翻完美主義

因應技巧9：肯定你的努力和能力

活在實際的期望中

因應技巧10：設定可讓（你）生活有趣又有益的目標

因應技巧11：選擇與挑戰難度相稱的期望

視因應失敗為心理衛生技巧

因應技巧12：學習如何因應失敗

因應失敗的技巧一覽表

失敗的經驗不失為了解個人初級和次級評估的好機會（第二章）。請參閱圖2-1，我們可以視失敗為一生活事件，可能把它當成問題，也可能不（初級評估）。雖然很少失敗會是個愉快的經驗，但我們仍可選擇許多技巧輕易地克服它。初級評估讓我們接受把許多失敗的經驗，而視之為是生活中的一部份，並且養精蓄銳來因應真正值得讓我們煩惱的失敗。

因應技巧1：養精蓄銳以應付值得煩惱的失敗

想想看當你對某些事物感到失望而煩惱時，你會對自己說什麼呢？回答以下你解釋失敗程度的各種敘述：

	非常正確	大部份正確	少部份正確	不正確
1.我失敗是因為我能力不足。	---	---	---	---
2.我失敗是因為運氣差。	---	---	---	---
3.我失敗是因為我沒有盡力去做。	---	---	---	---
4.我失敗是因為這挑戰太困難了。	---	---	---	---
5.我失敗是因為有某人的緣故。	---	---	---	---

你可以看出這些失敗的解釋是屬於你對失敗經驗的反應，很重要的影響次級評估(D. Russell, 1982)。次級評估決定你在失敗後要做什麼，也與你如何感受有關。研究人員已指出一般在解釋成功與失敗時最常發生的感受(D. Russell & McAuley, 1986; Weiner, 1979, 1985; Weiner, Russell, & Lerman, 1979)。表4-1列出了最有可

表4-1　解釋與成功和失敗相關的感受

初級評估	最終感受
我失敗是因為我缺乏能力	能力不足、放棄
我成功是因為我的才能	有能力、有自信
我失敗是因為運氣差	悲傷、驚恐
我成功是因為運氣佳	訝異、感謝
我失敗是因為我不夠努力	罪惡感、羞愧
我成功是因為我盡力而為	滿足、驕傲
我失敗是因為這挑戰太困難了	不適應、生氣
我成功是因為這挑戰簡單	安穩、謙虛
我失敗是因為別人的緣故	生氣、責難
我成功是因為他人的緣故	感激、感謝

SOURCE: From "The Cognition-Emotion Process in Achievement-Related Contexts," by B. Weiner, D. Russell, and D. Lerman, 1979, *Journal of Personality and Social Psychology*, 37, pp.1211-1220. Copyright 1979 by the American Psychological Asociation. Adapted with permission.

能符合你經驗的一些例子來說明和成功與失敗有關的感受，這些例子將提醒你在本書第二章討論過關於內心對話對情緒的影響，這個事實對於因應失敗有重要的關係，我們將在本章略述之。

做理性的評估

　　在確定這個值得傷腦筋的失敗後，你必須問自己的第一件事是「我如何能以一理性的方式了解這個失敗的理由？」當你發覺每天要對它們做評估、做判斷和做決定，但卻沒有真正去思考失

敗時，也許會感到驚訝。這是個好現象，因為如果我們每下一步棋就停下來仔細地考慮所有可能的選擇，則會讓我們精疲力盡。然而，假如這些評估對我們沒有益處，我們要有能力對錯誤做出快速合適的評估。例如，大部份的人必須面對現實，要接受我們不是世界級的運動家和天才的事實，假如我們到處誇耀吹噓，對自己寄予過大的期望，這將令我們很不快樂；相反的，假如你奉獻了必要的時間和努力，那麼在你最可能成功的時刻，你會看輕自己，並且將失敗歸諸運氣差或能力不足的機會大嗎？

　　在因應失敗上很重要的一點是發展第一章已討論過的一種因應態度。當你對於令你心煩意亂的的某件事情感到無助時，你必須暫時停下來做理性的評估。假如你是因為挑戰的難度超出你的能力而失敗時，你可以經由不同的路徑來期望自己達到目標；若是因為自己不夠努力，或者低估了這個任務的難度，你可以要求自己花點時間，以便去發展自己的技巧和學習新的策略；若是因為運氣差，你可以再試一次；若是因為他人的緣故，你可能得採取斷然和協商的方式。實際的評估可以讓我們遇到失敗後不會感到困擾，因為它們暗示了行動的明確方向。

因應技巧2：利用理性評估去尋找一個明確的行動方向

堅持到底

　　假如你認為自己的失敗是由於缺乏努力的結果，那麼從上述理性評估的討論中，可明顯得知失敗後，你很可能堅持到底不放棄。這個評估失敗的方法即是我們使用第三章所描述的問題解決法，當你選擇一個問題解決的態度，決定要對自己的失敗負責，熟練你的技巧，以及在下次付出更多的努力等，都取決於自己。

堅持到底意味著把焦點放在如何贏得成功，而不是擔心避免失敗(Atkinson, 1957, 1964; Weiner et al., 1971)。

假如你想想一些世界上的名人和富者，將有助於你重視毅力的價值(Bandura, 1989; J. White, 1982)：

◇Gertrude Stein 持續投稿詩作20年，才終於有一篇被接受。
◇James Joyce 所著的《都柏林人》曾被22家出版商拒絕。
◇Van Gogh的一生只賣出一幅畫。
◇Rodin 的雕刻品曾被主要畫廊拒絕展出。
◇Stravinsky 第一次演出「春之禮讚」時，就被逐出巴黎。
◇Frank Lloyd Wright 的建築學在他的生涯中被各方拒絕。
◇好萊塢原本對Fred Astaire的回應是「會跳一點點舞」、骨瘦如柴的禿頭男演員。
◇Decca唱片以「我們不喜歡他們的聲音，而且吉他合唱團也已不流行」來拒絕與披頭四簽下唱片合約。

因應技巧3：要堅持到底，並利用問題解決技巧來追求成功

維持自尊

假如你解釋自己所有的成功是由於運氣好和得自他人的協助，那麼你是擁有哪一種自我概念呢？你可能心存感激，但卻很難體驗到自尊的意識，因為自尊感來自你花時間發展你的技巧和付出必要努力來達到成功；也來自你面臨問題時，所擁有的內在控制力（第三章）。

因應技巧4：付出努力與才能以維持自尊

　　當明瞭在成功時自己心情是多麼暢快後，你可能想知道自己在失敗時，如何維持自尊。本章稍後會討論在失敗後保護自尊的方法之一，即練習各種合適的評估，將來你可以使用問題解決技巧整理出可以做得更好的策略，而不是將你的失敗歸咎於「無能為力」。失敗後維持自尊的第二種方法即遵循本章所提的建議：活在實際的期待中，並尋求有意義的挑戰。你也可以給自己一個機會以及不要讓自己太難堪，以維護失敗後的自尊。譬如，假如你的嗜好是彈鋼琴，提醒自己沒有必要彈得和Horowitz一樣好；或者假如你生病或承受很多壓力時，提醒自己，你的表現將會受到影響，不過那是沒關係的。當事情超出我們的控制，而使我們無法像平常一樣達到實際的目標時，也應對自己公平點。然而，當你的表現毫無疑問會更好時，負責任是重要的，當你逃避對自己的表現負責時，你就是在執行自我阻礙策略，通常這對你是不利的。

自我阻礙

　　針對下列問題回答同意或不同意：

　　　　　　　　　　　　　非常同意　同意　不同意　非常不同意

1.當我做錯某些事時，我第一
　個衝動就是責怪環境不佳。　　--- 　　--- 　　--- 　　　　---

2.我猜測我比大部份人更常感
　到「心情不好」。　　　　　　--- 　　--- 　　--- 　　　　---

3.有一天，我可能「同時得到

它」。

4.有時，當很容易的任務變得
　困難時，我會變得很沮喪。

5.假如我再多努力一點，我可
　以做得非常好。

6.我從不讓生活中一部份情緒
　問題干擾到生活中的其他事
　情。

7.我有將事情拖延到最後一刻
　的傾向。

8.無論什麼我總是盡力去做。

　　這些敘述取自自我阻礙量表(E. E. Jones & Rhodewalt, 1982; Rhodewalt, 1990)。自我阻礙者傾向於同意第1,2,3,4,5,7六項，不同意第6,8兩項。屬於自我阻礙策略的人是沒有很大的信心以自己能力獲得成功，而且他們覺得自己的能力天生如此，無能為力提昇他們的能力。基於這個理由，自我阻礙者就把努力的焦點放在避免失敗。對他們來說，在挑戰任務中自得其樂是很困難的，因為他們不常看見能掌握他們成功經驗的機會。然而，當他們把任務做得很好，自我阻礙者則會以為是因為任務簡單或者因為幸運的關係，這種態度妨礙了自我阻礙者從他們的表現中獲得自尊。自我阻礙者不能認清他們可以藉由學習新技巧、努力工作及不因失敗而沮喪，以增加他們成功的機會(Murrary & Warden,1992; Rhodewalt, 1994; Rhodewalt, Morf, Hazlett; & Fairfield, 1991)。

　　人們會以抑制他們成功機會的方式行事，先說某些事超出他們的控制，以致影響他們的表現做為藉口，來讓自己陷於阻礙之中(Arkin & Baumgardner, 1985)。這兩種情況，其目的是要把阻礙當成為什麼自己不能做得更好的理由，來替差勁的表現申辯。

自我阻礙行為策略

　　自我阻礙行為策略比自我阻礙聲明策略更激烈，因為它們意指表現出對你不利的行為。當人們有強烈的需要去保護自尊時，它們會選擇自我阻礙行為策略(Hirt, Deppe, & Gordon, 1991)，當你覺得風險太高而不願嘗試無法保證成功的挑戰時，常慣用自我阻礙行為策略，你寧願讓成功破滅，而且至少有個理由說明你為何失敗。

　　有個你可能很熟悉的自我阻礙行為策略，就是將藥物或酒精當成表現不好和令人討厭行為之理由：「不能怪我，因為我喝醉了」(Higgins & Harris, 1988; Tucker, Vuchinich, & Sobell, 1981)。將不合法或不被接受的行為歸罪於酒精或藥物，比承認自己控制不了衝動或判斷力差容易的多。政客常利用酒精當作他們違背法律或不道德行為的藉口；從事暴力行為者；如凌虐配偶者，時常先酗酒，如此他們才能對自己的行為有一個「說明」(Gelles, 1972)。

　　某研究測試自我阻礙者的藥物使用情形，受試者要從事一項腦力的測驗(Berglas & Jones, 1978)。此研究預先設定給部份受試者一個觀念：「他們的成功是由於努力的結果。」，他們對自己的成功深具信心；其他受試者雖成功，但不確定為什麼成功，他們對自己的成功不具信心。在進行第二個測驗之前，受試者被要求從兩種藥物中選擇其中一種，一種藥預期能幫助人們表現更好，另一種則預期使人們表現更糟，受試者會選擇哪一種藥呢？大多數對自己先前的成功深具信心者較喜歡表現強化的藥物，他們會留意自己是否做得更好；反之，對自己先前的成功不具信心者，則會選擇有損自己表現的藥物，因為這些受試者對自己沒有把握，他們將未來的表現歸咎於服藥來妨礙自己。

　　人們也以疏於對挑戰任務的準備(Rhodewalt, Saltzman, & Wittmer, 1984)、沒有盡自己最大的努力(Pyszczynski & Greenberg, 1983; Rhodewalt & Fairfield, 1991)、拖延(Ferrari, 1991, 1992)，以

及選擇接受在情境上無助於良好表現的挑戰(Rhodewalt & Davison, 1986; Shepperd & Arkin, 1989)等,來從事自我阻礙行為。在這所有的例子中,自我阻礙者將在不自覺的情形下破壞了他們成功的機會,以致於他們都有失敗的理由,他們也可以藉由以下幾種說明來保護自己的自尊:

「假如我準備更充分的話,我會做得更好」
「我就是無法盡我最大的努力」
「我沒有足夠的時間去實踐」
「在不同的情況下,我會做得更好」

自我阻礙行為策略最明顯的缺點就是它們在短期內可保護我們的自尊,但卻阻礙了我們許多成功的經驗。

自我阻礙聲明策略

當人們從事自我阻礙聲明策略時,他們並不會以妨礙他們表現的方式行事,取而代之的是尋找讓他們能聲明的緩衝因子當做表現不佳的藉口。

自我阻礙聲明策略就是在無法掌握的事情上,採取不利的方式,如:焦慮。有個研究可做為這種自我阻礙策略的例子:讓學生參加智力測驗,然後將他們焦慮的程度列出等級(T. W. Smith, Snyder, & Handlesman, 1982)。通常擔心測驗的學生比不擔心更焦慮,當學生把焦慮當成表現不佳的理由,而且可被接受時,在自我報告焦慮上會有很大的不同;當焦慮是不被接受的理由時,學生會改口說他們沒有認真地參加測驗,而且他們並未費心準備測驗等來妨礙自己(Harris & Snyder, 1986)。

在第六章你將會發現我們之中大部份的人都有過羞怯的經驗。然而,有些人是「害怕的像隻狐狸」,他們利用害羞當成自己不能置身於特定社交場合的藉口(Snyder & Smith, 1986; Snyder, Smith, Augelli, & Ingram, 1985)。其他自我阻礙聲明策略將表現不

佳歸因於健康問題、身體上的不適症狀(Mayerson & Rhodewalt, 1988；T. W. Smith, Synder, & Perkins, 1983)、肥胖(Baumeister, Kahn, & Tice, 1990)、心情不好(Baumgardner, Lake, & Arkin, 1985)，和過去傷痛的經歷(DeGree & Snyder, 1985)。

以下有個將不法行為歸咎於傷痛經驗的例子：

> 1980年，越南直昇機領航員Michael Tindall，被委託協助從摩洛哥走私印度大麻到格洛斯特和麻塞諸塞州。他之所以堅持要做「是因為需要再次體驗他在越南戰爭中所經歷的刺激」，而這種需求是他的一種叫做「越戰症候群」的疾病症狀。在1980年九月，美波士頓一個聯邦政府的法院陪審團撤消對他的控告(Szasz, 1987, p.287)。

精神病的症狀

精神病的症狀也常被當成自我阻礙策略。對精神病患的一些研究中已顯示他們如何使用精神病學的症狀，以獲得特權和持續掌控保護他的環境(Braginsky, Braginsky, & Ring, 1969; Braginsky, Grosse, & Ring, 1966; Fontana, Klein, Lewis & Levine, 1968)。利用精神病症狀做為自我阻礙較引人注目的例子是，以精神錯亂為藉口(Szasz, 1987)。

有個利用精神錯亂為藉口的有名例子是在審判暗殺雷根總統的John Hinckley, Jr. 他和另外三人共同犯下此案時，Hinckley的雙親對他的行為提出了以下的解釋「那個人為何會做出如此可怕的事情呢？即精神分裂者，一種擊垮精神的疾病，而這病使John失去了控制他的思考和行動的能力…，所以這病才是罪犯，人不是罪犯(Szasz, 1987, p.255)。」

視自我阻礙為因應策略

生命中有許多時候你必須給自己一個機會，嘗試當個「超人」和同時背負著太多困難的挑戰，而來給自己壓力是沒有益處，因

爲比起承擔超過你能掌控的事而失敗不如限制自己的挑戰而獲得成功，將感受更高的自尊(Tice, 1991)。若謹愼合適度地使用自我阻礙，其可成爲有效的因應策略(Snyder & Higgins, 1988a)。當自我阻礙變成一種生活的方式時，就會產生問題。和所有的因應型態一樣，自我阻礙也應以彈性的方法來使用，當人們太過依賴自我阻礙去因應失敗時，其結果是他們會承受許多的損害。

自我阻礙的損害之一就是常引起負面的影響(Higgins & Snyder, 1989; Rhodewalt, Sanbonmatsu, Tschanz, Feick, & Waller, 1995; D. S. Smith & Strube, 1991; Wallis & Kleinke, 1995)。其實大部份人都能看穿他人的藉口，而且對這些人也會產生不好的看法。

第二個自我阻礙的損害是導致我們的成就表現低於原有的預期(Arkin, & Baumgardner, 1985)。堅守簡單的目標和絕不承擔危險又刺激的挑戰，如此我們能保護自己，不與我們的能力極限相抵觸。表現低於預期面對的壓力和困擾較少，因爲他人從未對他們有太多的期待。然而，表現低於預期的代價就是不知不覺中傷害了自尊，當我們保留了自己最好的才能和侷限自己使成就平平時，便很難感受到自尊。

自我阻礙第三個損失是我們爲了替不滿意的行爲舉止和不成功的努力找藉口到「變成眞正的藉口」時，我們就冒著習慣性的去進行此種因應模式的危險(Snyder, 1990; Snyder & Higgins, 1988b)。譬如，用焦慮來解釋我們的行爲，而「變成」一個焦慮的人；另一個例子是我們對自己未達預期目標時，變得習慣性泰然處之。當這些人一直都是用自我阻礙型態時，人們會認定他們是「酒精中毒者」、「沮喪者」、「憂鬱病者」和「精神病者」。

一些有用的建議

我們必須清楚了解別人對我們的期許(Higgins & Berglas, 1990)。雖然我們都有滿足他人的欲望，但提醒自己你的目的、奮鬥和成功終究是爲自己而做，千萬別讓自己的生活被滿足他人的

欲望所支配。思考以下幾點有關建設性地運用自我阻礙，以做為因應策略的方針：

1.設定激勵性的目標。
2.別讓你的目標和取悅他人的欲望妥協。
3.別讓失敗的陰影干擾接受挑戰的愉悅。
4.記住，對一個挑戰付出的努力與結果一樣重要。

在不對自己太嚴苛和對自己的表現負責之間取得良好平衡是重要的，你可以藉由做理性的評估和生活在實際的期望中維持這種平衡。

因應技巧5：在自我阻礙和自我負責之間取得良好的平衡

尋求挑戰

尋求挑戰與自我效能有很大的關係（參閱第二章）。藉著過有目標的生活、尋找良好的角色模式，以及發揮足夠的能力去體驗有意義的成就來發展自我效能。不能好好因應失敗的人問題出在那裡呢？研究人員發現他們不是藉著鎖定必定會成功的簡單挑戰，就是藉著選擇注定失敗而不可能做到的目標來規避責任(Atkinson, 1957, 1964; Weiner et al., 1971)。顯而易見地，當你堅持簡單的目標時，沒有理由需要擔心失敗，而且假如你選擇不可能達成的目標而失敗，也沒有人會責備你。但要保證獲得成功和在不可能的任務上失敗的模式下，你能擁有多少的自我效能呢？欲發展自我效能可藉由尋求能激勵你發展技巧和問題解決能力的目

標，當你這樣做時，有時會成功，但有時也會失敗，因此，你必須學習如何品嚐成功的滋味和適當地因應失敗。當要品嚐成功時，你要去實行獎勵自己的技巧（參閱第三章）。研究顯示，「達成目標的人」知道如何去感受自尊和對自己的成就感到光榮，他們追求挑戰是因為他們不會專注在保護自己免於失敗上(Weiner et al., 1971)。

因應技巧6：尋求有意義的挑戰以發展自我效能

發展能力

自我效能和內在控制的概念，與學習新事物、掌握挑戰和發展能力的欲望有關。這種生活態度在幫助我們因應失敗時是有用的，當人們面臨困難時，就可從兩種不同的取向中選擇其中一種：表現取向或支配取向(Dweck, 1991; Dweck & Leggett, 1988; Elliott & Dweck, 1988; Nicholls, 1984)。這兩種取向不是出生時就定型了，他們是為了尋求因應挑戰情況最好的方法所發展出來的一種方針。

表現取向

當你是表現取向者，你的焦點是向別人證明你的才能，你想要得到他人的贊成與避免招致負面評價的可能性。當事情難以處理時，表現取向者會受到挫折和覺得進退兩難，當他們以這個態度面對挑戰，他們會變得全神貫注在避免失敗上。在本章稍早你已經學到了避免失敗的動機，常導致人們去設定不是太高就是太低的目標。而表現取向者傾向於對自己說出以下幾種概念：

「人們會對我有何看法？」

「給人好印象比喜歡自己或增進我的技巧重要」シ⑩嗬
「從失敗中得不到任何收穫」
「別冒險，我應保持在我確定的能力範圍內」

當你面臨簡單的挑戰時，表現取向是無所謂的。然而，當挑戰變得困難時，表現取向將阻礙你發揮問題解決技巧，而且使你無法將這些挑戰轉變成有用的學習經驗。所以，在面臨棘手的問題時，表現取向者將感到無助而放棄。

表現取向的另一個問題是當你太專注於取悅他人時，將會失去自己的創造力。下列情況將使人們很難對一個計畫或任務採取創造性的態度(Amabile, 1990)：

評斷：當知道你的生產力和表現正被評斷時，很難發揮創意。

監督：當你從那些觀察你表現的人身上感受到壓力時，創造力將減低。

獎賞：假如你目的是放在獎賞，不是因為發揮你的能力而感到高興的話，獎賞對創造力將是不利的。

競爭：當你意識到要和別人競爭時，較難發揮創意。

限制：當規則或有限的資源限制你的選擇，則較難產生創造力。

有時這些創造力上的束縛是由於環境的限制使然。此種情況下，應尋找適當的技巧去超越、轉變方向或改變這些環境的限制。其他情況下，我們會因為採取了表現取向而限制我們的創造力。此時，提醒自己使用支配取向的優點。

掌控取向

掌控取向者強調將挑戰轉化成有用的學習經驗。他們不會要求事情變得容易，因為無論他們成功或失敗都不是那麼重要，重

每個孩子都能利用掌控取向法，自學習如何從發展新技巧中獲益

要的是他們從自己的努力中獲得了重要的事物才是要緊的；與其去擔心別人對我們的想法，不如藉這個機會激勵自己發展技巧和能力。掌控取向者傾向於對自己說出下列幾種觀念：

「我從這挑戰中學到了什麼？」
「別人對我的評價不會妨礙我保持心情愉悅和增強我的技巧的信心」
「即使我失敗了，它也可能是個有用的學習經驗」
「對我來說，冒險和嘗試新的解決方法沒問題」

掌控取向對於簡單和困難的問題都適合。掌控取向者面對棘手的挑戰時不會覺得無助，因為他們的目標是善加利用經驗，而且他們知道能從失敗中學習。

掌控方針有助於創造力因為它加強了本身的動機(Amabile, 1990; Deci & Ryam, 1985)。當我們對工作或任務抱持以下的態度時,則比較容易發揮創造力(Amabile, Hill, Hennessey, & Tighe, 1994):

「我喜歡處理從沒遇到過的問題」
「好奇是在背後推動我做任何事情的動力」
「對我而言,最重要的是無論做任何事都樂在其中」
「不論計畫的結果如何,假使我覺得已學到新的經驗我就滿意了。」

掌控取向的重點就是激勵你以自己某部份的特質投注在努力中,以創造性態度來解決問題和任務。

充份了解你的學習能力

去接觸有才能的人是個可貴的經驗。我們有時會假定那些偉大的科學家、運動家、音樂家、藝術家和作家他們的技巧是與生俱來的,但卻忽視了他們長期的練習和自我鍛鍊。同時,這些傑出的人有勇氣面對世界,以一種從未嘗試或從不相信其可行的方式表現自己,這樣的勇氣值得我們學習。你可能犯下最嚴重的錯誤之一就是認為你的才幹、智力和能力是出生就定型,不可能會有進展了(Dweck, Chiu, & Hong, 1995; Dweck & Leggett, 1988)。將自己的智能視為固定實質的人,通常會有下列幾種想法:

「我的智能有限,所以我無法做太多改變」
「我的能力限制我追求更多的事物」
「當某些事失敗時,我知道已達成我能力的極限」

假如你對自己的能力持「與生俱來」的態度,你必然會對自己說出以下幾種藉口來反應失敗:「我的失敗證明了我沒有能力

解決這問題；我想我最好鎖定在我知道自己能較清楚掌握的挑戰上。」

　　將自己的智能視爲具彈性者，擁有以下幾種想法：

「智能與擁有良好的問題解決技巧有密切的關係」
「即使我出生時，只有特定數量的智能，只要我藉由學習和熟練新技巧，我總是能再開發我的才能」
「智能、適當環境，以及以具有彈性與創造力的方式解決問題大有關聯」

　　假如你充分了解你的能力，並發展出你的技巧和學習新的問題解決策略，那麼你對失敗較可能的想法是：「我的失敗顯示我的方法錯誤，下次我就知道採用何種方法會更好。」

　　充分了解我們的學習能力，並不表示假如我們致力於此，就都能成爲天才，但你必須實際了解你的能力極限倒是眞的。然而，你不測試自己便無法知道自己能力的極限。想想看，假如你視選擇新事物爲機會的話，你的生活會更有趣。

讚美中隱藏的代價

　　稱讚有利也有弊。我們都喜歡自己的努力和成就被人賞識，尤其他人的讚嘆更是如此。然而，我們必須記住，生命中主要的焦點應是取悅自己。假如你太習慣依賴別人的稱讚的話，你將受制於他人對你的需求及期望(Berglas, 1990)；就像你允許被別人指使你的生活，卻不去選擇你自己的目標，用自己的標準來評斷自己的成就一樣。花點時間去認識一些作家、藝術家和音樂家，當他們的自我認同只爲迎合大衆的要求時，他們最後只有自取毀滅一途。

因應技巧7：將失敗視為發展能力的機會

現在你已清楚了解對於失敗的評估會如何影響你堅持或放棄決定的心情，你也得到一個經驗，即做出對自己有益的評估，以便成功地因應失敗。心理學家在人們學習如何對成功和失敗的適應性此一方面做評估有大量的研究。接下來，我們將思考有關如何因應失敗的一些特殊觀念。

學習有效的因應方法

教人們如何更有效地因應失敗對心理學家而言是重要的挑戰。知道低成就的兒童和成人常對他們的成功和失敗都無法做出適當的評估已不足為奇，他們不會學習去欣賞自己的成功，也錯誤地將許多失敗歸咎於能力不足(C. I. Diener & Dweck, 1978; Dweck, 1975; Dweck & Gilliard, 1975)。

我們如何教導其他人（以及我們自己）去尋求挑戰，並且在經驗失敗後仍持續下去呢？低成就者應有個重要的目標，即停止將他們的失敗歸咎於事情超出他們的控制之外。另外有個重要的體認就是可以由付出更多的努力或嘗試不同策略與方法來避免失敗。我們都必須設定特殊的目標，並且對棘手的困難尋求幫助，克服失敗常表示負責任地堅持下去，一直到你找到最好的解決之道為止。當你採取這樣的一個態度時，你的動機會增加，你對成功的期待會更大，而且你較可能獲得成功(Anderson, 1983; & Barrett, 1987)。

避免不利己的推斷

針對低成就者的教學計畫已發展到使他們學習在失敗後暫停腳步，並且再跳進不利己的推斷之前，詢問自己下列問題(Chapin & Dyck, 1976; Dweck, 1975; Dweck & Reppucci, 1973)：「因為我

缺乏能力才失敗的嗎？如果不是，我必須做哪些事才能增進我的表現呢？我需要更努力些嗎？我需要加強我的技巧和學習新的策略嗎？我該放棄呢？還是繼續下去就會成功呢？」由於他們已學會了如何適當地對自己喊話，低成就者開始設定較高的目標和付出較多的努力來追求成功。

大學一年級的學生在發現自己不能表現得像高中一樣好時，常會感到自我懷疑。以這個經驗來說，不利己的推斷是「我不是我想得那樣聰明，也許我不適合讀大學」；當你能欣賞自己時，會有個更實際的推斷：「高中時代那些曾用過的讀書技巧是不同於念大學所需要的技巧，假如給我一年的時間去熟練它們，我的成績會更好。」

一項針對大一學生所做的研究中顯示，在大學第一年期間有成績下滑的經驗是正常的，當學生適應了新的學習型態後成績就進步了(T. D. Wilson & Linville, 1982, 1985)。由於這些簡單的指導，這些學生在下一學期的表現會比未被鼓勵去了解他們第一學期「進步」理由的一年級學生，有較明顯的進步。

推翻完美主義

完美主義者在進行任務會較痛苦，因為他們總是擔心自己犯錯，如此一來，他們能夠享受挑戰的精力將所剩無幾。完美主義者在處理問題上會對自己說下列幾種想法(Frost, Marten, Lahart, & Rosenblate, 1990)：

「假如我犯了錯，我會心煩」
「我憎恨事情做得不夠完美」
「假如我一直都做不好，人們將不會尊敬我」
「假如我忽略了某些事，我就是個失敗的人」
「假如我有某種程度上的失敗，就好像與完全失敗一樣糟」

這些敘述反映了第三章所討論的幾種不合理評估和認知上的

曲解，完美主義者是持表現取向不是支配取向來處理任務和問題。要求完美者比那些不注重做事完美的人會較沮喪和較焦慮，這並不足為奇(Frost et ai., 1990)，因為完美主義者會承受較多生理和情緒上的壓力，而他們也會全神貫注在避免犯下用固執和無創造力的方式來處理問題的錯誤，所以他們時常寧可拖延，也不願冒著做得不完美的風險去執行計畫。可以理解當完美主義者碰到失敗時，他們會有自我懷疑和較少的自信(Frost et al., 1995)；當企求完美的要求太極端時，失敗的經驗會引起不利己的行為和自殺(Blatt, 1995)。堅持完美者需要熟練第二章所描述的幾種適應性思考技巧。

因應技巧8：推翻完美主義

加強你的能力感

經由體驗成功和學習把成功歸於你個人的努力，你因應失敗的能力會日漸進步。你可藉著對自己說「我真的盡力了」、「我不放棄」、「我擅長於此」、「我是聰明的」來勉勵自己。當你認識到你的努力時，你會激勵自己別放棄，一直到你探究過所有解決問題的方法為止。充分了解能力可幫助你體悟到當一些問題需要做很多事才能解決時，許多問題都能被解決了 (Schunk, 1982, 1983, 1984)。

常常我們可從良好的角色模式中學習因應失敗，兒童就是藉由觀察別人談論如何解決問題來學習因應技巧。良好的角色模範是指你能認同的人，你不需從技巧比你好很多或差很多的人身上學東西，你可以藉著觀察和你相似的人，在他們面對問題時，不放棄解決問題和從成功解決問題中得到滿足等，來得到教訓和學習(Schunk & Hanson, 1985；Schunk, Hanson, & Cox, 1987)。

比較男孩和女孩

　　另一個探討人們如何評估失敗的研究中顯示，在學校裡，女孩比男孩更可能去解釋因爲缺乏能力才導致失敗(Dweck & Gilliard, 1975)。當女孩們將她們的失敗歸咎於缺乏能力時，她們會顯得情緒沮喪，並且放棄解決。相反地，男孩則解釋他們的失敗是由他們克服的問題不力所造成的，他們會這樣說：「也許我不夠努力，或許這老師眞的太嚴格了，但我不笨，下次我會做得更好。」

　　爲何男孩和女孩對失敗的體驗會如此不同？這個問題可藉著觀察老師對學生的反應來探討。研究人員發現老師對女孩的批評著重在智能表現較差，而對男孩的批評則是「懶惰成性的人」或者不守規矩，因此男孩會學習對老師的批評打折扣來聽，也不將老師負面評論個人化，當成是自己能力上的反映。縱使，老師批評女孩的次數常常比男孩少，但因爲女孩會將老師的批評銘記在心，而顯得格外困擾(Dweck & Bush, 1976; Dweck, Davidson, Nelson, & Enna, 1978; Dweck, Goetz, & Strauss, 1980)。

　　男孩和女孩對失敗有不同反應的研究中強調，對於失敗之因應受到我們解釋自己技巧和能力的方式上有很大的影響。男性和女性在以下兩方面都受到挑戰：評估他們學習來反應失敗的方法，以及是否能從學習肯定自己的努力和能力中獲得益處。

因應技巧9：肯定你的努力和能力

活在實際的期望中

　　成功地因應失敗表示活在實際期望的生活中。假如你目標設定太高，你將不免遭逢失敗且沮喪；而目標設定太低，則你永不

會失敗，單調的生活也將了無新意。為了讓生活有趣和具有挑戰性，你必須將目標設定在有時成功、偶爾會失敗的程度上。在兒童的成長過程中只有極少的成功經驗對他們是不利的，因為他們無法學習去品嚐成功的滋味，也沒有理由挑戰自己設定的目標；而一直都在成功經驗中成長的兒童，也會因為他們從未學習如何面對不可避免的失敗而苦惱(Chapin & Dyck, 1976; Dweck, 1975)。

因應技巧10：設定可讓（你）生活有趣又有益的目標

　　除了讓生活更有趣之外，還有另一個理由讓自己活在實際的期望中，就是你所尋找的目標和你對成功與失敗的解釋，將對你未來的生活態度有很重要的影響。假如你不確信自己沒有能力，覺得整個世界都和你作對，以及相信自己注定是運氣差時，你就會成為自我實現預言下的犧牲品；也就是說，預期自己做得不好的人，結果就真的會做得不好；而預期自己會做得比實際能做好的人，結果也可能做不好。所以以實際的角度判斷每一個挑戰是很重要的，如此便能運用為達成功所需的技巧，而且努力為自己做好萬全準備(Brickman & Hendricks, 1975; Sherman, Skov, Hervitz, & Stock, 1981)。以下有一些建議：

　　1.當面對近似無聊的簡單任務，你有數種選擇：你可以感謝暫時有個輕鬆的機會，或者你可以發揮創造力，讓這個任務有個人風格或讓它有趣一些。
　　2.若追求的挑戰棘手，但在你的掌握之中，那麼「放手去做吧!」，這是你享受成就感的機會。
　　3.當面臨了不能克服的問題時，你有兩個選擇：保護自己避免因自我阻礙而失敗，或者你可以決定失敗不是問題，而將它視為一個學習經驗，並以掌控取向的態度來取代表現取向。這個目的不是要有完美的結果，而是提供一個練習你的技巧的機會。

因應技巧11：選擇與挑戰難度相稱的期望

視因應失敗為心理衛生技巧

在第五章你將學習一些因應情緒低落的技巧，讓我們探究情緒低落與失敗經驗之間的關係，以做為下一章的導引。在本章稍早，你讀到有關解釋成功和失敗的方式能影響人們的心情，因此，沮喪者特別可能認為失敗是因為事情超出他們的控制之外。沮喪者通常解釋他們的失敗為運氣差和能力差，因為為了因應失敗，他們耗損了問題解決技巧的力量，他們也常感到無助而放棄(Weary & Willians, 1990)。沮喪者花太多的時間注意他們的失敗，就是因為全神貫注在失敗上，以至於沒有太多精神去欣賞自己成功做到的事，也難怪他們為低自尊所困擾(Pyszczynski & Greenberg, 1987a, 1987b)。

我們都清楚在情緒低落時很難去推動自己，並且付出更多的努力，情緒低落會讓我們感到有較少的抱負。所以，要了解迫使自己胸懷大志和充滿活力是重要的，如此我們較不會感到情緒低落。當沮喪者學習以內心喊話來克服挑戰（參閱第三章）。開始對自己的失敗作出理性的評估（「失敗不證明我笨或沒價值」、「一次失敗不代表我將永遠失敗」、「我能忍受失敗是因為那是一種學習」），以及適當地將成功歸功於自己（「我不須為了滿足成就感而要求完美的境界」、「即使我失敗了，我也以我的努力自豪」、「對我而言，這挑戰跟結果一樣重要」）時，沮喪的感覺會獲得改善，而且開始去完成各種事情(Klein, Fencil-Morse, & Seligman, 1976; Klein & Seligman, 1976; Sweeney, Anderson, & Bailey, 1986)。在這些治療研究中所發現與每人有關的是：為了過一個具挑戰和有動力的生活，我們必須學習如何面對失敗。

因應技巧12：學習如何因應失敗

因應失敗的技巧一覽表

◇因應技巧1：養精蓄銳以應付值得煩惱的失敗。

◇因應技巧2：運用理性評估去尋求行動的明確方向。

◇因應技巧3：要堅持到底並運用問題解決技巧來追求成功。

◇因應技巧4：付出努力與才能以維持自尊。

◇因應技巧5：在自我阻礙和自我負責之間取得良好平衡。

◇因應技巧6：尋求有意義的挑戰以發展自我效能。

◇因應技巧7：將失敗視為發展能力的機會。

◇因應技巧8：推翻完美主義。

◇因應技巧9：肯定你的努力和能力。

◇因應技巧10：設定可讓生活有趣又有益的目標。

◇因應技巧11：選擇與挑戰難度相稱的期望。

◇因應技巧12：學習如何因應失敗。

第5章 情緒低落之因應對策

憂鬱的症狀
憂鬱的潛在因子
扭轉情勢
因應技巧1：當不愉快的情境超出自己的控制時，要勇於承認
因應技巧2：以社交技巧、肯定性的和協商的能力來增進個人關係
做正確的初級評估
因應技巧3：質疑和修正錯誤的初級評估
保持控制感
因應技巧4：保持控制感
做合理的初級評估
因應技巧5：質疑和修正非理性的初級評估
利用適當的因應技巧
問題解決
因應技巧6：積極地運用問題解決技巧
獎勵自己的成就
因應技巧7：獎勵自己的成就
控制負面想法
因應技巧8：控制負面想法
思索適當的想法
因應技巧9：思考正面的想法
開始做些事
因應技巧10：開始工作和掌控你的生活
因應技巧11：使用適當的社交技巧
有效利用支持系統
因應技巧12：有效地利用支持系統
失望和絕望
因應技巧13：辨認絕望和自殺的危險徵兆
最終的想法
因應情緒低落的技巧一覽表

每個人的情緒都有高低起伏。只要不是太極端，我們情緒的高、低潮期會使生活更有趣且具挑戰性，但當你覺得格外地低潮，或者長期感到悶悶不樂時，你必須對這情況做合理的評估，並尋找合適的因應方式來回應之。

憂鬱的症狀

　　為了透徹地了解本章主旨，你必須明瞭「憂鬱」這個臨床上用話，以及專業的心理治療師又如何診斷「憂鬱」。美國精神病協會（1994）指出是憂鬱者在臨床觀察中持續兩週以上的人可能有下列的症狀：

1. 食慾改變。不是食慾減少、體重減輕，就是食慾增加，體重也增加。
2. 失眠，不然就睡得比平常多。
3. 體力差、疲勞。
4. 對以前喜愛的活動變得缺乏興趣或不熱衷。
5. 覺得自己沒有價值、自責或有強烈的罪惡感。
6. 減低思考或專心的能力。
7. 重複產生死亡的想法和自殺的念頭。

　　藉由測定下列十個項目和給予評分，我們可概略地測量你正經歷憂鬱的程度：

0＝對我而言，這不是問題。
1＝對我而言，有時是個問題。
2＝對我而言，這常常造成問題。
3＝對我而言，這一直是個問題。

1.感到悲傷。...

2.感到憂鬱。...

3.對未來不抱希望。...

4.覺得疲憊。...

5.食慾差。...

6.覺得自己是個失敗者。...

7.有自殺的念頭。...

8.嚎啕大哭。...

9.輾轉難眠。...

10.優柔寡斷。...

　　這些項目摘自三種被廣泛使用的憂鬱量表：Beck憂鬱量表 (Beck, Ward, Mendelson, Mock, & Erbaugh, 1961)、Zung自我測定憂鬱量表(Zung, 1965)和流行病學研究中心憂鬱量表(CES-D Scale)(Radloff, 1977)。假如在這十個項目中，你的分數平均在2分或2分以上，你可能已經到達相當憂鬱的程度而會想做些什麼。

　　本章所討論的因應技巧對臨床上的憂鬱患者是有用的，而研究和熟練這些技巧也可對你有所助益(Jamison & Scogin, 1995)。當然，臨床上的憂鬱患者也可尋求專業的協助。本章的目的是提供一些訣竅讓你撫平自己悲傷、憂鬱的心情和情緒上的高低起伏。

憂鬱的潛在因子

　　眾多研究人員已明確指出最可能引起人們憂鬱的一些常見因素(Barnett & Gotlib, 1988; G.P.Brown, Hammen, Craske, & Wickens, 1995; Burger, 1984, Pyszczynski & Greenberg, 1987a, 1987b)。有憂鬱情緒的人會將下列的態度變成習慣，為了他們的幸福，他們必須學習放棄這些不好的生活態度(Hedlund & Rude, 1995)：

「**不切實際地依賴他人**」：憂鬱者把自尊看得太重而無法得到他人的認同。

「**缺乏社會支持系統**」：有憂鬱傾向者較內向，也比較退縮，他們不會運用維繫支持系統關係所需的社交技巧。

「**親密關係中的壓力**」：當親密關係發生了不協調時，通常會增強憂鬱感。

「**憂鬱的自我中心型態**」：憂鬱者會全神貫注在負面的事物上，在他們的人生中浪費太多時間去思考不好的事情，卻從不去注意自己在因應策略上的技巧是否恰當。

「**完美主義的傷害**」：憂鬱者事事堅持完美，但因為他們無法達到百分之百的完美，而認為自己一文不值和浪費自己的生命。

「**外在的控制**」：憂鬱者覺得生活中重要的事情都超出他們的控制之外。

通常發生了無法接受和不能忍受（信念體系）的事（導火線）時，你會覺得情緒低落而感到憂鬱。依第二章（圖2-2）所描述的評估模式，情緒低落是你如何解析生活事件的結果。第一種可能的反應是扭轉情勢；第二種反應是詢問自己的初級評估是否正確；第三種反應是詢問自己的初級評估是否合理；第四種的反應則是使用良好的因應技巧來回應。在本章裡，你能學到如何使用這四種反應。

扭轉情勢

合乎實際狀況去改變一個不愉快的情況是最重要的法則。你必須面對一個事實，就是許多讓你情緒低落的生活事件都不在你的控制之內因此，如果你有以下不切實際的想法將是不妥當的：

「爲何它一定要發生？」
「要是我以另一種方法做事就好了」
「眞不公平」
「如果我有另一個機會就好了」

　　憂鬱的人是因爲他們把太多的事情都看得太痛苦，而讓自己情緒低落(Rhodewalt & Zone, 1989)。當一件超乎你所能控制的不愉快的生活事件發生時，對你最大的好處就是承認這件事，把全付心力放在評估這件事，並且想辦法處理。因爲體驗太多不愉快的情緒而讓自己變得對任何事都力不從心(Rhodewalt & Zone, 1989)。當不愉快的生活事件超出你的控制範圍時，承認事實（就當成本來就不愉快）並將自己的精力放在評估和因應反應上，對你是最有利的方法，因爲擔憂自己無法改變的生活事件也是枉然。Reinhold Niebuhr在她所著的《靜謐的禱告》(*Serenity Prayer*)一書中描述了第一種因應技巧的概要(Bartlett, 1982)：「上帝啊！請賜予我們雅量，好讓我們平靜地接受這些無法改變的事情，賜予我們勇氣去改變可以改變的事情，以及賜予智慧讓我們辨別這之間的不同」。

因應技巧1： 當不愉快的情境超出自己的控制時，要勇於承認

　　有時你會被那些與人際關係有關的事所影響。假如因爲對你無禮或未能滿足你的需求而感到情緒低落時，你可以經由協商、運用社交技巧和肯定的態度來改變情況。在第六章我們會針對「利用良好的社交技巧」提出若干建議，其中一個重點是假如你所持的態度是「積極的因應」，那麼你將會由他人身上得到更多有益的回應。當別人無法滿足你的需求時，你會產生退縮、生氣和鬧瞥扭等自然反應，在你想要從別人身上獲取某些東西時，先要有

個觀念----必須先付出才能有所得。所以滿足需求其實是超越自負的一個實際問題，肯定地要求你所想要的，比起藉著試圖讓他人覺得有罪惡感，以做爲引起他人注意的「症狀」來得好。因要求某事而遭拒絕時會感到不高興，這是千眞萬確的。然而，當你直接說出來時，至少其他人已經知道你的立場，縱使被婉拒了，你仍可以合適的評估及運用你的因應技巧來掌控你的生活。以積極和果斷的態度對待他人時，認清協商的價值有其重要性（見第八章）。在現實生活中，假如你想要別人善待你，相對的，你也必須抱著付出的心態來對待他人。

因應技巧2：以社交技巧、肯定性的和協商的能力來增進個人關係

做正確的初級評估

用心聆聽眞正的自己

當你試圖完成一件事，但不成功時，你會讓自己處於下列哪一種情況下呢？

「我失敗了，這表示我很笨」
「我失敗了，是因爲沒有盡全力，還是因爲這件事沒做對？或者是因爲我不善於做這件事但絕不是因爲我笨」

顯而易見，第二種敘述比第一種敘述正確。然而，當你情緒低落時，很容易變得以偏蓋全，並且把不愉快的事當做無法解決或無法改變的事，而做出不正確的評估(Coyne & Gotlib,1983)。當發生這種情形時，說服自己對這不正確的評估提出異議，並讓它

們變成比較實際的評估。舉例來說，假定你最好的朋友對你無禮，假如你做了「我的朋友不再喜歡我了」這樣的評估，你會有什麼感覺？這個評估最可能讓你感覺受到傷害、悲傷或生氣。

為了讓自己脫離這種情境，你必須在內心中跟自己討論以下的態度：

「那種無禮的方式對待我，表示A君不再喜歡我了」
「A君時常無禮地對待我嗎？」
「幾乎沒有」
「A君時常對我很好嗎？」
「大部份時間都對我很好」
「A君的無禮行為可能與我毫無關係嗎？」
「我想是吧！」
「現在假定A君生我的氣，就表示A君不喜歡我嗎？」
「不見得」
「朋友之間偶爾會無禮地相向，但也仍是朋友的，不是嗎？」

在處理不當的初級評估上，一個很有價值技巧就是用心聆聽眞正的自己。訓練自己去質疑和修正會讓你感到心情不佳的錯誤初級評估。以下有一些常見的錯誤初級評估和正確修正後的例子：

自責：
不正確的自我：因為我忘記母親生日所以我是沒良心的人。
正確的自我：犯錯已經是很不幸但不代表我是個沒良心人。
不可逆性：
不正確的自我：我孤獨和害羞，而且可能永遠都不會改變。
正確的自我：我能夠學會如何克服我的孤獨和害羞。
以偏蓋全：
不正確的自我：A君對我很惡劣，沒有人是喜歡我的。

正確的自我：A君對我惡劣，但仍有許多喜歡我的人。

絕對論：

不正確的自我：失去了愛情，我的生命也就一文不值了。

正確的自我：失去的這個愛情不是我生命的全部。

個人化：

不正確的自我：因為我工作效率低，所以老闆生我的氣。

正確的自我：老闆生氣是因為我們的部門生產力低。

過度反應：

不正確的自我：我們爭執過，所以友誼也跟著結束了。

正確的自我：一個爭執不會就此結束友誼。

巧妙因應你「應當」的事和「必須」的事

當人們的「欲望」變成了「需求」時，只會讓他們自己感到憂鬱，而二者的特徵在於「應當」的事和「必須」的事(Ellis, 1987a)。

憂鬱者會說：「我不能忍受失敗」。

而不會說：「我很遺憾我失敗了」。

憂鬱者會說：「我是個討厭的人」。

而不會說：「我有一些不好的特點」。

憂鬱者會說：「我的未來必定是不好的，而且糟糕透頂。」

而不是說：「以後我將有正反兩面的處事經驗。」

憂鬱者會說：「人們應該要喜歡我，但事實卻非如此，所以我是個失敗者。」

而不會說：「我感到孤單，我必須要主動找一些朋友。」

憂鬱者會說：「我不應得到此份榮耀，因為我應當會做得更好。」

而不會說：「我做得沒有像原先所想的那麼好，但我可以因為已經嘗試去做而獲得稱讚。」

對未來抱著彈性的看法

憂鬱者對於自己的未來沒有一個具有彈性的看法，他們可能比非憂鬱者更相信他們的未來是負面的，而且獲得快樂經驗的可能性也有限(Andersen, 1990; Pyszczynski, Holt, & Greenberg, 1987)。基於這個理由，憂鬱者把更多精力放在逃避目前不愉快的情境上，而不是把精力集中在處理對未來有潛在激勵作用的事情上(Wertheim & Schmartz, 1983)。憂鬱者常會對問題感到困惑，因為他們把問題看成有恆定性、整體性和內在性，但事實上並非如此(Heimberg, Vermilyea, Dodge, Becker, & Barlow, 1987; Peterson & Seligman, 1987; Raps, Peterson, Reinhard, Abramson, & Seligman, 1982; Sweeney et al., 1986)：

「**恆定性**」：憂鬱者把生活中負面的事件視為穩定的，亦即不可能去改變的事件，但非憂鬱者則視此負面的經歷為短暫的挫敗，但不會永遠持續下去。

「**整體性**」：憂鬱者會被自己的問題所擊潰；非憂鬱者則對事情有透徹的看法，他們知道讓生活中的正、反面事件相平衡。

「**內在性**」：憂鬱者因自己的問題而責備自己；非憂鬱者則會對他們能改變的事情負責，但不會因為做得不完美而覺得自己沒出息。

因應技巧3：質疑和修正錯誤的初級評估

保持控制感

Jerome Frank(1973)指出，心理治療師為他們的顧客所做的最重要的事情之一，就是幫助這些案主克服他們的絕望感和情緒低

當感覺心情低落時，花點時間平衡
愉快和不愉快的想法是有幫助的

落感；尤其是針對憂鬱者。當我們情緒低落時，我們會以為無法改善情況，而把注意力放在負面的思考模式上。

　　一如你所預料，當你情緒低落時，對生活保持控制感、自我效能和掌握力是重要的因應技巧(Anderson & Arnoult, 1985; J. D.Brown & Siegel, 1988; Marshall & Laug , 1990)。話雖如此，但當所有對我們不利的情勢出現時，事情就未必那麼樂觀了。然而，必須記住內在控制和自我效能的維持是來自內心，而不是來自外界的事件。熟練技巧以保持內在控制（第三章），以及依循第三章所討論的自我效能原理。控制感能強化你對問題負責的態度，促使你善用問題解決技巧，來為生活挑戰尋求解決之道。

因應技巧4：保持控制感

做合理的初級評估

縱使你未做出如先前章節所描述的錯誤初級評估，一個生活事件仍會帶給你情緒低落的感受。當發生此類情況時，你會對自己說什麼呢？你的評估正確嗎？合理嗎？例如，懷疑某人對你不好，假如你做了「我一定那裡不對勁。」的評估，你會有何感受？這評估最可能讓你感到情緒低落而悶悶不樂，因為你把自己的自我價值建立在別人如何看待你的態度上。然而，假使你以較合理的方法來評估一個人的敵意，那又會是什麼情形呢？例如，「雖然那個人對我不友善，但是我的自我價值並非以別人如何看待我來決定。」這評估雖會讓你覺得難過和失望，但不會讓你心情憂鬱。當你對於已發生的事長期感到情緒低落時，你必須質疑，並盡可能修正關於此生活事件發生時，你對自己所說的話。

為了了解非理性評估如何讓我們情緒低落，我們可從一些調查研究中，比較憂鬱者和非憂鬱者所做的評估中尋找真象(Eaves & Rush, 1984; Hammen & Cochran, 1981; Kanfer & Zeiss, 1983; Pietromonaco & Markus, 1985; Tabachnik, Crocker, & Alloy, 1983)。例如：

憂鬱者只沈溺在自己的悲傷思緒中。
非憂鬱者知道如何讓自己的心境遠離悲傷。

憂鬱者不會對自己的疑惑作善意的解釋。
非憂鬱者在他們譴責自己時通常會給自己一個改進的機會。

憂鬱者將快樂寄託於不切實際的要求上。

非憂鬱者將快樂寄託於實際的期望上。

憂鬱者容許不愉快的事件影響他們。
非憂鬱者會讓生活中愉快和不愉快的事件相互平衡。

憂鬱者覺得自己是個沒有能力應付生活事件的人。
非憂鬱者覺得自己有能力應付生活事件。

因應技巧5：質疑和修正非理性的初級評估

利用適當的因應技巧

　　每一個人都會面臨壓力性的生活事件、挫折和失望，有些人甚至蒙受了更大的傷害和失敗。沒有人能預期自己可以順利地因應這些不幸，但有些人能安然度過這些不愉快的經歷，有些卻陷於憂鬱之中，原因何在？因為能讓自己由憂鬱中掙脫出來的人有著較有效的資源(Billings & Moos, 1982)，亦即他們知道如何去利用第三章所列的各種因應策略。

　　研究人員透過兩項調查確認了因應憂鬱的有效技巧。一種方法是比較憂鬱者和非憂鬱者所使用的因應策略；第二種方法則是測量人們自己偏好的因應反應和憂鬱程度的關聯。

憂鬱者和非憂鬱者的因應策略

　　研究人發現憂鬱者和非憂鬱者會使用下列不同類型的因應反應(Billings, Cronkite, & Moos, 1983; Billings & Moos, 1984; Coyne, Aldwin, & Lazarus, 1981; Holahan & Moos, 1983; Mitchell, Cronkite, & Moos, 1983; Monroe, Bellack, & Himmelhoch, 1983; C. J.Taylor &

Scogin, 1992)：

◇憂鬱者喜歡幻想。
◇憂鬱者未充分的運用問題解決技巧。
◇憂鬱者未充分的運用社會資源。
◇憂鬱者極易出現逃避的行爲。
◇憂鬱者未有效的利用自我放鬆這個因應技巧。
◇憂鬱者未能巧妙地說服自己克服問題。
◇憂鬱者不擅長以幽默的技巧來責備他們自己。
◇憂鬱者是消極、被動的人。
◇ 憂鬱者是個過度自責的人
◇憂鬱者對於自己因應憂鬱情況的能力不具信心。

因應憂鬱之問卷調查表

當你感到情緒低落時，你會做以下的事嗎？

        從不　很少　有時　時常

1.我會尋求朋友的支持。
2.我責備自己。
3.我看電視。
4.我擬定一個計畫讓自己覺得舒服點。
5.我喝酒或服用鎮定劑。
6.我睡覺、作白日夢或試著逃走。
7.我做一些特定的活動，如閱讀、聽音樂、
　欣賞藝術品和運動。

以上所列的因應反應改寫自因應憂鬱之問卷調查表(Kleinke,
1984a, 1988, 1991; Kleinke, Staneski, & Mason, 1982)。這個問卷調

查是向好幾百個各種背景、各年齡層的人所調查完成的，回答者包括了臨床上的憂鬱患者、中度憂鬱者和非憂鬱者，藉著比較憂鬱者和非憂鬱者所使用之因應反應，而得到一些有趣的調查結果。非憂鬱者傾向於認同第1.4.7項敘述，當他們覺得情緒低落時，他們會積極的努力讓自己重新出發、去尋求支持和執行問題解決技巧；憂鬱者傾向於認同第2.3.5.6.項敘述，憂鬱者是消極的。當情緒低落時，他們退縮、不面對現實、自責，並常酗酒、服用鎮定劑。此調查指出憂鬱、消極和自責可相互增強，憂鬱者似乎沒有能力跳脫原有的框架，去採取積極的因應技巧，假如他們能迫使自己更積極地去因應生活事件，他們應該會覺得更好。

當應答者偏好的因應反應和他們憂鬱程度的相關性被估算出來時，我們發現了相似的結果，即憂鬱的程度較低者與偏好下列因應反應有關：

◇尋求社會支持。
◇問題解決技巧。
◇轉移注意力和讓自己忙於其他事情。

高度憂鬱與偏好下列因應反應有關：

◇自責。
◇使用刺激物，如香菸和咖啡。
◇看電視。
◇遇到事情則變得易怒，失去耐性。
◇使用藥物，如安非他命和鎮靜安眠藥劑。

在本章稍後的部份，我將著重在說明你能實際用來因應憂鬱的適當技巧，這些技巧包含了問題解決、獎勵自己的成就、控制負面思考、思索適當的想法、讓自己忙碌和有效地運用支持系統。

表5-1 父母的問題解決對策

問題	可能的解決方法
家庭	
1.照顧小孩	
	◇獲得姻親的協助
	◇與有小孩的友人交換照顧嬰兒的時間
	◇尋找一廣受好評的日間托兒所
	◇與配偶分擔照顧孩童的職責
	◇安排時間表與孩子共度有意義的時光
2.與配偶共度擁有意義的時光	◇排定定期時間表與配偶共度有意義的時光
學校	
1.尋找研讀的時間	◇當其他人有空照顧孩童時，排出進研讀的時間表
2.需要支持	◇與配偶訂定契約以激勵學業之進步
3.內疚	◇排定與配偶和小孩共度有意義時光之時間表
工作	
1.疲倦	◇在家事上獲得配偶的協助
	◇雇用兼差的佣人

問題解決

當有個好朋友有困難時，他說：「我為這問題感到情緒低落，但我不會被擊潰。」因為我的朋友是問題終結者，他知道他應有辦法讓自己不再情緒低落。有良好問題解決技巧者比沒有這些技巧的人較不易感到憂鬱(Nezu, Nezu, Saraydarian, Kalmer, & Ronan, 1986)。

當你情緒低落時，你如何使用第三章所提及的問題解決技巧

呢？舉個例子，想想一個父親或母親來自家庭、學校和工作的責任負荷過重時，該怎麼辦？表5-1顯示這個人如何將這些問題分別整理成容易處理的部份，並列出一系列的選項和可能的解決之道。當這計畫被明確地陳述時，就可用來測試並指出哪些解決方法是可行的，哪些需要修正。

當你使用問題解決技巧讓自己跳脫低落的情緒時，有幾個重點必須謹記在心。第一，將問題各自細分成容易處理的幾個部份，這樣它們看起來才不致於太令人困擾；第二，當在細想可能的解決方法時，記住發揮你的創造力，別忘了支持者的支持可幫助你心生妙計，並給你鼓勵。結合你的能力和支持者的鼓勵來增強你的自我效能和內在控制感；第三，必須切記的事是當你採取行動時，別忘了稱讚自己，更別忘記你自己就是問題終結者。

「問題解決」的策略要如何才能發揮作用呢？這個問題可以從研究臨床憂鬱患者接受二種療法中的其中一種得知(Nezu, 1986)。第一組憂鬱患者被教導使用類似第三章所提到的一種問題解決策略；第二組憂鬱患者相互討論自己的問題，但並不學習或去練習相關的問題解決策略。這個研究的結果非常明確地指出，有學習和熟練問題解決技巧經驗之憂鬱者，在研究結束後，其憂鬱程度明顯的下降，而且效果持續了六個月之久。相對的，只討論自己問題而沒有練習問題解決技巧之憂鬱者，在憂鬱程度上只有些微的降低。

由以上可以得知顯而易見的二點重要結論。第一，當你情緒低落時，解決問題是個有效的因應技巧；第二，當你覺得自己處於低潮時，有必要驅策自己更積極地採取行動面對。

因應技巧6：積極地運用問題解決技巧

獎勵自己的成就

獎勵自己的成就這個因應技巧與憂鬱者特別有關聯，憂鬱者不將自己的成就歸功於自己的努力，他們只注意負面的事情、低估自己的成就，並且認為自己是不值得被賞識的人，他們不會有效地使用自我提昇之技巧(Heiby, 1982, 1983b)。假如你是個憂鬱者，你可以透過第一，設定合理的目標。第二，堅守依時間計畫表做事，如此你才能順利完成事情。第三，將注意力放在你的成就上，以及提昇你自己的成就等四個要點讓自己受惠(Fuchs & Rehm, 1977; Heiby, Ozaki, & Campos, 1984)。

因應技巧7：獎勵自己的成就

控制負面想法

在第二章中，你已略知健康思考的概念和非負面思考的力量。憂鬱者的思考模式出了問題，因為他們把焦點和思慮都放在他們負面的感受上(Lyubcmirsky & Nolen-Hoek-Hoeksema, 1993, 1995; Nolen-Hoeksema, Morrow & Frelrickson, 1993; Pyszczynsk; & Greenberg, 1986)。這種一直對不愉快的事情和不快樂感受的動作，會造成已經找到這些問題解決之道的假象。然而，這種對負面認知不言不語的思考模式並非問題解決技巧，它不是一種可以發展和測試出多樣選擇的創造性過程。沈思默想的結果容易使憂

鬱感永久存在，而且你越強調事情有多糟，它們看起來就越糟；
沈思默想也會干擾你問題解決的能力，當人們因負面情感而困擾
時，想要針對問題發揮創造力尋求解決方法是有困難的。憂鬱者
也明白假如他們將注意力放在愉悅的想法和活動中會覺得更好，
遺憾的是，憂鬱者常對自己的憂鬱愛鑽牛角尖，因而沒有時間或
精力做適當的思考。

　　當你正體驗令人煩亂的情緒或情感時，依你同意或不同意的
程度回答下列針對你能或不能做的事所敘述的問題。

非常同意 同意 不同意 非常不同意

1.我通常能找一個方法來激勵
　自己。

2.沈醉其中是唯一能做的事。

3.我能找個方法讓自己放鬆。

4.藉著做一些有創意的事，會
　讓我好過一點。

5.我開始覺得自己真的情緒低
　落。

6.我能在情境中加入一些幽默
　感，也讓自己感覺好一點。

　　這些敘述摘自負面心情調整量表(Catanzaro & Mearns, 1990)。
同意第1.3.4.6項敘述和不同意第2.5項敘述的人，對於自己在控制
負面心情上的能力具有信心，而且會制止自己沈浸在負面想法
中，或者不讓自己被惡劣的情緒所困擾。在因應憂鬱時，有個重
要的技巧，即學習如何利用思考其他事情來阻斷自己在不愉快的
情感上鑽牛角尖。你也可以藉由與他人互動，或者做有意義的活
動，讓自己走出憂鬱的思緒(Lyubomirsky & Nolen-HOeksema,
1995; Nolen-Hoeksema, 1991; Nolen-Hoeksema & Morrow, 1993)。

當人們學會調整自己負面的心情，以及對自己有能力如此做有信心時，比較不易讓自己變成憂鬱(Catazaro & Greenwood, 1994; Kirsch, Mearne, & Catazaro, 1990)。調適你的負面心情並非意味忽視你的情感；承認自己正感覺情緒低落，可以表現適度的反應，但太過小心逃避監控你的負面情緒時，它們反而會變成你生活中的主要焦點(Swinkels & Giuliano, 1995)。所以，當你情緒低落時，讓自己忙碌，克服總想以自己為焦點和不愉快情感的想法，對你是有益的(Nix, Watson, Pyszczynski, & Greenberg,1995; Pyszczynski, Hamilton, Herring, & Greenberg, 1989)。

因應技巧8：控制負面想法

思索適當的想法

若干年前，研究人員研究了正面和負面心情的影響(Velten, 1968)。研究人員引導研究。參與者不斷地重複對自己說以下各種的敘述，來慢慢灌輸他們負面的情緒：

「我覺得已精筋疲力盡」
「無論我多麼辛苦地嘗試，事情就是不能盡如己意」
「有時我覺得自己好孤單，就忍不住哭了起來」
「有時生活似乎不值得繼續過下去」

由於實踐這些敘述的結果，這些參與者的心境就變得更加消極，而且他們在各種注意力測驗中的表現也退步了。或許，當你覺得情緒低潮時，你就能了解這個研究和你的思維之間的關係。若我們一直陷入負面的想法模式，則憂鬱的心境便無法抹滅，當

你發覺自己這麼做是錯誤時，立即停止負面的想法，並轉移你的思考方向，如此會讓你覺得舒服些。例如，當非憂鬱者和憂鬱者他們不斷重複對自己說以下的話時，他們可以體驗到更正面的心境反應，並且各種注意力測驗中的表現也會更好(Raps, Reinhard & Seligman, 1980; Velten, 1968)：

「我覺得自己很棒！」
「大部份的人都對我好親切，我覺得很高興」
「在我的生命中，有許多讓我欣喜的事」
「我覺得精力充沛且快樂無比」

現在讓我們了解一些能增強你適當想法的措施。

終止負面想法

憂鬱者比非憂鬱者比較可能有以下的想法盤據心頭：「對個人的不滿」、「負面的期望」、「低自尊」和「無助感」(Hollon & Kendall, 1980; Ross, Gottfredson, Christensen, & Weaver, 1986)：

「對個人的不滿」：「有些事必須改變」、「我是怎麼了呢？」、「我希望自己更棒一點」。
「負面的期望」：「我的未來是黯淡無光的」、「我永遠無法成功」、「我是個失敗者」。
「低自尊」：「我一文不值」、「我不喜歡我自己」。
「無助」：「我無法完成任何事」、「這樣做太不值得了」。

我們時常忍受著負面想法所帶來的情緒低落。卻不去注意我們做了什麼事才會如此。為阻止這種情形發生，你應該訓練並注意自己在想什麼。當你陷入負面想法時，即大喊一聲「停止這念頭！」（假如有旁人在，你可以在心理對自己「喊」）。當你有負面

的想法時，在你的手腕上綁上橡皮圈，並使它發出「啪」聲來轉移自己的注意力，別讓自己的想法帶來情緒憂鬱。

假如你覺得每天要挪出一些時間去注意「事情有多糟糕」是很重要的，那麼你可以設定時間表，允許自己在預先安排的特定時間（但其他時間則否）內思考負面的想法。一張特別的椅子或找一個特別的地方，好讓你自己沈浸在憂鬱中。在你排定思考負面想法的這段時間內，試著誇大你的負面想法到極點，也許你會從喜歡讓自己陷入悲慘的癖好中發現滑稽的一面。

練習正面的想法

在一天中，密切注意你對自己所說的話是有益的。試著平衡心情不佳的想法和帶來希望與滿足的想法。例如，將你完成的事做成一覽表，像是準時工作、讀完一本書、做有益健康的事或者幫助他人。重視與你親近的人和在你生命中你喜歡的事（自然、藝術、音樂）。在你讓自己有愉快的經驗之前，千萬別堅持不切實際的高度期望，希望某件事必定會發生。

非憂鬱者的想法通常比憂鬱者的想法多出四種正面的想法：「生活滿足感」、「正面的自我概念」、「被他人所接受」和「正向的期許」(Ingram & Wisnnicki, 1988)。

「生活滿足感」：「我對生活感到知足安樂」、「我的生活平穩順遂」、「生活是令人興奮的」、「我是個幸運兒」。

「正面的自我概念」：「我有許多優秀的特質」、「我會好好照顧自己」、「今生我領受了許多美好的事」、「我有許多有用的技巧」。

「被他人接受」：「我受到同儕的敬重」、「我有好的幽默感」、「和我在一起是有趣的」、「我對他人有一套不錯的相處之道」。

「正向的期許」：「我的未來看似光明」、「我一定會成功」、「我可預期許多美好的事」。

當你覺得心情憂鬱時，你可能無法想到這些正面的想法。然而，當你愈在意它們，它們就愈自動出現在你的思維中而讓你心情更好。

掌管你的想法

不要只是被動地等待負面想法自動消逝，而正面想法會自動產生。你必須率先平衡正面和負面的想法，以強化你的自我效能和內在控制感。

因應技巧9：思考正面的想法

開始做些事

有三個好理由可以說明為什麼當你憂鬱時，開始做些事的重要性。第一，為了改變你的感受，你必須改變你正在做的事。第二，開始做些事對增強你的自我效能是個有用的方法。第三，當你憂鬱時，開始做些事可讓你從他人那兒獲得正面的回饋。

以行動改變感受

當我們心情不好的時候，我們常對自己說「我覺得情緒好差，沒辦法做任何事，當我心情好一點，我再開始工作」，當你情緒低落時真的會比情緒激昂時較難以採取行動。然而，假如你堅持要心情好時才開始做事，你將浪費許多時間。心理學家透過研究和臨床實驗一些我們都清楚的生活體驗後，已經確認：「行動可以改變感受」(Kleinke,1978,1984b)。

心理學的研究人員發現憂鬱者有著非常低度的活動力 (Christensen & Duncan, 1995)，而且他們比非憂鬱者更少從事令人感到愉悅的活動。研究人員也發現當憂鬱者懂得將更多令人開心

表5-2　週末或假日的日常活動計畫表

時間	活動	完成與否	掌控感	愉悅感
8-9	吃早餐	完成	2	4
9-10	聽音樂	完成	2	4
10-11	洗衣服	完成	3	2
11-12	寫信	否呆坐著	0	0
12-1	與友人共進午餐	完成	3	5
1-2	和友人一起休憩	完成	3	5
2-4	做運動	完成	5	4
4-5	在家休息看報紙	完成	2	3
5-6	做家事	二分之一	4	3
6-7	烹調特別的晚餐	完成	5	4
7-8	和朋友或家人吃晚餐	完成	3	5
8-10	看電視	完成	2	3
10-11	讀書	10：00-10：30 呆坐著	0	1
		從10：30開始讀到 11：30	4	4

的活動帶入他們的生活時，他們的心情會變得更好。基於這個理由，在憂鬱的心理療法中有一個重要的療程，即「日常活動時間表」。這種時間表的目的，是要幫助憂鬱者做能夠產生支配感和愉悅感的活動。製作這種活動計畫表時，要先寫下一特定日子中所有的時數，然後在這些時間上排滿你預定在這一天完成的活動。在每天的事務終了時，記錄你確實完成的活動，以及評估這些活動讓你體驗到多少掌控感和愉悅感；評估指數由0（低度）到5（高度）(Beck, Rush, Shaw, & Emery, 1979; R. A. Brown & Lewinsohn, 1984; Lewinsohn, 1975)。

表5-2是一個週末或假日日常活動時間表的實例。像這樣的一個日常活動時間表有三個目的。第一，它督促你變成主動。第二，它幫助你了解哪些是無趣且無法實現的活動，哪些是讓你產

生支配感和愉悅感的活動。未來，你可以使用你的活動時間表，計畫更多有意義的活動。第三，它提供你在完成任務時有獎勵自己的機會。

自我效能的重要性

自我效能的重要性在於可以制止我們陷入情緒低落的困境中，這是從成功治療憂鬱的相關因子研究中論證出來的結果(Steinmetz, Lewinsohn, & Antouccio, 1983)。那些克服憂鬱的人最重要的特質首先在於他們憂鬱的程度。非常憂鬱者不似中度憂鬱者那麼容易制止自己憂鬱的心緒，這乃在意料之中。與增進自我效能有關的二種因素是人們成功的經驗和他們的內在控制感。換言之，當人們決定讓自己心情好轉，而且採取負責的態度確實去做到，要克服憂鬱便容易多了。

另一個研究調查自我效能重要性的論證，則是將憂鬱者分成三個治療組的計畫(Zeiss, Lewinsohn, & Munoz, 1979)。每一個治療組著重一種不同的因應技巧：人際關係、平衡正負面的思想或活動。此研究最有趣的結果就是人們學習「哪種」因應技巧都不重要，重要的是他們的生活中，他們已經得到更多的自我效能和內在控制感。縱使這三個治療組在療程上不盡相同，但他們都提供了相同的訊息：「你可以學習有助於你掌控自己生活的因應技巧。」

因應技巧10：開始工作和掌控你的生活

來自他人激勵性的正向回應

當你情緒低落時，獲得他人激勵性的正向回應是開始做事的一個好理由。研究人員發現人們通常不喜歡和憂鬱者往來(Segrin & Dillard, 1992)。首先，人們會因憂鬱者的存在而變得對什麼都沒興趣，因為情緒低落是會相互傳染的，而憂鬱者也會激怒其他

人，因為他們沒有一套適當的社交技巧來與他人相處(Segrin, 1990)。與非憂鬱者比較之下，憂鬱者比較少從事社交活動，也比較少有高品質的人際關係(Gotlib & Lee, 1989)。人們發現與憂鬱者一起生活時，會讓壓力和情緒無處宣洩，而且他們會產生煩惱、憂慮、苦惱、疲倦、憂鬱和有要負責照料某人的壓力等等之情緒反應(Coyne et al., 1987)。

有一研究回顧比較憂鬱者和非憂鬱者的對談反應，發現憂鬱者不擅長下列領域(Segrin & Abramson, 1994)。

說話態度：憂鬱者說話較慢且軟弱，他們說話的特質是經常沈默、停頓、躊躇不決，而音調則單調、乏味、無活力。

說話內容：憂鬱者陳述太多負面的內容，而少有正面的陳述。他們對自己的問題做過多的自我揭露，且表露問題的時機常是不恰當的。

凝視：憂鬱者的眼神似乎常常望著遠方，因為他們逃避與他人的目光接觸。

臉部表情：憂鬱者的臉部表情是悲傷、平淡和缺乏活力的。

肢體語言：憂鬱者不會善用可增添生動感和為自己所說的話添加風趣的肢體語言。

憂鬱者的傳達方式被認為是沒反應、無禮的，因為他們在和人談話時，違反了被大多數人視為當然的社交禮儀風範(Segrin & Abramson, 1994)。憂鬱者不太有興趣讓自己活躍於人群中，所以無需驚訝他們對世事抱著逃避和拒絕的態度。此外，憂鬱會帶給他人負擔及壓力，所以更糟的是由於一般人不喜歡憂鬱者而使他們覺得更加憂鬱。

來自這個研究的訊息是明顯且清楚的，假如當你情緒低落時，你需要他人支持你，則你必須運用適當的社交技巧。這並不表示你不應和別人分擔你的憂鬱情緒，而是為了要有密切的人際關係，必須先做情感交流。基於這一點，你必須均衡一下你依賴

他人的時間和他人依賴你的時間。憂鬱者會過度依賴，且有自我批評的傾向(Blatt, Quinlan, Chevron, & McDonald, 1982)，沒有人喜歡和這種人相處太久，所以，當你情緒低落時，讓其他人知道吧！有支持者可依賴是彌足珍貴的，但你也要努力做出回應，如此你的支持者也才能依賴你。

因應技巧11：使用適當的社交技巧

有效利用支持系統

利用支持系統（第三章）來因應憂鬱是個重要的策略。擁有一個有效的支持系統對於克服憂鬱是個關鍵因素(Billing & Moos, 1985; Monroe, Bromet, Connell, & Steiner, 1986)。此外，對那些無法制止自己陷入憂鬱情緒的人來說，尋求專業協助是有幫助的(Robinson, Berman, & Neimeyer, 1990)。藉由思考第三章所講的專業協助之觀念，可減少憂鬱者在認同與專業人員合作可能性的一些障礙(Halgin, Weaver, Edell, & Spencer, 1987)。

因應技巧12：有效地利用支持系統

失望和絕望

在本章裡我大聲疾呼且強調當你憂鬱時照護自己的重要性。然而，如果不認識也會有失望和絕望的事實，這種說法便不完

整。檢查一下，是否以下列敘述符合你現今生活的寫照。

是 否

1.我對未來抱著希望和熱忱。
2.我希望在生命中比一般人獲得更多美好的事。
3.我不妨放棄，因爲我不會爲了自己而把事情做得更好。
4.我眼前所能看到的任何事物是不愉快的多過愉快的。
5.對我而言，我的未來似乎是黯淡的。
6.我可預期好時機比壞時機還多。
7.我從沒得到我想到的，所以想要到得一切是愚蠢的想法。
8.我過去的經驗已爲我的將來做好了準備。

以上這些敘述摘自失望量表(Beck, Weissman, Lester, & Trexlan, 1974)。當人們感到失望時，會同意第3.4.5.7項的敘述和不同意1.2.6.8項敘述；當人們覺得絕望和想自殺時，他們對未來已經沒有正面的期待了。當他們對「事情會好轉」失去信心時，他們將準備放棄努力。自殺有一些警訊：以自殺相威脅、過去曾有自殺的意圖、行爲突然改變（退縮、冷淡、喜怒無常）、憂鬱的症狀（哭泣、失眠、食慾差、無望），以及做最終的安排（向身邊的人說再見，送出個人的財物）。

假如憂鬱者在生存理由調查表中有提到以下的感受，則他們比較不可能會自殺(Lineham, Goodstein, Nielsen & chiles, 1983)：

求生和因應的信念：

我很在乎自己的存活
我有勇氣去面對生活
我相信我能找出其他方法來解決問題

對家人負責：

我的家人依賴著我，也需要我
我的非常喜愛我的家人，所以不能離開他們
我對我的家人有責任及承諾

對子女的關心：

這可能對我的孩子產生不良的影響
離開子女讓別人照顧他們是不公平的
我要看著我的孩子長大

社會不認同的恐懼：

別人可能會認為我是懦弱且自私的
我不希望人們認為我不能掌控自己的生活
我很在意別人如何看我

道德上的異議：

我認為自殺在道德上是錯誤的行徑
我的宗教信仰禁止此事發生
我相信只有上帝才有權利結束生命

察覺自殺的徵兆是很重要的，如此你才能引導想自殺的高危
險群尋求專業人士的協助。

因應技巧13：辨認絕望和自殺的危險徵兆

最終的想法

當你覺得情緒低落時，你必須做的最後一件事就是自責。生命本就有高低起伏，若你為經歷這兩者，就非正常人。一個人不應期盼完美和讓自己情緒低落，而使事情變得窒礙難行的話，我們是足以因應生活中的情緒低落的挑戰。

因應情緒低落的技巧一覽表

◇因應技巧1：當不愉快的情境超出自己的控制時，儘管勇於承認。
◇因應技巧2：以社交技巧、果斷力和協商能力來增進個人關係。
◇因應技巧3：質疑和修正錯誤的初級評估。
◇因應技巧4：保持控制感。
◇因應技巧5：質疑和修正非理性的初級評估。
◇因應技巧6：積極地利用問題解決技巧。
◇因應技巧7：獎勵自己的成就。
◇因應技巧8：控制負面思考。
◇因應技巧9：思考正面的想法。
◇因應技巧10：開始工作和掌控你的生活。
◇因應技巧11：使用適當的社交技巧。
◇因應技巧12：有效地利用支持系統。

◇因應技巧13：辨認絕望和自殺的危險徵兆。

第6章 因應寂寞、害羞和遭拒絕的對策

寂寞的經驗

你常有下列的感受嗎？

<table>
<tr><td></td><td>從沒有</td><td>很少</td><td>偶爾</td><td>常常</td></tr>
<tr><td>1.我沒有朋友</td><td>---</td><td>---</td><td>---</td><td>---</td></tr>
<tr><td>2.沒有一個我能求助的人</td><td>---</td><td>---</td><td>---</td><td>---</td></tr>
<tr><td>3.我覺得能和周遭的人和睦相處</td><td>---</td><td>---</td><td>---</td><td>---</td></tr>
<tr><td>4.身邊有我覺得親近的人</td><td>---</td><td>---</td><td>---</td><td>---</td></tr>
<tr><td>5.真的沒有人了解我</td><td>---</td><td>---</td><td>---</td><td>---</td></tr>
<tr><td>6.我不覺得孤單</td><td>---</td><td>---</td><td>---</td><td>---</td></tr>
<tr><td>7.人們親近我，但不是真心對待我</td><td>---</td><td>---</td><td>---</td><td>---</td></tr>
</table>

這些敘述摘自修訂版的UCLA（加州大學洛杉磯分校）之寂寞量表(UCLA Loneliness Scale)(Russell, Peplau, & Cutrona, 1980)。寂寞者傾向於同意第1.2.5.7項敘述，而不同意第3.4.6項敘述。大部份的人視寂寞為一個負面的經驗。有一所大學的學生健康中心調查顯示，寂寞是大學生最常見的健康問題之一(Bradburn, 1969)。在一國民健康調查中，有26%的美國民眾認為他們近來「非常寂寞且漸漸的與他人疏遠」(Peplau, Russell, & Heim, 1979)。「寂寞的群眾（The Lonely Crowd）」(Riesman, Denny, & Glazer, 1961)和「追求寂寞（The Pursuit of Loneliness）」(Slater, 1970)是描述美國人重視競賽、獨立和個人，而對於引起孤寂感和疏離感有重大影響的兩本書。寂寞是個我們大部份人有共識且對許多人不利的經驗(Jones, 1982)。

研究人員已定義出二種寂寞：社交性寂寞和情感性寂寞(Russell, Cutrona, Rose, & Yurko, 1984; Weiss, 1973)。誠如表6-1所顯示，社交性寂寞是因為在團體中沒有參與感，以及覺得沒有可

表6-1　社交性和情感性寂寞

社交性寂寞	情感性寂寞
常見的經歷	
覺得與他人格格不入	沒有人可以依靠
與其他人沒有共同的體驗	感覺不到與他人的親密感
在一群朋友中無歸屬感	不被了解的一個人
主要的需求	
價值感的重新確立	情感和呵護
最終情緒	
沮喪	沮喪、焦慮

SOURCE:From "Social and Emotional Loneliness : An Examination of Weiss's Typology of Loneliness," by D. Russell, C. E. Cutrona, J. Rose, and K. Yurko, 1984, *Journal of Personality and Social Psychology*, 46, 1313-1321. Copyright 1984 by the American Psychological Association. Adapted with permission,

一起分享活動的人所引起的。另一方面，當你對你的友誼感到不滿足，以及你需要再確定自己的價值時，也會產生社交性寂寞。在當你不滿意個人的愛情，以及當你感到不再有可依賴的人呵護時，就會發生情感性寂寞。

　　當人們寂寞時，可能會體驗到下列數種感受(Mikulincer & Segal, 1990)：

1.內心感到掙扎與衝突，焦點集中在自己，特點是有低自信、焦慮、罪惡和疏離的感受。
2.內心感到冷漠，焦點集中在自己，特點是沮喪、厭倦和痛苦的感受。
3.內心感到掙扎和衝突，焦點集中在他人身上，特點是憤怒，以及遭到拒絕和誤解的感受。
4.內心感到冷漠，焦點集中在他人身上，特點是有孤立和社交疏離的感受。

不論是社交性寂寞或是情感性寂寞，寂寞的人都承受著低自尊、不快樂，而且時常沮喪的心理情境(Peplau et al., 1979; Perlman & Peplau, 1981; Russell et al., 1984; Weeks, Michela, Peplau, & Bragg, 1980)。

　　當一個人的欲望和其所建立的社會關係相互矛盾時，就會產生寂寞感(Peplau et al., 1979)。寂寞是個主觀的體驗，因為當我們的社會關係未達到我們的期望時，寂寞會被我們所做的評估主導，而寂寞的主觀性可藉由觀察人們對此體驗的解釋而有所了解。

寂寞的解釋

　　心理學家曾針對人們對生活事件的解釋，做了一個規模龐大的學術研究。這個學術研究稱為「歸因研究」，因為它將重點放在我們將發生於自身的事情，所歸究的原因和意義(Kleinke, 1978, 1986b)。歸因影響我們的情緒和對寂寞的因應反應(Michela, Peplau, & Weeks, 1982; Peplau et al., 1979; Rubenstein & Shaver, 1980, 1982; Shaver & Rubenstein, 1980)。在表6-2中，依兩種因素來分類寂寞。第一，我們質疑我們的寂寞是否因我們自己的一些事件而引起的（個人因素），或者因為生活的環境所引起的（外在因素）。第二，我們判斷是否有任何事能讓我們改變形成寂寞的原因。這類的分析指出兩個重點：

◇我們對寂寞所做的解釋，對於我們的情緒反應和因應反應
　有著重要的影響。
◇我們對於寂寞所作的解釋大半是主觀的。

　　以自我負責而不是自責的態度來面對寂寞是有益的。寂寞者經常承受痛苦，因為他們相信他們的寂寞，來自於他們自己無法

表6-2　寂寞歸因在情緒和因應反應上的影響

有關原因和可變性的歸因	可能的情緒	可能的反應
個人的：不可變性 我很寂寞，因為我沒有魅力且我也無法做任何行動來改變它 我很寂寞，因為我的個性不屬於外向 我很寂寞，因為人們似乎不喜歡我	沮喪、羞愧 自我貶抑	消極、哭泣 睡覺、大吃一頓、嗑藥、酗酒、看電視
個人的：可變性 我很寂寞，因為我害羞，但有些事是我可改變的 我很寂寞，因為我沒有盡力去發展人際關係 我很寂寞，因為我沒有花足夠的時間去學習如何與他人相處	不滿足、無耐性	積極回應：自我駕馭 自我誘導
外在的：不可變性 我寂寞是因為始終沒有人試著認識我 我寂寞是因為我身旁的人太過封閉他們自己的生活 我寂寞是因為我住在不可能遇見人的地方	生氣	獨處：散步、看電影、做運動、閱讀、聽音樂
外在的：可變性 我寂寞是因為我沒有花時間去尋找我能遇見人的地方 我寂寞是因為我們沒有要求足夠的人和我一起做事 我寂寞是因為我不屬於任何社會團體中的一員	不滿足、無耐性	

生活事件
（孤單）　　→　　初級評估　　→　　最終情緒

圖6-1　孤單的初級評估

控制的缺點(Anderson & Arnoult, 1985; Anderson, Horowitz, French, 1983)。了解寂寞是個讓你能改變情況相當有用的，將寂寞的經驗依照第一、二章所描述的評估過程來列出因應寂寞的技巧，是個不錯的解決方法。

因應技巧1：將寂寞解釋為可以改變的境況

孤單的初級評估

　　在第二章你已學過你生活事件的初級評估會影響你的最終情緒。讓我們觀察「孤單」這個生活事件，並檢視我們能評估這個體驗的各種方法。以第二章圖2-2為基礎，我們在圖6-1做個孤單的初級評估範例。

　　什麼樣的孤單初級評估可能引起憂鬱的感受呢？你可能會對自己說：「我只有獨自一人」、「沒有人在乎我」、「我的生命毫無價值，因為沒有人願意接近我」。什麼樣的評估會讓你覺得焦慮呢？就像你可能會對自己說：「我只有獨自一人，而我不能忍受這種情況」、「我無法過著沒有人親近我的日子」。什麼樣的評估會引起不滿足感呢？你可能對自己說：「我只有獨自一人，而且

我不滿意我的人際關係，我要注意需做哪些事來改善這情況」。什麼樣的評估會引起獨處的動機呢？就像你可能會對自己說：「我獨自一人，對我來說這是為自己做些事的好時機」。

你也許還記得第三章中Albert Ellis的理性情緒療法，其療法讓人誤以為輕而易舉。了解初級評估如何影響孤單的情緒反應並不難，然而，讓你自己重新考慮初級評估卻需要費時費力，你可能同意當你感到寂寞時，不滿足和孤單比焦慮和沮喪是比較可取的反應。你如何學習完成這些評估呢？

將孤單評估為想獨處的動機

人們花多少時間和他人相處，而花多少時間自己獨處，其實是因人而異的(Jones, Carpenter, & Quintana, 1985)。然而，若說每個人學習挪出一些獨處的時間來追求自己的嗜好、興趣和其他對個人成長有貢獻的活動，以獲得益處，似乎並無不當。

哲學家Tom Wenzel曾指出具創造力的人知道珍惜孤單的時刻，在「獨處」時，他們可從事自我實踐的活動(personal communication, 1984)。多數傑出的人士發現他們在獨處的時刻裡特別具有洞察力(Moustakas, 1961; Storr, 1988)，而且事實上孤單也是種療傷的經驗(Suedfeld, 1982)。

很遺憾的是許多人都害怕孤單，並將其視為恥辱和負面的經驗。事實上，你才是自己最好的朋友，所以將獨處當作你開始學習喜歡自己的一個機會是很重要的。你能為孩子所做的最佳貢獻之一，就是幫助他們發展以創意的方式渡過孤單的時刻(Rook, 1984; Young, 1982)。我們生活在一個鼓勵被動和缺乏主動的速食社會中。當我們無聊時，我們會打開電視，由他人來帶給自己快樂，而不是下功夫做有創意的活動。當人們太習慣依賴找外在的娛樂來源時，一旦必須靠自己娛樂自己時，他們就會變得很無助(Skinner, 1986)。思考下列引言（其出自認為獨處是自我實現之社會作家的手筆）(in Henry, 1959, pp.212-213)：

能夠欣賞獨處的好處是很有價值的因
應技巧。

「在獨處時，是我最不孤單的時候」(Byron)
「獨處之於想像力，就如同社會健康之於國民一樣的必要」
 (James Russell Lowell)。
「我從未發現像獨處這麼友善的良伴」(Thoreau)。

Clark Moustakas(1961)提出了以下有關孤單之價值的見解：

寂寞是拓展生命的萬能之鑰，在全然的寂寞當中，一個人可
以從中發現生活問題的解答，找出生活的新價值觀，也可找
到生活的新方針或方向。一個全新的視野於焉顯現。
(p.102)。

依據下列每個成對的敘述中，選出最能描述你的一個敘述。

1.a.我喜歡在人群中。
 b.我喜歡獨自一人。

2.a.我設法規劃我的生活，所以我總是有屬於我自己的時間。

　b.我設法規劃我的生活，所以我總是能和他人一起做事。

3.a.我要的工作有個特色，就是能有機會與有趣的人互動。

　b.我要的工作有個特色，就是能有獨自消磨時間的機會。

4.a.跟一群人共度數小時之後，我通常會發現自己興奮且活力充沛。

　b.跟一群人共度數小時之後，我通常會渴望地獨自離開。

5.a.單獨一人時，常是我工作效率最好的時刻。

　b.單獨一人時，對我來說常是在浪費時間。

6.a.我常有一股強烈的欲望要逕自離去。

　b.我很少有想逕自離去的欲望。

7.a.我對於身處人群中有強烈的需求。

　b.我沒有想身處人群的強烈欲望。

　　這些敘述摘自於獨處偏好量表(Burger, 1995)。假如你在第2.5.6項配對中選擇a，以及第1.3.4.7項配對中選擇b，則你對獨處有強烈的偏好。有些人偏愛獨處是因為他們在社交場合中顯得非常焦慮，或者只是因為他們不善於和他人相處，這是非常不健康的心態。當你寂寞時，應努力發展良好的社交技巧和自在的面對人群，以及學習欣賞自己，並從事有創造性的活動。假如你能做到這點，你就不會再承受來自寂寞的痛苦。

因應技巧2：利用獨處時間從事自我實踐的活動，來學習喜歡自己

將孤單評估為不滿足

　　即使是擅於使用獨處時間的人，偶爾也會對自己說「此刻我已花很多時間獨自做事，我想再花點時間接近其他人。」當我們

將孤單評估為不滿足，就是以次級評估來決定行動方向的時候了。次級評估就是當你承認自己有一個問題，並問自己能採取什麼行動的時候。當你對孤單感到不滿時，你應考慮以下三點。第一，認真觀察你的社交技巧。第二，努力克服害羞，主動與外界接觸。第三，利用他人的拒絕來增加自己的容忍度對你是有益的。在本章中，我將討論這三項議題。

寂寞者欠缺的社交技巧

　　寂寞者常欠缺社交技巧。研究人員發現寂寞者很難與人熟識，因為他們不善於用一種適當的方式來透露有關他們自己的事，他們在表露自己的感受時，太過於謹慎而無法成為異性的伙伴。另一方面，有時他們也會令同性的人討厭，因為他們抱著「需要一個朋友」的念頭，使得他們太急於和別人分享自己內心的秘密(Jones, 1982; Solano, Batten, & Parish, 1982)。害羞者缺乏尋求和獲得幫助的技巧，尤其是從異性那兒(DePaulo, Dull, Greemberg, & Swain, 1989)。

　　另一個缺乏社交技巧的例子在下列研究中可見一斑：參與研究的大學生被介紹給一位異性，並彼此交談15分鐘(Jones, Hobbs, & Hockenbury, 1982)。這段談話被錄影下來，而每一個學生皆依照社交技巧分等級。結果顯示在UCLA寂寞量表中取得高分的學生，比分數低的學生有較差的社交技巧。差的社交技巧是指對他人所說的一切表現出興趣缺缺的樣子，而且無法以相關的問題和反應來接續他人的話。在這個研究的第二階段特別有趣，因為它指出寂寞的學生可藉由觀察錄影帶中成功的會談，改用角色扮演的方式練習他們自己的技巧，來學習提昇他們表現注意力的技巧。由於這項練習，寂寞的學生在他們的對話技巧上已明顯的進步，而且減少了寂寞的感受。

　　一些研究人員做總結，指出寂寞者之所以欠缺社交技巧，多

半不是因爲他們不知道什麼是好的社交技巧，而是因爲他們沒將好的社交技巧付諸行動(Vitkus & Horowitz, 1987)。寂寞者是以被動和附屬的角色和他人相處，因爲他們一心只想給人好印象，而對自己的能力卻感到疑惑(Arkin, Lake, & Baumgardner, 1986; Carver & Scheier, 1986)。寂寞者亦缺乏人際間的信賴感(Rotenberg, 1994)，因爲他們覺得自己容易受傷害，所以就採取一種謹愼而保守的態度對待他人。他們以袖手旁觀，不投入任何活動，保持匿名狀態來「謹愼行事」。害羞者不願在社交互動上採取主動的態度，他們情願他人先採取行動，且因爲他們的無動於衷，在與人交往上傾向沈默寡言，所以他們不會讓人有特別好的印象，這是可以理解的(Gough & Thorne, 1986)。害羞和寂寞者會有下列不利己的習慣(Asendorpf, 1987, 1989; Bruch, Gorsky, Gollins, & Berger, 1989; Frankel & Prentice-Dunn, 1990; Garcia, Stinson, Ickes, Bissonnette, & Briggs 1991; Ickes, Robertson, Tooke, & Teng, 1986; Melchior & Cheek, 1990; Solano, 1989)：

◇他們讓負面的思考和自我懷疑的心態，來干擾自己在社會互動中應有的回應。
◇他們不能有效地利用正面的自我對話技巧。
◇他們非言辭性的行爲讓他們和別人保持一段距離。
◇他們過分誇大自己的缺點，極少稱讚自己的長處。
◇他們讓外在的因素控制他們的生活。
◇因爲他們未運用適當的社交技巧，所以他們在社交互動中會被認爲是焦慮、笨拙和受抑制的。

謹慎行事的代價

　　把謹慎行事做為與他人相處的方法，將隱含第一章所提及「逃避者的所有缺點」。在社交互動下，不採取主動者（逃避者）在認知、自我聲明、行動和內在控制上，不同於那些樂意與人接觸和抓住機會的人（主動者）(Langston & Cantor, 1989)。例如，逃避者較不期望自己能有成功和愉悅的體驗，他們傾向於將社交互動視為壓力，而且不期待可能的正面結果；相反的，主動者視社交互動為有趣和令人神往的，他們不會專注在負面的思考上，不會讓自己陷入窘境。逃避者傾向於做出自我駁斥的聲明，他們認為別人比自己更有吸引力，也會為了社交互動的失敗責備自己；主動者很滿意他們在社交互動上所做的努力，他們不會沈浸在社交互動的失敗中，他們會迎向新的挑戰，接受自己的優點和缺點。

　　在行動的表現上，逃避者是優柔寡斷的－他們太擔心失敗，無法有效地尋求社會支持，覺得自己是不同類型的人；相反的，主動者著重於有效的行動方向，他們和那些能給予協助的人合作，而且努力讓自己成為團體中的一員。

　　逃避者是被動的，常照著別人的指示來行動，並且嘗試取悅他人，所以逃避者通常會迷失在人群中。然而，主動者是積極的，他們不會消極地隨波逐流，他們從自己的原則中獲得自我價值感，也願意保有自己的特質。

　　因為逃避者的處事方式而導致了他們的焦慮，他們承受著社交互動下的壓力和不滿。然而，只要藉著練習良好的社交技巧和學習面對被拒絕，逃避者也有希望讓自己變成主動者。

因應技巧3：做個主動者

社交技巧之訓練

　　心理學家承認社交技巧之重要性，於是發展出訓練方案來教導人們增進他們在社交互動上的技巧。在這些方案中的參與者，通常會簽下一張列有他們的目標和承諾的合約，然後組成受訓團體。通常這團體的指導者會從介紹各種不同情境的有效社交技巧開始，然後參與者可依指導者示範的這些行為，學習轉換成自己的個人模式，以及在團體回饋的協助下在團體中彼此演練，而這個過程常以錄影方式記錄下來。團體中的參與者也常被教導運用他們的想像力，在需要有效社交技巧的情況下為自己作準備。在充分的練習和回饋之後，參與者也要做家庭作業－他們要在日常生活中練習有效的社交技巧。參與者不斷地從團體中接受回饋，被鼓勵去爭取朋友和家人的支持。參與者學習從簡單的社交互動訓練，漸進到困難的項目，同時監測自己的進步和獎勵自己的努力。當這個受訓團體結業時，成員在往後的日子裡，可能會同意去參加一個追蹤研討聚會或者「後援會」的聚會(Eisler & Frederiksen, 1980; L'Abate & Milan, 1985)。

數種有效的社會技巧

　　研究人員已確認下列因素與成功的社交互動有關的(Conger & Farrell, 1981; Greenwald, 1977; Kupke, Calhoun, & Hobbs, 1979; Kupke & Hobbs, 1979)：

◇集中個人注意力去聆聽別人的談話。

◇鼓勵他人說出他（她）自己的意見。

◇談話到最後要支持自己，但要在談論自己和別人有興趣的話題之間取得平衡。

◇注意你最好的一面。

　　另一個重要的社交技巧包含了令人自在的眼光接觸和自我表露。當產生眼光接觸時，大部份人較喜歡「有可能交往」的朋友給他們充分的眼光接觸，讓自己感到「彼此接觸」，但眼光的接觸不要多到最後感覺「被瞪」(Kleinke, 1986a)。對於自我表露也是相同的(Kleinke, 1979, 1986b; Kleinke & Kahn, 1980)，盡量和他人分享關於你的種種，如此他們也會以平等的方式對待你。然而，別以敏感的話題嚇退新朋友，也避免冗長地細述你平凡的一生，而令人感到厭煩。為了擁有良好的社交技巧，我必須適時地表現各種令他人舒適或不舒適的行為。

　　當你發展你的社交技巧時，很值得去了解「即時性」的重要。當你表現即時性時，等於是主動地與他人打交道，你以言辭或非言辭的方式參與他們，傳達你和他們「在一起」的觀念。在本書所提及的所有社交技巧，都有助於培養人際關係的即時性，其他即時性溝通的方法是得知和使用人們的名字，並依學習時的狀況來使用語言。所以當遇見人們時，獲悉他們的名字是個好策略。當人們費心去得知和稱呼我們的名字時，我們能強烈地感受到他們對我們有興趣。例如，在一研究報告中發現已訂婚的情侶在一訪談中相互提及對方的名字時，會比未訂婚時覺得更親切且更速配(Kleinke, Meeker & LaFong, 1974)。但是，在使用人們的名字時，也必須謹慎行事(Kleinke, Staneski, & Weaver, 1972; Staneski, Kleinke, & Meeker, 1977)，因為當人們太常以名字叫他人時，反而會留下不好的印象，最好的方法就是在你的人際互動中碰過一次或兩次面得知和使用他的名字，如此一來，你才能傳達個人對對

方的興趣，而不會被理解成虛假及傲慢。

即時性的語言是以個人和即時性的態度和人們溝通的方法 (Wiener & Mehrabiam, 1968)，而非即時性的言語則是冷淡和間接的方法，當你使用非即時性語言時，你會傳達出一種距離感且疏離你和交談者的感受。以下是一些非即時性語言的例子：

「那個報告還不錯」
「你給我的最初感覺是個值得尊敬的人」
「你似乎是個有才能的人」
「我有點喜歡你和其他人共事的方式」
「我們的友誼有點黏又不會太黏」
「你知道我有點煩」
「那是件漂亮的毛衣」

假如他們以下列方式傳達以上的敘述會更有即時性：

「你的報告很出色」
「我尊敬你」
「我了解你是個有才能的人」
「我很佩服你和其他人共事的技巧」
「我覺得和你有種親密的友誼」
「我在生你的氣」
「你的毛衣好漂亮」

當你和他人直接交流時，便能免除隔離自己和壓抑自己的情緒障礙，請記住務必盡力做到誠實、友善和直接的溝通。

因應技巧4：熟練你的社交技巧

學習有回應

在社交技巧訓練團體所教的各種技巧中，最重要可能是「有回應」的技巧(Davis & Perkowitz, 1979)。回應的力量可由下述研究中得到佐證：大學男生被介紹認識一位有魅力的女性，並和她說五分鐘的話(Gold, Ryckman, & Mosley, 1984)。這女士對其中一組男生特別表現出興致、維持目光接觸和持續談話到最後。第二組男生遇見相同的女士，但沒有機會和她聊天，接受到她的興致和注意。因為這女士很有魅力，所以所有男士都喜歡她；然而，有接受到她注意的男士更被她所吸引。事實上，五分鐘的注意，足以勝過任何存在於男人和女人之間有關個人的意見和態度的爭論。

藉由有回應他的話，你可以鼓勵其他人喜歡你，也可幫助他們喜歡你。當你能夠提供正面互動的經驗給某人，將會使此人心情愉快(Haemmerlie & Montgomery, 1984)。

回應係指以表現出關心、維持目光接觸和聆聽對方所說的話來和他人「接觸」。Carl Rogers(1961)曾指出我們時常以談論自己的意見，而未能察覺他人的感受來回應他人。例如，假設有人說：「我喜歡那部電影」或者「對於正發生的某件事我感覺很糟」，回應的方式有可能是：「你喜歡那部電影的哪些部份」或者「很遺憾，聽到你感覺很糟，告訴我有關的事吧！」然而，我們之中大部份人比較可能說類似以下的話，簡單說出我們自己的意見：「我不認為這部電影有那麼好看」或者「是啊！我也認為這部電影很棒」或者「我心情也遭透了，但許多情況的發生都是可以預期的」，這是表達同理心的回應，也傳達領會對方的感受

(Davis & Holtgraves, 1984)。

　　我們都了解為什麼人們喜歡有回應的人，回應傳達個人的興趣和正面的感受，回應也可增強一個人的把握和自信。人喜歡知道你在意他們，也認真地對待他們。

　　什麼是有回應呢？以下有一些建議(Davis & Perkowitz, 1979)：

動機：不單單是表達你自己的意見，更樂意用心去聆聽對方所說的話。
專注：維持目光接觸和仔細聆聽有哪些問題、感受及論點是對方希望得到回應的。
共鳴：對方的感受如何呢？假如你不確定，你必須詢問他。
技巧：應熟練社交技巧，如此你才能以適當的方式做出回應。

　　關於回應的最後一點與第三章所描述的內、外在控制之論點有密切相關。為了有所回應，你必須在社交互動中採取主動，不能只說「那個人似乎對我沒多大的興趣，所以我不做任何回應」，但假如你採取有所回應的態度，那麼對方也可能以此種方式來回應你。研究顯示在社交上勤於主動的人，樂意負起打開話匣子的責任(Lefcourt, Martin, Fick, & Saleh, 1985)。擅長讓對方感到自己「開誠佈公」的人，已將他們的社交技巧熟練到能對下列問題回答「是」的程度了(L. C. Miller, Berg, & Archer, 1983; Pegalis, Shaffer, Bazzini, & Greenier, 1994)：

◇你是個好的聽眾嗎？
◇你能接受其他人嗎？
◇你能讓人們感到輕鬆嗎？
◇你能鼓勵人們告訴你他的感受嗎？

◇你對他人碰到的問題能產生同理心嗎？

當然，當你主動地回應時，也會有遭到拒絕的時候，在本章稍後的部份，將會提出容忍拒絕的一些秘訣。

因應技巧5：熟練有回應的社交技巧

克服害羞

害羞可被定義成害怕和人見面，而且在這些人的面前感到不安。談到害羞有件重要的事必須了解，就是害羞是大部份人共有的經驗。你可能會很驚訝，竟然有超過80%的美國人在Philip Zimbardo(1977)所作的調查中，表明他們知道害羞的感覺是什麼，只有7%的人說他們從沒有體驗過害羞。害羞者說自己對於和別人交談與維持目光接觸有困難，並且嘗試主動和別人接觸時，內心會感到不安。害羞者都會經歷下列症候群(Cheek, Melchior, & Carpentieri, 1986)：

身體上的不適：胃不舒服、心臟砰砰跳、大量出汗、面紅耳赤。

自我意識：自我駁斥的想法、擔心他人對自己的負面評價。

欠佳的社交技巧：笨拙、社交約束感。

害羞者多半同意下列的敘述(Cheek & Buss, 1981)：

◇當我和不怎麼熟識的人在一起時，我會感到緊張。
◇我不善於交際。

◇當我遇見新朋友時，要我表現自然是很難的。

◇我懷疑自己的社交能力。

◇在社交互動時，我感覺到受拘束。

◇我發覺與陌生人說話很難。

人們說當他們和陌生人、異性和權威人士在一起時，主要的感覺便是害羞。Zimbardo指出在電視圈和電影界表面上看起來最外向的一些名人之中，害羞對他們來說也是共有的感受。他們內心感覺羞怯，卻仍督促自己表現外向，這是因為他們採取特殊因應技巧，讓我們看看是哪些技巧。

對害羞做適應性解釋

在本章稍早的內容裡，你已經歷到，寂寞感是因人而異，而且是可以改變的真義。對害羞做適應性方式的解釋，就是對自己說出像以下的話：「有時感到害羞是很自然的事，但儘管有這種感受，我也能學習如何變得不害羞的一面。」以下列幾種敘述來解釋害羞則是不適當的：「害羞是我個性的一部份，我不可能改變它」、「我害羞的原因是其他人不了解我」。害羞者採取悲觀的態度，因為他們假定自己將永遠害羞，而且將自己的社交生活取決於他人的主動(Teglasi & Hoffman, 1982)。當人們學會掌控自己的社交互動時，也就能能克服害羞(Bruch & Pearl, 1995)。

在下列的研究調查中已證實合理解釋害羞的重要性(Hoffman & Teglasi, 1982)。將受害者所碰到的困難分配在三個不同的治療組裡。第一組是幫助害羞者將他們的害羞解釋成童年經驗的演變結果。在第二組的害羞者學習把他們的害羞解釋成本身思考模式和自我認知的產物。第三組害羞者接受諮商，重點不放在為害羞尋求解釋。哪一個治療組最成功呢？一般而言，前兩個方法比第三種有效，即幫助害羞者找出害羞的合理解釋者，會比不尋求解釋者更有效。然而，有個理由能說明第二組的治療方法是最有幫助的，即因為它激勵害羞者對自己的害羞負責，並且致力於重新

評估自己的思考模式和自我認知。第一組的害羞者可能將他們的害羞「歸咎」於其童年經驗來規避責任。

　　為了擁有令人滿意的人際關係，發揮你的社交技巧是有用的，而掌控你的思考模式，並且你對自己的社交狀況所做的解釋，也是相當重要的(C. R. Glass & Shea, 1986)。

因應技巧6：掌控你的思考模式

開場白

　　你可能會發覺在許多社會中，婚姻是由家族的年長者所安排的。為人子女的人對於他們自己未來的配偶，並無選擇餘地，雖然你可能比較喜歡自己選擇你相戀的伴侶，但也不得不承認在你尋找到「好」先生或「好」小姐前，媒妁婚姻可避免掉應付人的麻煩和約會時的不安。然而，如果你有合宜的態度，和人們相見，會是個奇遇的經驗。

　　談到開場白，我想從理解他們對於拓展社交網路的潛力著手。我們大部份時間的社交接觸，僅限於在職場、學校或者透過家人和朋友所遇見的人們，雖然你走在街上、在店家、在公園、在公車上，以及許多其他地方可能會看見你「想遇見」的人，但是你可能無法預期實際發生的可能性。理論上，你的社交市場是在特定時間內，你可以和他人有社交接觸的任何地方，而你如何實際應用這理論呢？當你偶然遇見一位你想遇見的人，你必須主動地展開社交接觸。為了主動接觸他人，你必須先講話；為了先和他人講話，你必須說一些事-----這即是開場白。開場白是種磋商談判，是以非威脅性的方式表達你對另一個人的興趣，然後無論對方是否願意回應，他（她）也有表達的機會。當利用開場白做為磋商談判的過程時，你將面臨兩種挑戰：第一，你必須冒險談一些東西。第二，你必須學習容忍被拒絕。在本章後段的部

份，我將討論這兩種挑戰。

一般人較喜歡和較不喜歡的開場白

　　研究人員曾訪談過一千名以上的人次，調查他們對於男人遇見女人和女人遇見男人時，對開場白所持的態度(Kleinke, Meeker, & Staneski, 1986)。他們利用一統計分析將開場白分成三種範疇：無惡意的、直接的和機敏/輕率的，以下有一些一般人最喜歡和最不喜歡的開場白：

最喜歡的開場白	磋商型態
「嗨！」	無惡意的
「你能針對-----給我指引嗎？」	無惡意的
「你能幫我----- ？」	無惡意的
「你看過（一部特別的電影）或者你讀過（一本特別的書）嗎？」	無惡意的
「我覺得有點尷尬，但我想見你」	直接的
「你穿的衣服（毛衣、襯衫、等等）很漂亮」	直接的
「你的（頭髮、眼睛等等）真的很漂亮」	直接的
「當我兩單獨坐在一起時，你會介意緊靠著我嗎？」	直接的
「我可以和你一起坐嗎？」	直接的

最不喜歡的開場白	交涉型態
「我很自在，你呢？」	機敏/輕率的
「我已有個你不能拒絕的提議」	機敏/輕率的
「你的暗號是什麼？」	機敏/輕率的
「我們在前世不就相遇了嗎？」	機敏/輕率的
「是你的還是我的地盤？」	機敏/輕率的
「那確實是你的頭髮嗎？」	機敏/輕率的
「你讓我想起我曾約會過的一位小姐（先生）」	機敏/輕率的
「天氣真是冷，讓我們相互取暖吧！」	機敏/輕率的

當你檢視這些開場白後，有二件事是顯而易見的。第一，應答者不喜歡機敏/輕率此種型態的開場白。第二，無惡意和直接的開場白都被視為可接受的。然而，另有兩點必須注意。第一，雖然沒有一個應答者喜歡機敏/輕率之開場白，但不喜歡的女性甚多過男性；換言之，男性往往太低估女性有多麼不喜歡機敏/輕率的開場白。第二，雖然無惡意的開場白通常被視為可接受的，但女性喜歡的程度甚於男性，而直接的開場白則受到女性和男性相同的歡迎。

在調查中也測試了人們對開場白的反應。研究人員錄影觀察男性和女性在「真實生活」情境的約會酒吧裡，利用各種不同的開場白之情況。這些研究的結果提出了給男性和女性一些特別的忠告(Cunningham, 1989; Kleinke & Dean, 1990; Kleinke et al., 1986)。

給男士的忠告

男性應注意大部份女性較喜歡柔性、非威脅性的做法，進展太快會令她們怯步。他們應了解雖然在電影和電視中很有男子氣概地接近女性有用，但在現實生活中卻很少會成功。男士們也應發覺大部份他們從朋友處聽到，或者在雜誌上讀到成功邂逅的故

事，存在於幻想國度的機率大於現實世界。機敏/輕率的開場白有助於保護講話的人避免顯現寂寞和擁有人際關係的欲望，但他們也可能會失去女性朋友。對於難以容忍被拒絕的男士，我們建議原則上只使用無惡意的開場白；無惡意的開場白可以將傷害減到最低，並給女性一個回應的機會，而不致被岔開話題或遭當事人轉身離去的窘境。對於願意承認易受傷害的男性，則應考慮直接的開場白。

給女士的忠告

受調查的人表示，男性對女性的做法，同樣適用於女性對男性的做法，這是我對女性們的第一個建議。女性們不須坐等一位男士大膽地接近她們，畢竟厚顏的男士可能不是適合的好男人。女性應嚴謹地掌控她們社交上接觸的對象。當然，女性若以主動地方式與男士接觸，會遇到一些挑戰。許多男性不習慣女性主動接近，也不知如何以一種莊重的態度回應。女性從年輕時期就學習如何委婉的離開她們不喜歡的男士，而大部份的男性並未發展這種技巧。對女性而言，以非壓迫的態度接近男性是很重要的，而做法上需極度審慎。因為女性希望這位男士知道她對他感到興趣，但她不想讓人有氣勢凌人的印象。女性面臨的另一個挑戰是，男性往往把女性所表現出的興趣解釋成「性」方面的興趣(Abbey, 1982, 1987; Shotland & Craig, 1988)。因此我建議女性發展自己的自尊和自信，才能處理一些她們希望認識的男性所造成的不愉快經驗。

因應技巧7：認識開場白的重要性

彼此交談

　　研究人員進行一連串的研究，目的在找出當人們與剛遇見的某人談話時，如何依其談話數量去評估他們(Kleinke, Kahn, & Tully, 1979)。這些男性與女性的交談被錄音下來，在一些錄音帶中，80%的時間都是男性在說話，而女性只佔20%；另一些錄音帶中，有女性80%的時間在說話，而男性只佔20%；第三群錄音帶，則是男性和女性都有50%的時間在說話。研究的參與者被要求聽這些帶子，並在一個等級表上評估這些男性和女性。雖然不告知參與者這研究是有關談話，但談話量卻大大地影響男性和女性如何被評估。有二點特別有趣的發現：首先，說話佔了50%時間者，比佔20%或80%時間的人更受人喜歡；其次，說話只佔20%的時間者被評估為格外柔順和內向的人。參與者對只說了20%時間的男性或女性所給予負面評估，相當出人意外，並且指出第一次見面的人們，都期望他們的談話能一直持續。由此可見，一個好的聽眾似乎不見得是個安靜的人，而是對他人言談有回應和補充的人。

　　你可能會認為說話佔80%時間的男性不會像聒噪的女性那樣，被評估成令人不悅的。男人常比女人更容易被認定是跋扈的，並認為男人的高談闊論是理所當然和可以預期的。但研究結果並非如此，參與者不喜歡談話佔了80%時間的人，不論他們是男性或女性。

　　此項研究的結果增強了有關在回應方面的建議。與他人相處需要良好的交談技巧。研究發現害羞者嚴重缺乏交談的技巧(Pilkonis, 1977)，他們不願主動去跟人交談、不會去打破沈默，而

且沒有熱忱去回應人們的言談。

內向者和外向者的交談技巧

在一比較研究中發現，女性認識新朋友時，內向和外向女性交談型式兩者有非常不同的風格(Thorne, 1987)。外向的女性予人興高采烈、熱心及善交際的印象，他們會談論有趣的活動及嗜好。內向的女性則較保守，她們習慣提出問題，並且表現得像面試者，當他們自願提供資料時，她們會著重在自己的問題上。二個都是內向者的交談是最令人不悅的，因為二個人都會猶豫不決，等著對方先採取行動。雖然這種研究沒有專對男性研究，但結果也可能是相似的。

當認識新朋友時，讓你的交談配合他們的模式。當與內向者交談時，你必須誘使他們講話，而且別因他們的沈默而感到洩氣；與外向者交談時，你可以花比較多時間做個好聽眾，但你仍必須維持你們的談話到最後，努力地做出回應，以及分享關於你的事情，如此別人才能認識你。

改進交談技巧

幸好交談技巧是可以學習和改進的。有交談困難的人常會抱怨很難想出該說些什麼。針對這種問題有三種方法可以解決。首先，有合理的期望是重要的，「談話者」要學習在他們開口說話前，別過度審查他們的思緒，也要學習降低對「有意義」交談之期望，並且對閒聊感到滿足。閒聊的目的在於跟你有興趣的那些人溝通。當你第一次遇見某人時，你說了什麼並不挺重要，只要你表現出願意繼續談話即可。一個較深厚和較具意義的友誼以後才會出現。

第二個改進交談技巧的方法是去了解「高品質」溝通的特性。在人與人之間良好的溝通構築在兩個要素上：溝通的素質和

溝通的深度與價值(Sprecher & Duck, 1994)。溝通的素質指以放鬆、懇切、非正式、圓融、開放、理解和有趣的方式與對方交談。高品質溝通者知道必要時如何藉由打破沈默，以及傳達對方被了解的感受來讓談話繼續下去。溝通的深度與價值的特色為個人的、深度的和有價值的對談。有個方法可幫助其他人體驗他們和你的交談是有深度和有價值的，即在對他們有意義且重要的事情上表現出誠摯的關心。

第三種解決交談困難的方法是「練習」與他人談話。以下有一些練習談話技巧的辦法(Zimbardo, 1977)：

使用電話：打電話到公共圖書館，並詢問公共圖書館員一些你想要知道的訊息。打電話至電影院詢問上映時間。看看你是否能在電話中讓他人大笑。打電話至廣播電台的叩應節目，表達你的意見，並且注意廣播員的反應。

說聲「哈囉」打招呼：在工作場合或在學校中，對你遇見的人說聲「嗨」或「早安」。當你走過街上時，微笑地對人們說聲「嗨」。注意他們的反應。假如他們沒反應，也沒關係。看見自己可以這麼做，仍是一件有趣的事。

給予稱讚：恭維站在銀行或雜貨店前排隊的某人，也許這人穿戴著一些特出的珠寶，或者引人注目的衣服。詢問這些物品的來處。

提出問題：問及有關某人的小狗、慢跑鞋、腳踏車或隨身聽。開放心胸去學習新的事物，人們喜歡談論有關他們的活動和嗜好。詢問他人需要加以說明的問題，而不是簡單地回答是或不是而已。

分享一個共同的經驗：尋找一些你可以和你想遇見的人一起分享的事物，也許你可以談論有關異常的天氣，或者排很長的隊伍或身處擁擠的人群中的經驗。

閱讀詢問和告知：閱讀報紙、讀影評和書評，知悉有關世界各地的政局和國內的社會新聞；詢問人們對於這些議題的意見，並

且和他們分享你的見解。

因應技巧8：發展交談的能力

學習容忍被拒絕

　　寂寞者和害羞者難以忍受被拒絕，其理由之一是寂寞者和害羞者對於人際關係與不寂寞者有不同的觀點。不寂寞者是持著「掌控取向」的態度來因應社交互動，而寂寞者則抱著「表現取向」的態度對應之（第四章）。

　　研究顯示能處理拒絕的人，傾向於將社會互動視為與他人發展親密感和分享愉悅感受的機會(Goldfried, Padawer, & Robins, 1984)。害羞者和寂寞者較可能將社交互動視為一種被批評和評估的威脅性經驗，此種態度會引發他們的焦慮和防禦性。害羞者和寂寞者傾向於以緊張和負面的態度與人相處，而不是以輕鬆、有樂趣的態度與人交往(Goswick & Jones, 1981; Hansson & Jones, 1981; Jones, Sansone, & Helm, 1983)。別讓自己因為一心想獲得接納認同的感受，而變得心事重重，必須取而代之的是讓自己的注意力集中在和你互動的人身上，並問自己你能做哪些事，以幫助他們覺得自在一些(Alden & Cappe, 1986)。

　　害羞者和寂寞者不能容忍被拒絕的另一個原因是因為，他們做了負面的初級評估。參照第二章圖2-2，我們可以將遭受拒絕的經驗定義為一個生活事件。當你被拒絕時，你會對自己說哪些最糟的話？有一些可能的例子如下：「假如我被拒絕，那是非常嚴重的事」、「除非每個人都喜歡我，否則我會受不了」、「假如我被拒絕，表示我沒有吸引力、不可愛和無可取之處」。這類的評估

多半會引起沮喪、生氣、焦慮和低自尊，這也正是寂寞者心裡所承受的感受。將這些不適當的想法和以下較適切的信念比較看看：「即使我被拒絕了，我仍對這嘗試感到驕傲」、「我越能容忍被拒絕，我就越能認識更多的人」、「有些人喜歡我，有些人不喜歡我，但是當我能勇於嘗試認識新朋友時，我覺得我完成了某些事」。

　　下列的期盼合理嗎？「除非每個我遇見的人都對我有回應，否則我不會快樂」、「假如我嘗試的每一個交談皆未發展成良好的關係時，這就是失敗」。你會以下列比較實際的期盼來替換嗎？「假如我只對他人說聲『嗨』，我就達成一個目標了」、「我必須增加我的勝算，我和愈多人談話，我就能認識愈多人」、「有些交談比其他的交談更進一步，我必須在做嘗試時保持耐心，並找出令人滿意的部份」。

　　你可以藉著利用第三章所述及的自我放鬆技巧，來練習因應被拒絕的感受。在一安靜、可以放鬆自己的地方坐下，閉上你的眼睛想像著你在接近一個你想認識的人，可是卻遭到他的拒絕，此時是種什麼樣的感受呢？首先，以平和的想法看待此事，再以一有建設性態度採取放鬆和自言自語之方式消除這些想法，逐漸地往前推進，直到你能想像遭到更殘酷的拒絕時，心情仍保持輕鬆為止。記著當你試著去認識人們時，放鬆是種什麼樣的感覺。隨時自省你的自我疑惑和焦慮感，並利用這些感覺作為運用放鬆技巧的提示。放鬆技巧將協助你了解雖然被拒絕並不好玩，但你可以容忍它。教導自己把被拒絕這種輕微的困擾，看成有機會去認識特殊和有趣的人，是值得付出的代價。

因應技巧9：學習容忍被拒絕

因應寂寞和害羞技巧一覽表

◇因應技巧1：將寂寞解釋為可改變的境況。

◇因應技巧2：利用獨處時間做自我實踐的活動來學習喜歡自己。

◇因應技巧3：做個主動者。

◇因應技巧4：完美的表現你的社交技巧。

◇因應技巧5：練習有回應的社交技巧。

◇因應技巧6：掌控你的思考風格。

◇因應技巧7：認識開場白的重要性。

◇因應技巧8：發展與人交談的能力。

◇因應技巧9：學習容忍被拒絕。

第7章 因應焦慮之對策

焦慮的定義

焦慮的經驗

因應技巧1：辨識焦慮的徵候

因應技巧2：避免自己強加給自己的責備和懲罰

初級評估

因應技巧3：做出合理的初級評估

了解焦慮如何能擊敗你

因應技巧4：別讓焦慮戰勝你

因應焦慮的五項原則

因應技巧5：不要當個逃避者

因應技巧6：用正向的態度直接面對

因應技巧7：做個掌控取向

因應技巧8：做記錄

因應技巧9：願意好好的做

處理會帶來焦慮的特性

因應技巧10：處理會帶來焦慮的特性

如何與焦慮共處

因應技巧11：控制你的身體

因應技巧12：查驗你的想法

因應技巧13：知覺上的重新分類

因應技巧14：挑戰性的自我對話

控制飲食和運動

因應技巧15：控制飲食和運動

自我用藥

因應技巧16：避免自我用藥

考試焦慮症

社交和面對聽（觀）眾焦慮

因應焦慮技巧一覽表

我們每個人的生活中，每個人都曾在各種不同的時間感到過焦慮。因為焦慮是客觀和主觀的，所以從第二章所談到的初級評估過程來理解，將會是個有趣的經驗。有些生活事件給了很好的理由，使我們相信自己身陷危險中，因此焦慮在這種情況下就是個正常的反應，其作用乃為了防禦而增強身體的機動性，並向我們示警要注意並保護自己。當你對危險迫近的初級評估是實際和正確時，就可對這個挑戰做出適當的因應反應。在因應過程中，這時候的焦慮有助於激勵你做出反應；當你對生活事件的初級評估是不正確或不實際時，焦慮就不受歡迎。當你無端地緊張和有壓力時，焦慮就會引起困擾，那時你會承受莫須有的痛苦，因為你的身心神經會繃緊，要你擊退一個你虛假的威脅或危險。

焦慮的定義

我想從討論焦慮的一些定義開始。「恐懼」和「焦慮」這兩個名詞常被交替使用，但這些措辭之間有區別存在，其中恐懼通常是指實際的冒險或危險的初級評估，而焦慮則與緊張和苦惱所導致的情緒狀態比較有關。「恐懼症」是面對特殊的事件或物體時，常誇張的和無助地感到恐懼。恐懼症的特質在於渴望去避免這些被喚起的恐懼經驗。「驚慌」則是突然強烈驚嚇，伴隨狂亂地試圖尋找安全感(Beck & Emery, 1990; Greist, Jefferson, & Marks, 1986)。感到驚慌時的一些徵候，包括忐忑不安、心跳加速、冒汗、震顫或顫抖、呼吸急促、窒息感、胸痛、噁心、暈眩感和擔心失去控制（美國精神病學學會，1994）。

在本章裡你將學到如何分析你對生活事件的評估，如此你就能問自己，你的焦慮感是適當的和出自自我防衛，還是一種不必要的和無用的壓力。而因焦慮、恐懼和驚慌而使身心嚴重衰弱的人應尋求專業人員的協助。

焦慮的經驗

因應焦慮的第一步,就是學會辨認焦慮的徵候,以及它們如何影響你。如同上一節所談到的,焦慮可激勵你,並讓你隨時準備好去面對挑戰;焦慮也可能使你精神渙散,阻礙你身體正常的運作。當你因你的身體、你的想法和你幸福感結合起來表現出焦慮時,你會感覺得到(Beck & Emery, 1990)。

身體:當你焦慮時,你身體會反應出心悸、呼吸急促、上氣不接下氣、胸口沈悶、食慾減少、噁心、失眠、尿急、臉紅、冒汗、說話困難或者不安。

思考:焦慮可引起神經錯亂、記憶力衰退、無法專心思考、分心、擔心失去控制、神經過敏、過度警戒、反覆思考。

健康:當你焦慮時,你可能會覺得急躁、沒耐心、神經質、驚駭、恐怖、戰戰兢兢、易受驚嚇、害怕、沮喪、肌肉緊張或者神經緊張。

警覺到有這些反應是很重要的,如此你才能知道你正處於焦慮中。當你在辨識這些焦慮的徵候時,先問問自己,它們是否代表著對確實有外在脅迫的一種自然反應,還是焦慮只是引起不必要的壓力罷了。你要如何學習這一點呢?第一步就是仔細地研討你的初級評估。

因應技巧1：辨識焦慮的徵候

你可以利用下列徵候令你煩惱的程度來測量你的焦慮。

一點也沒有　適度　強烈

1.覺得熱。　　　　　　　　　　　　　　　--- --- ---
2.覺得暈眩或頭昏眼花。　　　　　　　　　--- --- ---
3.覺得身體搖擺不定。　　　　　　　　　　--- --- ---
4.手在發抖。　　　　　　　　　　　　　　--- --- ---
5.臉紅。　　　　　　　　　　　　　　　　--- --- ---
6.擔心發生最糟的事。　　　　　　　　　　--- --- ---
7.覺得恐怖。　　　　　　　　　　　　　　--- --- ---
8.覺得緊張。　　　　　　　　　　　　　　--- --- ---
9.擔心失去控制。　　　　　　　　　　　　--- --- ---
10.無法放鬆。　　　　　　　　　　　　　--- --- ---

這些項目是摘自貝克焦慮調查表(Beck, Epstein, Brown, & Steer, 1988)。第1至5項是測量身體的徵候。第6至10項則測量主觀的焦慮。此調查表已被發展成焦慮的指標，從沮喪感的指標中獨立出來。

焦慮干擾生活，使我們飽受挑戰

由於你正處在焦慮中，你無須把自己往壞處想而徒增你的問題（參閱第一章）。假如你這麼做，你將不只是感到焦慮而已，更會把低自尊強加在自己身上。當你發覺自己在想著一些不合理的想法時；如：「我是懦弱的」、「我神經過敏」、「沒有任何一個人像我這般地焦慮」等等，請馬上停止這類的想法，改用更理性的方式思考。焦慮是生活的一部份，每個人都知道焦慮是什麼感覺，你不是懦弱、不是愚笨，或者也沒有神經質，因為你是人，

所以你會焦慮。你必須盡一切力量去熟練因應焦慮的技巧,不要把寶貴的精力浪費在責備和懲罰自己上。

因應技巧2:避免自己強加給自己的責備和懲罰

初級評估

當面臨一個問題或挑戰時,你的初級評估決定你是否在危難或危險中。假如你確定你有正當理由感到焦慮,你應該記住,不要為了焦慮而嚴責自己,並利用本章稍後所描述的技巧來面對焦慮。

假如你確定你的焦慮是沒有必要的,給你帶來了莫須有的痛苦時,你必須做出理性的思考(參閱第二章),如此,那種錯誤的思考模式才不會使你感到不幸。以下是我們如何讓自己覺得焦慮的常見例子(Beck 1979; Beck & Emery, 1990; Deffenbacher, Demm, & Brandon, 1986):

不由自主的想法:當你把全副心力放在你試著要去逃避的一些事情上頭時,就會失去了客觀性。你不能忘掉這些使你恐懼的物體或事件,而你全神貫注去想這件事時,也已經使你不由自主的開始消耗你的生命。

過度推論:你在看到危險的事,很像你想逃避的物體和事件。對於那些讓你憶起恐懼的聲音、景象、氣味和人們的動作,你會感到焦慮,因此你的幻想會使一個司空見慣的事件,也會傷害到你。

災難化:你過度地誇大情境,總是想著可能最糟糕的結果。每一件事你都認為是可怕的、驚人的或是恐怖的。這時你不可能安

心，因為你已經說服自己，事情的結果只可能是悲慘的。

選擇性認知：你有會傾向凸顯事物負向層次。一件事或許有三個正向的層面和一個負向的層面，而你將只著重在負向的層面上。假如你覺得真的很焦慮，你可能甚至去尋找更多負向的事實，只為了證明自己的焦慮是正確的。

呆板不知變通：你只看事情有黑、白兩面，你就無法容忍不確定或模稜兩可。事情變得不是好就是壞，而且因為你以偏蓋全、選擇性認知和缺乏辨別輕重緩急的能力，使大部份事情的結果看起來都是不好的。

完美主義：你讓自己保住必須做到完美無缺，並因為恐懼無法達到自己的期望而感到焦慮和壓力。

過於擔心焦慮：你反覆思考你的恐懼，腦海中縈繞著發生在你生活中的負面事件。

無助：你覺得發生在你身上的負面事件已超出你的控制範圍。你卻忘了利用你的因應技巧去處理焦慮的可能性。

循環推理：你對自己說：「我未能掌控全局的事實，證明我無法處理之」，你誤用你的焦慮做為你有問題的證據。

不切實際的期盼：你要求完美，你堅持要過一個沒有挑戰、考驗和創傷的生活。

因應技巧3：做出合理的初級評估

了解焦慮如何能擊敗你

焦慮常混合非理性的思考在內。圖7-1所顯示的惡性循環表示焦慮是很容易被感染。一個生活事件的非理性評估會讓你感到莫名的焦慮，接著這種焦慮就會讓你開始去「證明」某些事出了問

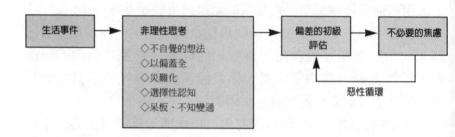

圖7-1 出自錯誤的初級評估而產生莫名焦慮，為偏差評估提供「證據」的惡性循環圖

題，並加強了你的非理性評估。重點就是說，因你一直有非理性思考而出現焦慮，將變成與現實毫無關係的主要問題。若你過度誇大焦慮恐懼，任何你在實際的生活事件中所可能遭遇到的眞正恐懼，將更令你無力招架的話，焦慮便能擊敗你(Chambless & Gracely, 1989)。

承受過度憂慮的人有凡事往壞處想的懷習慣，因而更增強了惡性循環，他們一直想像各種可怕的事都可能發生，而且深信自己的憂慮（假設某某事發生了怎麼辦？）眞的會發生(Vasey & Borkovec, 1992)。因應焦慮的一個重要技巧就是別落入這個惡性循環中。

因應技巧4：別讓焦慮戰勝你

因應焦慮的五項原則

在介紹幫助你在焦慮下生存的技巧之前，先學習下列五項基

本原則是很有幫助的：不做逃避者、使用正面的對抗、做支配取向、做成記錄和努力實行。

不做逃避者

　　我們在第一章已經提醒你逃避有可能落入陷阱。當發生焦慮時，逃避是特別有問題的因應型態，雖暫且可以緩和焦慮，但因為它並沒有解決問題或爭論，長遠來看，終究你還是要付出代價。不過就另一方面來說，逃避對於因應焦慮是個非常誘人的方法，因為它可以讓焦慮馬上消除。但是逃避會強化人、地和事的困擾，遺憾的是若你不去面對這些焦慮的來源，它們就不會消失；你越是逃避，它們越是纏住你，你將無法完全放鬆，因為你必須經常不斷地保持警戒，而你卻永遠無法預知焦慮的來源何時會出現。明瞭當個逃避者之缺點的另一方法是來看看「壓抑的因應型式」（見第一章）。壓抑者承受著焦慮，但卻否認。在他們的一生中，他們表現出自己是一個理性的、具控制力和未被壓力干擾的人。可惜的是，雖然「否認」在短期內可能是個有用的因應反應，但它仍有負面的後果。壓抑者賣力地讓自己和其他人深信生活問題不會困擾他們，然而他們也沒有多餘的精力在他們覺得有趣的事情上享樂。他們的社交關係時常只是膚淺的關係，因為他們沒有完全地體認和聯繫彼此的感情。壓抑者亦絕少從事具創意令人感到興奮的活動。他們在健康上也要付出代價，因為他們容易罹患壓力性徵候，如高血壓、身心雙重的疼痛和困惑。

因應技巧5：不要當個逃避者

用正面直接面對的方式處理焦慮

　　假如逃避不是因應焦慮的好方法，什麼才是呢？從你的生活經驗中便可得知這問題的答案。就像是你如何在他人面前學會游泳、發表第一次的演說和做冒險活動呢？你會咬緊牙關、做個深

在本章有許多技巧可以幫助你戰勝焦慮

呼吸,然後把這件事做完。你可能因而知道這些並不像你預期中的困難。

有一位朋友在工作上和老闆相處不愉快,我被他的反應所感動。他不是逃避上司,而是每天藉機讓自己出現在老闆面前,就如他所解釋的「我讓自己身陷危險中,直到我能掌控它。」

使用正面對抗來因應焦慮有兩個好理由:第一,對抗可以使你對於會導致生活困擾的人、地和事的敏感度減低。第二,正面的對抗可影響你的自我概念。想想當你看見自己對焦慮採取一種積極的反應而不是做個逃避者時,你會有何不同的感想呢?有大批心理學的研究從我們自己的體驗中證明了一個人人皆知的事實(Beck & Emery, 1990; Kleinke, 1978):

　　假如你希望成為某種人

便表現得像那樣
那麼你就會真的變成這種人

因應技巧6：用正向的態度直接面對

要採取掌控取向

在第四章你已得知當你是掌控取向者時，你的精力著重在發展技巧，並將挑戰轉變成學習的經驗。採取這種生活挑戰取向的人與表現取向的人恰恰相反，後者主要的目的是避免犯錯。有些表現取向者發覺失敗後很難再重新站起來，在發展人際關係上，也很不容易克服害羞和採取主動（見第六章）。掌控取向可以幫忙的另一個範疇就是面對考試時。考試焦慮和社交焦慮在本章稍後會較詳盡的探討。

要做到掌控取向，你必須先做兩件事。第一，你必須學會集中注意力在眼前的任務上，你必須強制自己避免自我懷疑和想起其他負面的想法來干擾良好的表現。第二，你必須把任務視為一個挑戰。你可以利用第四章所提到面對失敗並維持理性態度的建議，結合自我放鬆和自我對話（第三章），將可幫助你維持你的注意力(K. W. Collins, Dansereau, Garland, Holley, & McDonald, 1987)。

因應技巧7：做個掌控取向

要做記錄

當你正和焦慮奮戰時，將它做成記錄是個好主意。大體上來說，應記錄以下的資料：第一，日期、時間和情況；第二，將你的焦慮分為從1（適度）至5（嚴重）等級；第三，你的評估（即

你對自己所說的話）；第四，你用的因應技巧；最後你的焦慮在相同五個等級上的分數。做記錄可以有好幾個有用的目的：第一，它讓你對陷入焦慮的「時」和「地」有個準確的概念，有了這層認識將可幫助你策畫你所使用的因應技巧。第二，記錄將協助你辨認哪些因應技巧有用，哪些技巧則否。藉由監測你的進展，你可以仔細調整用來降低焦慮的技巧。最後，假如你把你的進展情況做成記錄，你將可在你的進步中得到喜悅。當你期望懷抱過高的時候，小幅度的進步是不太容易被注意的，所以必須牢記大目標是由許多小階段所達成的。

因應技巧8：做記錄

願意好好的做

假如生活中每件事都可以輕而易舉處理的話，那該多麼美好（但也會很無聊）。假如你想有效地處理焦慮，你必須努力應付它。本章所描述因應焦慮的技巧在科學研究中亦發現是有效的。然而，這些技巧也只有當參與者投入必要的時間和精力，去熟練它們和實踐時才有效。所以，你必須每天自動自發地練習你的焦慮因應技巧。

因應技巧9：願意好好的做

處理會帶來焦慮的特性

引發焦慮的四個特性為：完美主義、過度需要認同、忽略承受壓力的身心症狀和過度要求控制感(Bourne, 1995)。你可以藉由

處理這些會產生焦慮的特性來好好的控制你的焦慮。

別做個完美主義者

當人的期望高的離譜，以及當人花太多時間去擔心些小瑕疵和細瑣的錯誤時，就會開始有焦慮。當你發覺有太多事情而無法每事都能關心時，你便很難放鬆心情和享受生活。你可以藉著觀察下列的建議，重新審視你的完美主義(Bourne, 1995)。

1.不要讓你的成就來決定你的自我價值。假如你堅持你一些的自尊要建立在自己的成就上，則務必設定切合實際的目標。

2.認識和克服完美主義的思考模式。試著不要對自己說以下幾種話：

「我不可以犯錯」
「我應該能把事情做好」
「我就是無法做到」
「這件事連嘗試的意義都沒有」

練習以下列自我敘述來取代：

「我將盡力而為」
「我能從錯誤中學習」
「我必須將它細分成數個小階段」
「我嘗試它只是為了一探究竟」

3.不要誇大小失誤的重要性。所有的小錯誤在一個相對的短時間內，一段時間之後，就會被遺忘。那麼為何要為它承受不必要的壓力呢？堅持將所有的瑣事都必須做到好，讓自己忙得焦頭爛額是不適當的。挑出幾個很重要的事來加以關心，其他的事就別太深究，否則將徒勞無功。

4.著重在正面的層次上。當你引起自己不必要的焦慮時,你必須轉移自己的注意力。有個好辦法就是把你的注意力從思考負面的事情轉移至正面的事件上,花點時間去欣賞在你生活中你做的好事。

5.繼續完成實際的目標。你的目標應高至具挑戰性和樂趣,但也不能高到你無法達成。你的目標不要一成不變,你可以評估事情的進展而隨時做調整。

6.花點時間找樂子。假如在某些事情上你必須做個完美主義者,則至少不要對每件事都要求完美。

7.對生活採取自己掌控的取向。如此你將可以欣賞面臨挑戰的過程,而不致太過擔心結果。

培養自我接納

Albert Ellis 多次在他的演說和著作中指出,假如我們將自我的價值感建立在他人對待我們的態度上,我們就犯了大錯。假如人們對我們的態度不好,我們就覺得沮喪和生氣;假如人們對我們好,我們就覺得焦慮的話,那為何如此呢?因為我們會擔心即使現在他們對我們好,也許將來就不會對我們好。誠如Ellis的解釋:要拋開這個包袱唯一的方法就是「自我接納」,我們當然「比較喜歡」他人喜歡我們和善待我們,但我們不能將個人的價值建立於他人的反應上,因為那常常是無法預測的。

注意壓力的徵兆

不斷地關注你身體和心理上的健康是控制焦慮很重要的一部份。當你感到有壓力和焦慮時,找出問題的所在,這樣你才能使你的因應技巧發揮作用。有個監督自己的好方法,就是用本章一開始介紹的貝克焦慮調查表裡的項目,來檢測自己的感受和體驗。

對控制要有彈性

對控制有過度需求者與那些需要別人認同者有著相同的包

袱。當他們感覺沒有控制性時，反而因為他們不知道這個控制性可以持續多久而感到焦慮。放棄事事要有控制性並不容易，但確是朝向一個更輕鬆、更快樂的生活所需採行的重要步驟。以下有一些意見能幫助那些對控制性難以鬆手的人(Bourne, 1995)：

接納：即使你不是負責事情的人，也要學習接受事情終將獲得解決的事實，也許它們不如在你的控制下那樣完美，但世界不會有太大的不同。

耐心：沒有你的控制，事情的進行也許不是那麼有效率，但它們終會被完成。

信任：大部份的事情都是可以解決的。在生活中，對多數正面的事件持以放鬆和信賴感，比起對少數不可預測之負面事件的威脅感到壓力和焦慮來得更好。

幽默：把你的幽默感做為一種因應技巧（第三章）。停止嘗試去控制生活上的事情是令人恐懼的。運用你的幽默感將有助於你在這個「恐懼」上維持一個溫暖和可接受的看法。

因應技巧10：處理會帶來焦慮的特性

如何與焦慮共處

因應焦慮的原則建議：當你焦慮時，你必須以積極負責的態度來因應之。因應技巧可增強你的內在控制力和自我效能感（見第二、第三章）。當一個初級評估告知你某個生活事件足以引起焦慮時，你希望當你在作次級評估時，你知道自己隨時隨地有良好的因應技巧可以運用，並且問自己「我該如何對付它？」

除了按照上述五種因應焦慮的原則生活外，你可以利用二種普通策略來與焦慮共處。第一種策略著重在身體方面，包括自我放鬆的技巧、有系統的降低敏感度技巧、洪水法的技巧。第二種策略著重在腦力方面，包括了分析你的思考、分析你的知覺和挑戰性的自我對話。

控制你的身體

　　自我放鬆：自我放鬆是在你讀完第三章後，增添在你因應錦囊的其中一種技巧。因為焦慮會引起你的緊張、焦躁和身體亢進。假如你放輕鬆的面對焦慮時，會自然而然的覺得更加自在。利用自我放鬆來因應焦慮有二種方法，其中一種較廣泛有效的方法是集中注意力在你的身體上。監測你的呼吸、你的心跳，以及身體被激起的其他徵兆，如肌肉緊張和手掌冒汗。當你的身體告訴你正有焦慮時，就是使用自我放鬆技巧的時候。舉例來說，假定你在一位聽眾面前表演或演說，你的身體告訴你已經開始有焦慮了。與其驚慌和失去控制，不如告訴自己「沒事，我只需要做個深呼吸和放輕鬆就可以了」。利用你身體的反應做為自我放鬆的提示，其優點在無論何種情況下都能準備好因應焦慮。因而無論你走到那裡，你都隨身攜帶你的因應技巧。心理學家稱這種自我放鬆練習為「生活習慣」－指在你的生活裡實行(Deffenbacher & Suinn, 1985; Goldfried, 1971)。

　　有系統的降低敏感度：你也可以在產生焦慮之前，利用自我放鬆先作好準備。假定你計畫向老闆要求假期或加薪，你可以在會談當天使用自我放鬆技巧來減輕你的焦慮，你也可利用減敏感的方法為這個會產生焦慮的事件做準備。這個技巧是由Joseph Wolpe（1958, 1982）首先提倡的，其方法如下：把你將與老闆實際一步一步會談到的事逐項列出，做成一覽表，就如 表7-1所呈現的表例。製成表之後，評估每一事項將引起的焦慮程度，分別給予0到100的分數，你就可利用這個表為會談作準備。首先，放鬆自己直到你的焦慮接近0的程度，然後想像會談前一個月搭車去上班，你

表7-1　與老闆會談前的事項

事件（依難易度排列）	個人焦慮分數（0-100）
會談前一個月搭車上班	10
會談前一週搭車上班	20
在餐廳看見老闆	40
會談前一天搭車上班	45
會談前一天在走廊上與老闆擦肩而過	60
會談當天搭車上班	80
會談前十分鐘	90
敲老闆辦公室的門	95
進入老闆的辦公室	99

可能覺得你的焦慮增加到了10分的程度。雖然你把這件事記在心裡，但再次放鬆自己使分數降至0分的程度，然後重複想像這件事，一直到你可以保持你的焦慮感接近0分，再繼續進行表中下一個事項。這一次想像會談前一週搭車去上班，你也許會發覺你的焦慮上升至20分，再次把這件事記在心裡，然後放鬆自己，讓分數回歸至0分。用這種方法逐步完成表中的各個項目，直到逼真的想像自己敲老闆辦公室的門，並進入辦公室而你仍能保持20分以下或30分以下的焦慮。當你的焦慮保持在一合理的程度來完成表中所有的事項，可能要花費一段時間，但假如你給自己足夠的時間和練習，你將會發現你的自信心和心理準備都增強了。

　　洪水法與爆破法：讓自己從焦慮的事件中減敏感的洪水法與爆破法是將自己投入這些事件中，直到它們不再讓你感到不安，這個技巧稱為洪水法。洪水法的理論基礎是當你迫使自己面對你先前逃避的任務、人和場所時，你會發現它們不是那麼的令人畏懼。經過了親身的體驗後，你會發現你焦慮的理由實在是言過其實。然而，當你使用洪水法時，你必須很肯定自己會堅持下去，

並抗拒想逃避的傾向。假如你在迫使自己達到減敏感之前就半途而廢，你即刻放鬆將對你成為逃避者的衝動有正向增強作用。

除了直接面對引起焦慮的有形事件，你可以經由想像來練習降低敏度，你可以列出類似表7-1中產生焦慮的事件。當你讓自己產生焦慮時，提醒自己即使焦慮令人不愉快，但也不會是令人致命的，你將發現你已可以有焦慮。這個經由思考和想像讓自己對焦慮減敏感的技巧就稱為「爆破法」。爆破法的優點就是你可以在任何時候使用這個技巧來為處理焦慮的日子作準備，並增強自己的自信。

假如你是個慢性憂慮者，你應列出每一天針對特殊時間和地點的爆破活動時間表。在你所安排的時間內，你可以允許自己盡可能去感受大量的焦慮，然而，你不能放任自己在一天之中無時無刻保有會讓焦慮產生的想法。在當天其它的時間裡，你必須讓自己經由其它活動得到滿足，而不是陷入憂慮中。這個將你的憂慮時間安排成時間表的技巧叫做「刺激性控制」。當你發覺自己在非限定時間陷入憂慮時，告訴自己「停止！」，並強迫自己把注意力放在其他活動上。這就叫做「思考性壓抑」。

當合併使用本小節所描述的技巧時，將提供一個可增強你內在控制感和自信心的主動性因應技巧(Beck & Emery, 1990; Deffenbacher & Suinn, 1985; Stampfl & Lewis, 1967)。

因應技巧11：控制你的身體

運用你的腦力

身為人類，我們有幸擁有功效強大的頭腦。你可以運用你的思考力來增強以下三方面的技巧：查驗你的想法、查驗你的知覺和勉勵自己克服挑戰。

表7-2 每日記錄範例

生活事件	想法	最終感受	邏輯查驗	想法修正	新感受
參加考試	「我將會失敗」	驚慌	不自覺的想法	「我可能做不到像我想的一樣好」	擔心
	「我的一生毀了」	自暴自棄	缺乏分辨輕重緩急的能力	「成績不好表示退步，但不會因此毀掉我的一生」	失望
應徵面談	「我可以察覺這面試官不喜歡我」	焦慮	選擇性認知	「這面試官似乎心情不佳」	擔心
	「他們不會雇用我」	絕望	不知變通	「雖然工作市場不景氣，但我仍同每一個人一樣都有好的機會去爭取工作」	希望
	「這太難了不公平」	生氣	不切實際的期望	「這面試雖難以應付，但我會表現最好的一面」	謹慎的樂觀者
演說	「我雙手直冒汗，我覺得要崩潰了」	驚慌	以偏蓋全缺乏分辨輕重緩急的能力	「我有一點緊張，但這是意料中的事」	暫時的緊張
	「看來那個人覺得我很乏味，他不喜歡我」	焦慮	選擇性認知以偏蓋全	「雖然那個人心有雜事，但大部份的聽眾仍在聽我的演說」	暫時的分心
	「我無法放鬆和快樂，我是失敗的演說者」	沮喪	不切實際的期望循環推理	「總是有進步的機會，但我已覺得滿足」	滿意

查驗你的想法：本章稍早已經提過錯誤的思考模式常引起不必要的高度焦慮－包括不自覺的想法、以偏蓋全、缺乏辨別輕重緩急的能力、選擇性知覺、不知變通、循環推理和不切實際的期望等皆屬之。人類皆有錯誤思考的傾向(Ellis, 1987b)。因此有必要進行查驗想法的練習，尤其當你感到不滿足或不快樂時。你已知道你的想法會如何影響你的感受，基於此，查驗你對自己說的話是個重要的技巧。查驗想法的一個好辦法是每天寫日記，如表7-2所示的範例。在每日的記錄中記下發生哪些事（生活事件）。你在想些什麼（你的初級評估）和你的最後感受。你也許已看出圖2-2（見第二章）構成初級評估過程的這些因子，請另加一欄查驗你的想法邏輯。假如你的想法是錯誤的，在此欄填入更合理的方法來評估生活事件，並以嶄新的感受來總結記錄，那麼你修正過的想法於焉產生。

因應技巧12：查驗你的想法

查驗你的知覺：在本章一開始就建議當你感到焦慮時，不要責備自己，除了告訴自己焦慮是生活的一部份之外，你也可以利用你的思考力去留意讓你「精神亢進」而不是意志消沈的焦慮。例如，假定你準備在課堂上演講，你可以選擇認定你現在感受到的情緒是驚慌抑或是為了驅策你要好好表現的動力。假如你要和一些極具威脅者打交道時，你可以把自己當成「奇異的人」，或者你可以說腎上腺素的分泌讓你能鼓起十足的勇氣去面對挑戰，而期待邀請某人約會那種交給命運的感受，可以被重新解釋成你終於做到這件事的那種興奮感（見表7-3）。換言之，你可以將你所體驗的情緒分為負面或正面二種。當你將它們歸類成正面的時候，很顯然將可幫助你在喚起焦慮的情況下竭盡全力因應之。這個重新定義知覺的過程稱為「適應性重新分類」。記住在第二章理性-感性療法的討論中提到：「事情原本皆無好壞，全憑個人想法而定」

表7-3　知覺上的適應性重新分類

生活事件	知覺	知覺的修正
演說	驚慌	表現良好的動機
面質	「怪胎」	「勇氣十足」
要求約會	決定命運	興奮
面臨不確定的未來	驚懼	緊張、謹慎小心
應試	驚慌	具挑戰性
工作面試	焦慮	熱忱

(Deffenbacher & Suinn, 1985; Goldfried; Decenteceo, & Weinberg, 1974)。

因應技巧13：知覺上的重新分類

　　挑戰性的自我對話：克服引發焦慮情境的良好策略，就是使用第三章所提及在一適當的方法下自我對話。你可以利用你的思考力來訓練自己在面對生活事件的挑戰時要自始至終堅持到底。例如，在一個工作面試之前，你可以告訴自己：「我的目的在於和面試官交談愉快，我可以把我的緊張當做是刺激我表現技巧的挑戰，我必須記住要讓期望合乎實際。當我感到焦慮時，我已準備好隨時使用我的因應技巧。」然後，在面試期間，你可以提醒自己：

「不要儘想著自己會害怕，只要著重在明白清楚的表達就行
　了」
「這是個推銷自己的機會」
「現在做個深呼吸並放輕鬆」

　　面試後，藉著告訴自己以下的話來為自己的成功感到光榮：

「面試的表現畢竟不會太差，我能夠勇於面對挑戰那才是最重要的。對我來說，能夠做到這點就不會錯了，我的目標很實際，而我也確實做到了－我能以自己為榮」。

經由這個具有壓力的經驗來訓練自己的因應技巧是由Donald Meichenbaum（1977, 1985）首創，稱之為「壓力免疫注射」，因為它的目的是要提供準備就緒和準備中的意念。上述的壓力免疫注射也可以被用在二方面。當你碰到具挑戰性的生活事件時，你可以利用壓力免疫注射來訓練自己，也可以在因應生活事件之前先練習，藉著你的想像力來放鬆和勉勵自己，以克服此次挑戰。你越是熟練，當挑戰來臨時就越有萬全的準備因應之。

因應技巧14：挑戰性的自我對話

控制飲食和運動

假如你覺得自己是過度焦慮者，做個健康檢查是個好主意，除了篩檢會引起焦慮的身體狀況外，在飲食上獲得專業人員的建議也很有用。有些顯而易見的物質；像尼古丁和咖啡因，應加以注意，這些化學物質具刺激性，有可能提昇焦慮感，除了咖啡和茶之外，許多可樂飲料也含有咖啡因，值得注意的；迷幻藥，如古柯鹼也會增加焦慮感，而在糖類的攝取上保持均衡，也是重要的。在獲得適當的飲食之後，沒有什麼比養成良好規律的運動更好。運動是個很棒的因應技巧（見第三章），因為它讓你在身體和心理都達到良好的健康狀態。

因應技巧15：控制飲食和運動

自我用藥

　　假如焦慮是影響你主要生活作息的一個問題，你可能要接受合格醫師的藥物治療。然而，你必須非常慎重地考慮自己以藥物和酒精醫療自己。在承受壓力生活事件的期間，有時酗酒和嗑藥能幫助你感到麻木，但這種自我用藥常會降低你的腦力和擾亂你的生活作息。假如你不能清楚地思考和整理出有條理的答案，則在考試前嗑藥提神也是沒多大的幫助；即使在喝醉時較敢大膽地與他人打交道，但你的社交技巧也會因為酒精的關係而嚴重衰退。當你在心理上對藥物的依賴已到了無法自拔的情況時，你的自我效能感就會在不知不覺中受損。然而，自我用藥確是很吸引人，因為它比學習熟練和操作本章所提及的因應技巧容易多了，但以長久的眼光來看，比起藉著任何藥物和酒精來讓自己快速穩定，例如持續並熟練這些技巧會讓你更能保有自尊。

因應技巧16：避免自我用藥

考試焦慮症

看看你是否同意下列的敘述：

非常同意　同意　不同意　非常不同意

1.在考試前，我會覺得苦惱和
不安。
....

2.考試前，我覺得自己神經過
敏。
....

3.在考試當天，我覺得自己變
得很焦慮。
....

4.在應試之前，我一直擔心會
失敗。
....

5.在考試時，我想知道其他人
是如何做的。
....

6.在考前，我對於將發生的事
感到憂心忡忡。
....

7.在考試時，我想著最近發生
的事。
....

8.在考試時，我的腦子閃過一
段不相關的訊息。
....

9.在考試時，我發覺自己想著
和考試內容毫不相關的事情
....

10.在參加重要考試時，　我會

覺得頭痛。　　　　　　　--- 　--- 　　--- 　　　---
11.在考試前,我的胃會不舒服。　--- 　--- 　　--- 　　　---
12.當考試開始時,我的心跳就開
　　始加速。　　　　　　　　--- 　--- 　　--- 　　　---

　　這些敘述摘自考試焦慮量表(Sarason, 1984),目的爲測量因考試而起的四種焦慮反應:緊張(第1-3項)、擔憂(第4-6項)、與考試無關的想法(第7-9項)和身體的症狀(第10-12項)。當在一個人身上這些反應過於嚴重時,其考試表現將不盡理想。

　　人們會受考試焦慮所苦,是因爲他們一心想避免失敗,卻無法全心全意專注在他們必須解決的問題上(Deffenbacher, 1980; Hunsley, 1987; Sarason, 1984)。考試焦慮與第一章所說明的「情緒因應模式」和「逃避因應模式」有相互關係(Endler, Kantor, & Parker, 1994)。下列數種對考試的反應具有情緒因應模式的特色:

「我不知道該怎麼做而責備自己」
「我只注意身心上的疼痛」
「我變得非常緊張」
「我會去強調平常的缺點」

　　要用功應付考試時,以下幾種反應具有逃避因應模式的特色:

「我打電話和朋友聊天或去找朋友」
「我去看電影或看電視」
「我出去吃個點心或吃飯」
「我騰出時間逃離這情境」

　　受考試焦慮所苦的人也會對自己說負面的話(Blankstein,

Toner, & Flett, 1989)，諸如：

「我的因應技巧不是很好」
「我不認爲可以做得到」
「我眞的不夠聰明」

　　這些人並未採取自我掌控取向，以問題解決技巧來處理問題，他們不會勉勵自己克服問題（見第三章），也未曾學習對自己說類似以下的話來訓練自己：

「讓我想想看，我應如何開始呢？」
「我想要爲此尋找正確的因應模式」
「我必須保持虛心，直到我發現良好的策略爲止」

　　成績優秀者與任務因應型態有相互關係，面對考試時，有以下幾種反應特色：

「我會把自己的時間安排的比較好」
「我把注意力集中在問題上，並看看我如何解決它」
「我會想想我過去如何解決相似的問題」
「我努力去了解此情況」
「我對這個問題提出數個不同的解決方案」

　　這些例子意味著當人們利用問題解決技巧和採取掌控取向的態度時，在考試上可能會表現得比較好。掌控取向者有二種策略可用來推動他們自己。一種策略是對優點和缺點抱持實際的態度，通常以此策略來做事情會較樂觀，因爲你大致清楚哪些是可克服，而哪些又是難以戰勝的挑戰。當面對可戰勝的挑戰時，你會卯盡全力堅持到底，而且通常都會成功；當面對不可戰勝的挑戰時，同樣竭盡所能去做，但若失敗了，你也不應該因此而感到

困惑。抱持實際的態度就不必要有太多焦慮，因為你知道自己能完成和不能完成的任務。

　　第二種策略就是抱持悲觀的態度和預期最壞的情況，你可能與這樣的人熟識，他們是那種總是說自己會考得一敗塗地，結果卻拿A的人。運用悲觀策略者有著下列的想法(Norem & Cantor, 1986)：

　　「即使我知道自己在學業上一切都沒問題，但在我入學時，我
　　　仍得做最壞的打算」
　　「假如我在學校的課業表現欠佳，我常常會想像那將是什麼樣
　　　子？」

　　這種悲觀的策略可當做努力工作和克服挑戰的動力，它可讓人們免於焦慮，因為他們非常強調把所有的意外事件考慮進來，以至於大大地降低失敗的可能性。然而，使用悲觀策略的人是須付出代價的，他們如此著重在逃避可能失敗的焦慮，所以他們無法享受工作挑戰上的樂趣。雖然抱持掌控取向和同時又實際和悲觀的人，結果都是成功的，但持有實際態度者比較有機會感受到身心的放鬆和享受他們辛勞的成果(Cantor & Norem, 1989; Norem & Cantor, 1986a, 1986b)。

　　假如你在考試期間仍然感覺有焦慮，我們給你最後一個建議，就是學習如何讓自己停止以下會干擾創造性思考的想法(Sarason, Sarason, & Pierce, 1995)：

　　「我無法做得非常好」
　　「老師將會如何看待我」
　　「我覺得很混亂」
　　「我沒有時間了」
　　「其他學生會做得比我好」

為了轉移這些干擾性的想法，值得參考以下的解決之道 (Naveh-Benjamin, 1991; Sedikides, 1992)：

◇練習自我放鬆技巧。平心靜氣將可幫助你控制你的想法。
◇每當你的思考開始漫遊時，強迫自己將注意力集中在考試上。
◇當考試結束時，試著藉由期盼正面的活動讓自己保有正面的心情。

社交和面對聽（觀）眾焦慮

有兩種焦慮與人際關係有關。「社交焦慮」是你在社交活動時感受到的焦慮；「聽（觀）眾焦慮」發生於當你出現在團體或觀眾前面所引起的焦慮。社交焦慮可由下列取自互動焦慮量表中的項目來評估(Leary, 1983)：

1.我常覺得很緊張，甚至平常的聚會亦是如此。
2.大體上說來，我是個害羞的人。
3.在和異性說話時，我會感覺到不自在。
4.我希望在社交情境中更有信心。
5.宴會常使我感到焦慮和不舒服。

聽（觀）眾焦慮則由下列摘自互動焦慮量表中的項目來定義：

1.當我在團體面前演說時，我通常都會覺得緊張。
2.我不喜歡在公眾前開口說話。
3.當我必須在一團體前亮相時，我會有「怯場」的傾向。

4.當我必須在學校或工作上做報告時，我會感到緊張。

5.當我必須在其他人面前演講或表演時，我會緊張而感到「反胃」。

對於處理社交和面對聽（觀）眾焦慮，在本章所列出因應焦慮的技巧都有幫助。社交焦慮所呈現的是個特殊的挑戰，因為人們對人與人之間的情感天生就有需求 (Baumeister & Leary, 1995)。由於我們有被他人接納的需求，因而當我們擔心無法被接納時，就容易受到社交焦慮感的傷害。這個獲得他人認同的欲望是我們生命中很重要的一部份，也和我們的自尊意識緊緊地交織在一起 (Leary & Downs, 1995; Leary, Tambor, Terdal, & Downs, 1995)。當他人接納你的時候，你的自尊感就增強；當他人拒絕你時，自尊感就降低。因此，在處理社交焦慮的第一個挑戰，就是發展能在人際關係中得到最大滿足的社交技巧（見第六章）。當你有強烈的自尊意識時，認識你的社交互動會進行地更順利也很重要。在本書中我所提倡的因應態度都是藉由對生活採取掌控取向的態度，以鼓勵個人發展自我效能（見第十五章）。當社交焦慮的挑戰出現時，若你覺得想依賴他人的接納和認同時，以下的想法可幫助你維持你的自尊(Ishiyama, 1991)：

◇想要得到他人的接納是正常人都有的經驗。

◇社交焦慮的經驗暗示我們對跟自己一樣的人類過度敏感。

◇在社交場合產生的焦慮激發我們發展成為具有社交技巧的人。

當你努力去控制你的社交焦慮時，讓自己停止以下各種想法 (Ball, Otto, Pollack, Uccello, & Rosenbaum, 1995; Showers, 1992)：

◇讓我最擔心害怕的是他人的認同。

◇我必須竭盡所能避免在社交活動中遭到拒絕。

◇我必須以謹慎和惶恐來處理社交互動，因爲一定有「某人不喜歡我」的威脅存在。

◇我寧可藉由做對自己不利的事來避免被拒絕，也不要因爲了維護自我認同而冒不被贊同的危險。

◇我做爲一個人的價值是看他人對我的反應而定。

當人們不能夠因應社交焦慮時，他們會變得對社會贊同感到絕望，而從事下列幾種傷害性的行爲(Leary, Schreindorfer, & Haupt, 1995; Leary, Tchividjian, & Kraxberger, 1994)：

◇危險的性行爲。

◇爲了讓自己看起來有「健康的褐色皮膚」，而冒著有皮膚癌的危險去曬太陽。

◇強調維持曼妙的身材而飲食失調。

◇酗酒、抽煙以及非法用藥。

◇進行冒險的、魯莽的和危險的行爲。

◇參與非法和反社會的活動。

爲了讓社會接納而從事不利己行爲的人，特別需要訓練自己運用有效的技巧來因應社交的焦慮。

因應焦慮技巧一覽表

◇因應技巧1：辨識焦慮的徵候。

◇因應技巧2：避免自己強加給自己的責備和懲罰。

◇因應技巧3：做出合理的初級評估。

◇因應技巧4：別讓焦慮戰勝你。

◇因應技巧5：不要當個逃避者。

◇因應技巧6：使用正面的對抗。

◇因應技巧7：要採取掌控取向。

◇因應技巧8：做記錄。

◇因應技巧9：願意好好的做。

◇因應技巧10：處理會帶來焦慮的特性。

◇因應技巧11：控制你的身體。

◇因應技巧12：查驗你的想法。

◇因應技巧13：知覺上的重新分類。

◇因應技巧14：挑戰性的自我對話。

◇因應技巧15：控制飲食和運動。

◇因應技巧16：避免自我用藥。

第8章 因應憤怒的對策

憤怒是人類最複雜的情緒之一，它是因為挫折和覺得沒有被善待所引起的一種正常反應。我們一生之中必定會碰到憤怒的時候。憤怒的問題出在它雖是生活的一部份，但它卻能阻礙我們達成目標，這就是為什麼人們會與憤怒交戰的原因之一，一方面，憤怒是人類自然的反應；另一方面，它又會干擾人際關係，阻礙我們想要得到的一切。

歷史淵源

有一個讓我們認識憤怒矛盾情緒的好方法，就是調查美國歷史中人們如何看待憤怒。Carol和Peter Stearns(1986)分析美國人在人生的三大領域上對憤怒的態度：養育孩童、工作和婚姻。

養育孩童
在美國早期歷史中，養育孩童最主要的重點在於服從和控制意志。假如小孩覺得憤怒，那是他們自己的問題。於西元1800年初期，養育的重點轉移至孩童人格的建立，鼓勵孩童把處理自己的憤怒當作表現成熟和自我控制的一種方式。在西元1800年末葉至西元1900年初期，憤怒是不被允許的，並且嘗試教導孩童（尤其是男孩）透過運動或其他活動來宣洩他們的憤怒。在西元1940年，受到佛洛依德的影響，大幅度的允許有憤怒，這種較被容許的態度一直持續到西元1960年，憤怒又再度被視為必須訓誡和控制的負面情緒。

工作
在工作場合表現憤怒，已變成目前最不被接受的態度。公司會利用心理測驗來剔除「令人厭惡」的員工，也會雇用心理諮詢顧問來幫忙員工「管理他們的情緒」，並且設立訓練團體教導員工如何更融洽地與他人相處。

婚姻

美國早期歷史中，在家裡表現憤怒是被禁止的，因為家被視為神聖的避難所，且丈夫和妻子之間的爭吵等同於一個失敗的婚姻。這種對表現憤怒的限制隨著時間而改變。到了1960年代的心理學家建議，丈夫和妻子可以表現他們的憤怒，並且學習如何以建設性的方式與另一半「抗爭」。

男性通常比女性擁有更多憤怒的權利，女性被迫扮演受害者的角色，從不抱怨，默默地承受挫折和等待。傳統上美國人也視憤怒為發生在自己身上的事，而不是視為他們選擇要體驗的一種情緒。在前面的章節中，你已知道你的情緒取決於你對生活事件的評估，每個人都有力量和責任用對自己最有利的因應技巧來反應生活事件。在本章中，我們將著重在教導你如何使用這些有用的因應技巧，以有效地與面對憤怒的情緒。

定義憤怒

我們難以對憤怒下定義，因為每個人在何時憤怒，為什麼憤怒，以及如何反應憤怒都不一樣(Russell & Fehr, 1990)。與憤怒有關的情緒包括：激怒、憤慨、敵意、報復、發怒、憎恨、煩躁、氣憤、嫉妒、憤怒、悲痛、盛怒、刁難、嘲諷以及惱怒(Shaver, Schwartz, Kirson, & O'Connor, 1987)。由於我們定義和體驗這些感受的方式都不同，所以不可能準確無誤地陳述它們所有的涵意，重要的是要了解憤怒的經驗在何時很明顯造成你的問題和危及你的生活。雖然人人對憤怒皆有不同的想法和認知，且對於發怒有不同的閾值，但當憤怒讓我們處於困境時，我們都能在本章所述的因應憤怒之建議中獲益。

憤怒的經驗

　　每個人多少都會遭遇苛待和挫折，因此了解如何來比較人們憤怒的經驗是有益的。研究人員在詢問人們有關憤怒經驗的調查中，發現(Averill, 1979, 1983)：

　　誰引起你憤怒呢？多數應答者說是別人激怒他們。就大多數的情形而論，都是對所愛的人發怒，而親密的朋友和熟識者也常是憤怒的來源；讓應答者產生憤怒反應的人當中，厭惡的人和陌生人則佔了相當小的比例。

　　哪些事物讓人們憤怒？因爲憤怒的對象通常是朋友和愛人，所以憤怒的原因和需求與欲望無法獲得滿足息息相關，並不足爲奇。在報告中，產生憤怒最普遍的原因是，受到阻撓或中斷計畫的進行，其他則有因某人之故而無法實現應答者的期望、願望和行動，而導致失去尊嚴或自尊；應答者也對未能依循適宜的社交方式表現行爲的人感到憤怒。有個針對廣大年齡層和各種背景的人士所做的調查，指出10種能引起人們憤怒的情形(Mabel, 1994)：

　　◇存心破壞的行爲
　　◇被貶低人格或遭到不平等待遇
　　◇某人懷有偏見、不公平和不親切
　　◇被視爲不誠實或不守信用的人
　　◇一個人的權威、財產或感受不被他人重視
　　◇被重要的人忽視或惡意對待
　　◇由於他人對我的疏忽而遭受到傷害
　　◇人們的行動表達出缺乏關心的態度
　　◇受到言詞上或身體上的攻擊
　　◇成爲無助的犧牲者

當人們評估誘發憤怒的生活事件時，他們將憤怒的輕重建立在下列因素上(Ben-Zur & Breznitz, 1991; C. A. Smith, Haynes, Lazarus, & Pope, 1993; C. A. Smith & Lazarus, 1993)：

傷害或損失的程度：假如人們遇到了他人傷害性的行為、阻礙他們的願望和目標的行動，以及不易糾正的行為時，他們比較可能出現憤怒的反應。

造成傷害或損失的原因：假如人們遭受故意的或可以事先預防的傷害性生活事件時，他們比較可能以憤怒反應之。

傷害或損失是否在自己預料中：假如人們所遭遇的不是預期中的傷害或損失，他們比較可能以憤怒反應之。

傷害或損失是由他人或自己所造成：假如人們所遭遇的傷害或損失是因他人而起的，而不是因自己的行為所造成的，他們比較可能以憤怒反應之。

為什麼人們會憤怒？有關於憤怒的原因，人們最常提出的理由是維護個人的權益和獨立性。第二和第三最常被提出的憤怒動機，則是增強與誘發憤怒的人之間的關係，以及「為了他（她）好」，冀圖去影響對方做改變。準備報復「洩怒」也常被列為憤怒的理由。

他人對於憤怒的表現如何反應？多數應答者表示對於自己的憤怒都受到負面的影響。對憤怒最常被提到的反應是：冷淡或缺乏關心、反抗、辯解或其他悔改的表徵、生氣或敵意、推卸責任、受傷的感覺、驚訝、拒絕、取笑、輕率或愚蠢。驚人的是這些憤怒的反應大部份都是對生氣者最不利的。

生氣者如何反應他們自己憤怒的表現？在知道其他人通常以負面情緒反應憤怒的表現後，可以瞭解到人們常以不愉快的態度來體驗自己的憤怒並不令人意外。一個人對自己的憤怒最常提出的反應是：感覺煩躁、敵對和激怒；覺得沮喪、不快樂和憂鬱；覺得羞愧、困窘和罪惡感；覺得解脫、平靜和滿足；覺得幸福、愉快和喜悅，以及覺得得意洋洋、有信心和優越感。

從調查這些人的憤怒中，可以得到幾個重要的結論：

1.憤怒是常見的情緒反應，它的對象常是無法依我們的願望和欲望行事的朋友和愛人。

2.常常我們想得到某樣東西的欲望會激發出憤怒。

3.人們對憤怒的表現常是負面的。

4.雖然有時我們在表現憤怒後會覺得有滿足感，但從長遠來看，我們不見得能達到我們的目標。

這些結論強烈地暗示我們，除了憤怒之外，必須使用其他技巧，以滿足我們的需求，那就是本章主旨－你如何能建設性地與面對憤怒。

比較受害者和加害者的認知

另一個了解憤怒經驗的方法是比較當人們惹別人發怒，以及別人惹他們發怒時的認知。在一項調查中，邀請參與者解釋他們激怒其他人的情況，以及其他人激怒他們的情況(Baumeister, Stillwell, & Wotman, 1990)。結果是當人們變爲發怒的加害者而不是受害者時，其認知是非常不同的。當人們激怒別人時，他們相信他們對自己的行爲有良好的理由。他們常對發怒這件事覺得後悔，但他們又認爲自己有正當的辯解，所以問題也就過去了。換言之，憤怒的加害者知道他們的憤怒是個不幸，但是可理解的獨立事件。他們有意讓這結果停止，並且繼續與被他們激怒者維持關係。

當人們被他人激怒時，他們常找不到好理由足以說明對方的行爲。因此，他們會覺得這觸怒的理由是不合理也不公平，他們覺得自己被這個引起他們憤怒的人給傷害了，而且他們會反覆想這不當的對待，他們不會把這個令他們憤怒者的行動，視爲一個容易遺忘的獨立事件。

顯而易見的，憤怒的受害者和加害者之間所產生的不同的解

釋，會引起一些嚴重的誤解。在許多情況下，被激怒的人會將自己的負面反應隱藏起來，而這位憤怒的誘發者會以為每件事都沒問題，所以無可避免地又再次激怒受害者。這名受害者遲早會斥責這位使他「如此憤怒」的人，以及譴責他的無情、遲鈍和不關心。加害者會對受害者的此種爆發的情緒感到吃驚，因為他們覺得當事人反應過度，在加害者的認知上，早已忘記這件事。假如受害者的責難特別激烈，加害者可能也會對這不公平的攻擊感到憤怒。

假如人們能在某人激怒他們時，表現自我肯定，而且與他們進行協商討論，很明顯的許多問題都能避免，而且這些造成憤怒的原因，在未來也比較不可能再發生。這種維護權益和溝通的技巧，我們稍後將陸續說明。

評量憤怒

在深入瞭解因應憤怒的方法之前，測量你的憤怒感受或許是有用的。依你同意或不同意的程度，回答下列敘述。

	非常同意	同意	不同意	非常不同意
1. 我比大部份人更常有憤怒的傾向。	---	---	---	---
2. 讓我憤怒是很容易的。	---	---	---	---
3. 我很驚訝自己竟然那麼常感到憤怒。	---	---	---	---
4. 當某些事妨礙我的計畫時，我會發怒。	---	---	---	---
5. 當我被耽誤時我會發怒。	---	---	---	---
6. 人們不公平的態度會激怒				

我。   ---   ---   ---   ---

7. 人們只要圍繞在我身旁，
　 就會困擾我。   ---   ---   ---   ---

8. 我一生氣就會持續好幾個小
　 時。   ---   ---   ---   ---

9. 當我必須和無能力者一起工
　 作時，我會憤怒。   ---   ---   ---   ---

　　這些敘述摘自多層面憤怒調查表(Siegel, 1986)。第1.2.3項敘述是測量「憤怒激發因子」。憤怒激發因子與你的憤怒強度、持續期間和頻率有關聯；第4.5.6項敘述則測量引發你憤怒事物的「範疇」；第7.8.9項敘述測量你「敵對性」的傾向。此調查表測量的另一層面是你會表現憤怒的難易度。會表現憤怒的人們會欣然同意以下的敘述：

◇當我生某人的氣時，我會讓這個人知道。
◇讓人們知道我在生氣並不困難。

那些會隱藏自己憤怒情緒的人，傾向於同意以下的敘述：

◇對於表現我的憤怒，我會覺得有罪惡感。
◇我不會告訴任何人，我所隱藏的怨恨。

　　本章稍後，你會學到以自我肯定但不侵犯他人的方式表達你憤怒情緒的益處。首先，讓我們思考當面臨誘發憤怒之情況時，我們所做的評估類型。

憤怒的代價

因為未被善待憤怒是個可預知的反應，所以我們偶爾會感到憤怒是可以理解的。因而當你因煩惱你的事情而有憤怒時，沒有必要覺得自己沒出息。不要採取壓抑的因應型式（參閱第三章），而且掩飾你無計可施的感受；相反地，無論你所採取因應憤怒之道是否對你最有利都要評估。憤怒對身體和人際關係都要付出重大的代價(McKay, Rogers, & McKay, 1989)。憤怒對身體所要付出的代價包括生理上的壓力和高血壓，以及與這些問題伴隨出現的身體失調；憤怒在人際關係的代價是無助感、寂寞感和孤立感。

使用下列等級表來評定你的憤怒對你的生活影響的程度：

0=沒有影響 1=稍有影響 2=中度影響 3=強烈影響 4=只要影響

評定等級

1. 與權威人士的關係（老師、老闆、警察等等）。 ---
2. 與同儕和同事的關係。 ---
3. 在工作上與部屬的關係。 ---
4. 與小孩的關係。 ---
5. 與配偶和愛人的關係。 ---
6. 與父母的關係。 ---
7. 與其他家庭成員的關係。 ---
8. 與朋友的關係。 ---
9. 浪費時間去生氣。 ---
10. 使憤怒干擾放鬆或愉悅的活動（性行為、運動、
    嗜好等等） ---
11. 以酗酒或藥物濫用洩憤的影響。 ---
12. 以創造力或生產力洩憤的影響。 ---

13. 意外、失誤、犯錯。

這些敘述摘自憤怒影響調查表(McKay et al., 1989)。假如你的評定等級在一些或所有的項目中是3或4，你應認真地考慮學習防止讓憤怒過度干擾你生活的方式。

因應反應的調查

參與一項調查的大學生表示，當他們憤怒時，下列的反應可幫助他們好過些(M. B. Harris, 1992)：

◇向激怒他們的人吼叫。
◇做運動。
◇以某些東西犒賞自己。
◇試著去想其他的事。

學生指出假如當他們憤怒時，做下列的事情，他們的心情會更糟：

◇從激怒他們的這個人身上拿走某些東西。
◇憂思引起他們憤怒的原因。
◇讓激怒他們的人身體受傷。

整體看來，男性不覺得對憤怒採取攻擊性反應能讓他們心情更好。然而，男性對憤怒較可能比女性更偏愛攻擊性反應。女性比男性較可能認為以傷害、竊取或污辱方式對待激怒她們的人，會讓她們心情更糟。女性也比男性可能更傾向於當她們憤怒時，假如她們能做有益他人的事、犒賞自己某些東西或試著去想其他事，她們的心情會較舒暢一些。

在情緒上有創造力

　　當你碰到了將擊潰你的情緒時，秉持著因應的態度對自己說「我覺得…。它會擊敗我，我應如何以對我有益的方法來處理我的感受呢？」你對一個有問題的感受立即採取的反應，多半不會是最佳的選擇。花費些許的時間，使用你的問題解決技巧（參閱第三章）來提出合適的反應方式。假如你能發揮你的創造力，這件事通常會變得更簡單(Averill & Thomas-Knowles, 1991)。你不能讓你的情緒來控制你；相反地，你要能夠利用你的情緒做為獲致創新經驗的一個機會。

　　當你感到憤怒的時候，完成以下的步驟。第一，承認和接受你生氣的事實。第二，決定該怎麼辦。有時可能決定以攻擊性的方式反應對你最有利，其他時候可能選擇被動或非強硬的方式反應。不過，你多半都想會去選擇一個強硬的行動方式。這些可能性在本章稍後將會做更詳盡的描述。因而，在此應瞭解你憤怒時，你有一個選擇和責任去決定要以一個適宜的方式回應之。沒有道理把憤怒當成攻擊性行動的一個理由或「辯白」。換言之，說「因為我憤怒，所以我做出這個行動（破壞某些事物或傷害某人）」是一種逃避責任的不合理方式(Averill, 1993, 1994)。憤怒不會「導致」我們以某特定方式來採取行動；更確切地說，我們感到憤怒（可被接受的）時，會「選擇」一個適切的社交方法（可被接受）或脫離常軌的社交方法（不被接受的）來回應之。

因應技巧1：在情緒上有創造力

做合理的初級評估

藉由分析你的初級評估來學習如何因應憤怒是個很好的開始。當你為一個挫敗或艱困的生活事件做初級評估時，你必須判定有些事是否值得為它生氣。這是將你的理性思考技巧（第二章）付諸行動的時候。假如你發現自己承受了不必要的憤怒，你可能會做出以下幾種非理性的要求：

因為我強烈地希望人們體貼地和公平地對待我，他們「絕對要」這麼做，假如他們沒有如此做，他們就是邪惡的、可惡的，這些人應該受到嚴厲的詛咒和懲罰。

因為我強烈地希望人們體貼地和公平地對待我，且因為「我是一個特別的人」，所以，他們「絕對要」好好地對待我。

因為我非常希望人們體貼和公平的對待我，「他們絕對要在任何時刻，任何情況下都要這麼做。」

這些非理性信念的例子是由Albert Ellis 在他對數千人做心理治療期間蒐集而來的，雖然這些敘述可能讓你覺得不切實際，但事實上，我們每個人都會設定不切實際的生活要求，因為想要讓生活更美好是人的天性，所以我們會傾向於擁有期望和設定未必合理的要求。要把檢驗你的評估之合理性當成一種習慣，假如你堅持事情應該「總是」如你所願不應沒有挫折，那麼你就會使你感到憤怒。一個有用的因應技巧就是發覺你的錯誤和改變你的要

求，讓它更實際。譬如，與其保留這些不合理的要求，不如以一更理性的態度告訴自己：「我非常地希望別人能體貼地、公平地對待我，當他們這麼做時，我會很高興，而沒這麼做的時候，我會不快樂。然而，因為世人不見得會以我的希望和欲望為中心，所以當我受挫和未能被善待時，我必須學習以有效的技巧來因應」。當事情不如己意時，這類的評估仍然會帶來失望和挫折感，但它不會引起不必要的憤怒。

因應技巧2：分析你的初級評估之合理性

如何控制憤怒

當你未被善待和遭遇挫折時，記住你是個知道如何使用第三章所列出之因應技巧的因應者。因為在我們一生不同的階段中，憤怒都足以擊敗我們，所以心理學家發展了學習計畫，來幫助人們更有效地因應他們的憤怒(Novaco, 1975, 1985)。有若干技巧已被發現能有效地協助因應憤怒(Deffenbacher, Demn, & Brandon, 1986; Deffenbacher & Stark, 1992; Deffenbacher, Thwaites, Wallace, & Oetting, 1994; Hazaleus & Deffenbacher, 1986; Novaco, 1976)。

自我放鬆

當憤怒擊敗你時，自我放鬆（參閱第三章）是個非常有效的技巧。有句話說當你被激怒要做出反應之前，先從一數到十真是一點也不錯。給自己時間去使用你的問題解決技巧，來決定最佳的行動方向，你也可以把你的憤怒感當成告訴自己放輕鬆的一個暗示。你可以立即使用深呼吸和肌肉放鬆技巧，當場讓自己冷靜下來，然後，你將可以在一個更佳的情況下權衡你的選擇。假如

你覺得大聲吼叫或具攻擊性的行動對你最有利，你可以這麼做，但你的行動必須是「出自選擇」，而不是由於無法控制憤怒的結果。

　　自我放鬆也常被用來對於誘發憤怒的情境做準備。當此情形發生時，你可以藉由預演你將如何反應來讓自己減低敏感（參閱第七章）。放鬆和想像你面臨著挫折和未被善待。當你覺得你的血壓上升時，在0到100的等級上記錄你的憤怒指數，然後放鬆，直到你的憤怒程度回降到一個較低的程度（30或更低）。現在想像挫折和未被善待更加嚴重，再次記錄你的憤怒指數，以自我放鬆來加以控制住。假如你給自己足夠的練習，當挫折和苛待真正發生時，你會有準備成功因應上述情況的感覺。

因應技巧3：當你受挫或遭苛待時，利用自我放鬆去維持控制

壓力免疫注射

　　在第七章你已學會如何使用壓抑免疫注射的技巧。壓抑免疫注射是為了使人們對艱困的生活事件有預備感和準備處理意識而設計的，方法是經由學習如何訓練自己克服挑戰來完成。你可以藉由作適應性自我聲明一覽表，讓自己有所準備(Meichenbaum, 1985)。譬如，在事件之前，對自己說：

「事情這樣進行下去會困擾我，但我知道如何處理它」
「這可不是鬧著玩的，所以我必須有所準備」
「我能使用我的因應技巧來維持控制」
「放輕鬆，這會是個很好的學習經驗」
「當我發現自己發怒時，我會放輕鬆讓自己冷靜下來」
「我能訓練自己克服挑戰」

在事件當中提醒自己：

「保持冷靜，繼續放鬆心情」
「只要我保持冷靜，且使用我的因應技巧，我就能掌控情勢」
「別把情況看得太過嚴重」
「把它設想成一個有益的經驗」
「事情可能並不樂觀，但我會盡力而為」
「做個深呼吸，保持冷靜和發揮你的智慧」
「我有權煩惱，但我必須集中注意力在我的目標上」
「只要不發脾氣，我會得到更多」
「我不能讓其他人激怒我，我有較佳的自我控制力」

其後，記住把你的努力歸功於你自己：

「我不是完美的，但我把它處理得非常好」
「這不像我想的那般困難」
「每次我都覺得越來越好」
「這些狀況都並不有趣，但它們確是生活的一部份」
「當我使用良好的因應技巧時，我覺得對自己更有自信」

有兩個方法可以運用這些壓力免疫注射敘述。它們能被用在當你遇到誘發憤怒的生活事件時，以後你可以在事前練習，經由想像碰見誘發憤怒以放鬆，和說服自己。運用自我放鬆和適當的自我聲明，來預演以及練習維持你的自我控制和自我效能感 (Meichenbaum, 1977; 1985; Novaco, 1980; Schlichter & Horan, 1981)。

因應技巧4：使用壓力免疫注射來訓練自己面對引發憤怒的生活事件

宣洩憤怒

　　當憤怒擊敗你時，藉由讓自己投入體能性的或創意性的活動中，能幫助你宣洩憤怒。「發洩」憤怒的好處在於，首先它讓你有個較放鬆的心理來解決使你生氣的問題，把洩憤當成因應憤怒的技巧有兩個階段是必須知道的。第一階段包括擺脫緊張和激怒事件；第二階段則爲解決問題。洩憤常被誤解爲一種因應技巧，那是因爲一般人不了解這二階段的重要性。宣洩憤怒並不會讓挫折和苛待的來源消失，它只是讓你比較能自我控制，好接下去處理憤怒的來源。若沒有這二個階段，就不足以使宣洩憤怒構成解決問題的方法(Konecni, 1984; Novaco, 1986)。

因應技巧5：了解宣洩憤怒是個二階段的過程

相信你自己就是因應者

　　當你開始相信自己是個因應者時，你就不需再問憤怒是好還是不好的情緒，而是應該著眼於自我負責和滿足自己的要求，不去傷害到任何人。有時候，表現憤怒也許是有用且適當的；但在很多情況下表現憤怒只會讓事情更糟。身爲一個因應者，你可以決定是表現憤怒對你有利，還是有其它的策略更有利於你。因爲與他人怒氣相向，通常不是個理想的策略，還有你如何能保護自己呢？你當然不會想當個受他人控制的被動者。這個問題的答案在於我們必須了解非自我肯定、攻擊傾向和自我肯定態度三者之間的差異性(Lange & Jakubowski, 1976)。

因應技巧6：相信你自己就是因應者

非自我肯定

　　當人們未能為自己說話時，也就是非自我肯定，非自我肯定就是消極的、表示歉意的、膽小的或謙遜的反應。非自我肯定所發出的信息表示你的需要是不重要的，並且你願意配合他人的需求，甚至當他們所要的對你很不利的，你也坦然接受。所以非自我肯定表示你不尊重自身的需要，也傳達出你不願意持續這段人際關係的訊息，這當然就需要交涉和協商了。

　　人掉進非自我肯定這個陷阱的一個緣由，是他們不了解個人的權利。因為你想要成為有助於他人和有禮之人，所以你就順從他人的願望。有時人們為了鑽營和攻擊，誤解了何謂「自我肯定」。你也許覺得述說你心裡的話，為自己說話是不適當或無禮的，況且以非自我肯定來逃避負面情緒的態度，也是人之常情。

　　假如你一直只關心自己的需求，你必然會與他人起衝突。你必須學會容忍不悅之色、批評、壞脾氣，以及當你採取主動時，學會容忍他人的痛擊。非自我肯定的態度常很容易表現，因為它是最沒有阻力的行動方針，但是當你已習慣這種態度時，就很難知道你如何能以其他的方法行動。在本章稍後會提供有關如何發展維護權益的一些建議。

因應技巧7：負責任地克服非自我肯定的態度

攻擊

攻擊指用一敵對的態度來維護你的權利。攻擊常會導致利用他人。當人們具攻擊性時，他們會以征服、貶損、污辱和其他貶抑他人的手段來盡量滿足自己的需求。攻擊表達了你只關心你自己，當你具侵犯的態度時，其他人的權利、需求和欲望都與你無關。

當人們覺得被脅迫、受傷害和遭苛待時，他們就常會掉入攻擊的陷阱，而憤怒就會一直增強，直到它以攻擊的形式表現出來。選擇攻擊的另一個理由，就是在電影和電視中，我們常見到的採取攻擊性行為而佔上風的「英雄」榜樣疲勞轟炸後的結果。然而，在現實生活中的這些「英雄」只是寂寞和被孤立的人，無法維持和他人長久的關係。攻擊行為也許在電視和電影劇本範疇內，看似趨近於一種「立竿見影」法和立即的喜悅。但長遠看來，攻擊會讓我們和他人不合，以及讓我們變成具敵意、可怕的和可疑的人。

因應技巧8：了解攻擊的限度

自我肯定

自我肯定是指以直接、誠實和適當的方式，去爭取你的權利和表達你的想法和感受。當你表現自我肯定時，你會表現尊重你

自己和他人。一方面，你並不消極，也不允許人們利用你；另一方面，你會知道其他人的需求，並努力嘗試以圓融的態度與他人相處。

自我肯定有許多優點，它給我們自我效能和內在控制感，當和他人互動時，這會幫助我們增強自尊和信心，因為自我肯定需要機智與磋商，所以你必須具有適應性，要知道事情不會總是盡如己意。然而，因為其他人也有需求、希望和欲望，所以為了使彼此都能有滿意的人際關係，自我肯定能提供你最佳的途徑。

因應技巧9：認識自我肯定的益處

自我肯定、非自我肯定和攻擊性的實例

當你去買某樣東西時，一位售貨員給你壓力：

售貨員：好了，你準備好要跟我作這筆交易了嗎？
非自我肯定的反應：假如你認為它是筆好生意的話，嗯！我想是吧！
攻擊性反應：別這麼咄咄逼人！我不會向你買任何東西的。
自我肯定的反應：我很抱歉，我還沒準備要購買任何東西。

在超級市場裡所排的隊伍中，有個人試著插隊到你面前：

這位人士：我在你這插隊你不介意吧！我在趕時間。
非自我肯定的反應：好啊！沒問題。
攻擊反應：嘿！你在做什麼？滾到隊伍後面去！
自我肯定的反應：我很抱歉，我的確介意，因為我也在趕時

間。

你的上司給你一個有問題的評量：

上司：這是你的評量，你必須在上頭簽名。
非自我肯定的反應：上面有些我不太確定的事，但我想我下次會做得更好。
攻擊反應：這是個差勁的評價，假如你不願去改變它，我就要去找申訴委員會。
自我肯定的反應：我對於你寫在這評量上的一些事感到困惑，我想和你討論一下。

一位朋友在週末要求借你的車：

朋友：假如我在週末向你借車，你不介意吧，對不對？
非自我肯定的反應：我有一些其他的計畫要做，不過，沒關係，車可以借你，下次試著讓我早點知道。
攻擊反應：你好意思在那麼短的時間跟我要求，甭提了！
自我肯定的反應：這週末我已經計畫要用車了，假如你能預先通知我，我會很樂意把車借給你。

一位親戚打電話來說她下週末要來拜訪：

親戚：我知道通知的太晚，但假如我下週末登門造訪，你不會介意，對不對？
非自我肯定的反應：好啊！雖然我有預定一些計畫，不過沒關係，我想我能設法改變這些計畫。
攻擊反應：你看看！你不能每次想來就來，我也有計畫，你知道的。
自我肯定的反應：下週末不是你來做客的好時機，我們必須

找另外的時間。

你的鄰居舉辦了一場喧鬧的派對：

鄰居：別擔心，每個人都將會在一小時內離開。
非自我肯定的反應：好吧！沒關係，只要時間不超過一小時。
攻擊反應：你以為你有什麼權利可打擾四周鄰居。等著瞧，我要打電話報警了。
自我肯定的反應：你打擾了四周鄰居，你必須讓噪音安靜下來，否則我只有打電話報警了。

熟練自我肯定

了解自我肯定的意義

在熟練自我肯定的第一步就是了解自我肯定反應的本質。當你自我肯定的時候，你會以誠實和直截了當的態度來維護你的權利，但仍對其他人表示尊重。前面有關維持自身權益、非自我肯定和攻擊反應的實例中，你可以了解當你自我肯定時，你不會讓其他人利用你，而你也可以知道他們的需求和欲望。

三項有益的技巧

三項有助於增進自我肯定的技巧是承認你的感受、具有同理心和圓融。

承認你的感受：承認你的感受意指讓他人知道他們對你所做的一切有何感受。避免說出類似以下的字句來責備他人：「你不體貼」、「你愛出風頭」、「你很愚蠢」，取而代之的是傳達他們的行動所帶給你的感受：「我很抱歉，但我有其他的計畫」、「我很抱

歉，但我不能答應你的請求」、「假如你能保重自己，我就很高興了」。承認你的感受將會大大地增加你的自尊，以及讓其他人尊重你。

具有同理心：對於助長誠摯的關係，同理心是一帖良藥。假如你願意了解他人的欲望，他人會更加樂意接受你對表現的欲望。這並不表示你必須「接受」他人的要求。你可以不同意他人，但仍要有禮貌地讓他們知道，你了解他們的感受。

圓融：當你承認你的感受和以同理心回應時，你非常有可能給人圓融而非無禮的印象。沒有人喜歡被任意驅使，假使別人強行要求你，與其反擊，不如堅定自己的立場，並以能夠贏得他人尊敬的方式回應之。

人們喜歡和厭惡的支配策略

下列為人們可接受的支配策略：(Falbo, 1977)

談判協議：互惠及雙向的交換。
妥協：為了承諾，心甘情願放棄一些願望。
正當理由：通情達理。
專門技術：仰賴知識和經驗。

下列為人們厭惡的支配策略：

恐嚇：一旦你不能隨心所欲，便採取恐嚇。
詐欺：利用不實的消息、諂媚和謊言。
忽視：照你自己的方法做事，卻忽視其他人的需求。
欺瞞：背地裡為所欲為，沒讓其他人知道。

人都不喜歡想以恐嚇、詐欺、忽視或欺瞞的方式去支配他們的人。熟練自我肯定，意指圓融的方式，熟練本章稍後所描述的協商技巧。

接受你的權利和責任

　　人們時常對自私和維護自身的權利這兩者之間的不同感到困惑。攻擊是自私的，因為它是為了迎合你的需求而未顧慮到其他人。維護自身的權益意味著你願意調適自己和與人協商；然而，它也意味你有一個底線，並承諾留意自己的權益。自私的人很難去表現他自己的信念、傳達他的感受和為他的價值觀辯護。當你表現出攻擊性行為的時候，他人會責備你不體貼或自私，並且試著讓你產生罪惡感。當其他人責備你不體貼和自私時，你很容易變成於非自我肯定，但這只是規避責任的作法。當你不維護自身的權益時，便違背了你對你生命負責的承諾。做為一個自我肯定的人，我們必須自動自發地抵禦其他人想利用我們的企圖，我們必須承受他們的批評和拒絕，只要你知道自己是以公平和成熟的態度行事，你就會獲得自尊，假如其他人選擇表現幼稚和攻擊的態度，那是他們的問題。

自我肯定訓練團體

　　自我肯定已成為與他人互動時，越來越多人認同的一個有效技巧。許多書籍皆有論及這個主題，全美國也相繼成立這種團體來幫助人們改進他們自我肯定的技巧。這些團體的提供包含了下列的經驗(Eisler & Frederiksen, 1980; Lange & Jakubowski ; 1976)：

　　1.學習描述和解釋自我肯定的行為。
　　2.透過模範，以示範自我肯定的行為。
　　3.在角色扮演的情境下，提供練習自我肯定的行為的機會。
　　4.在現實生活中表現自我肯定的行為時，有機會從其他團員
　　　身上獲得建議和支持。

　　自我肯定訓練團體讓參與者在一種相互支持的氛圍中，練習本書所提出之因應技巧的機會。

因應技巧10：熟練自我肯定的技巧

協商

為了避免承受不必要的憤怒，你必須認清人際關係是建立在以協商為基礎的。在某些情況下，你可以藉由欺凌和打敗他人，讓自己為所欲為。假如你總是想為所欲為，你將會付出代價。你也許時常戰勝他人，但你將會是寂寞和孤立的；相形之下，假如你習慣總是表現出消極和順從他人的要求，你就能不用費力的來和別人協商，但最後會以憤恨的感受收場。最佳的解決之道就是成為協商者。以下有一些能協助你增進協商技巧的秘訣 (Bazerman, 1986)。

妥協的益處

從小孩子就被教育：他們不能擁有他們想要的每一樣東西。諷刺的是，當我們長大時，我們似乎都忘記了這個訓誡。妥協是一種了解你的需求和他人需求的技巧。你不必接受或同意某人的欲望，但你必須讓這個人知道你了解他所要的是什麼。

妥協也是一種你不把人際關係看成是輸贏情況的態度。你必須有足夠的彈性使其他人感到滿意。雙方為了要得到各自需求之滿足，都必須要有所付出，才會有所收穫。

保持冷靜

當你正和他人協商時，可能會有強烈的感受湧上心頭。承認和接受這些感受，並試著盡量保持心情之平穩。這裡有幾種你能做的事，可防止不滿的情緒擴大到徒勞無功的程度：

1.避免做嚴苛的要求。嚴苛的要求會讓你陷入任何妥協似乎

都是損失的情境中。

2.別把協商視為一方贏，另一方輸的競賽。

3.使用自我放鬆來控制你的感受。

4.藉由表現同理心來營造一個誠懇的氣氛。

5.自我肯定和避免產生非自我肯定或攻擊之反應。

做個因應者

因應者知道如何表現出自我肯定、適應性和同理心。協商的結果不只要以你所獲得的事物來衡量，也要以你的行為來衡量。環境有時會要求你必須付出比自己預期的還要多；然而，假如你是出自選擇，並以機智來處理，你就能因為你可以用一種成熟和負責的方式行動而感到自豪。

因應技巧11：做個優秀的協商者

認識寬恕的力量

許多人在他們成長階段所學習的一個重要課程，就是認識寬恕的力量。當你寬恕某人苛待你時，你未必就要免除這個人應負的責任(Flanigan, 1992)。寬恕也不代表你忘記此項惡行，但當你寬恕他人行為時，你可以從帶有憤怒的負擔中解脫出來，而且除去障礙，繼續你的人生。寬恕的力量在於提供你在衝突情況下佔「優勢」的可能性，因為你寬恕是由於站在有力量和自信的立場，所以寬恕的行為能在不愉快的情境下，增強你的自我效能和控制力。寬恕被奉為我們教育孩童的哲學原理：強勢的人知道何時別反擊。

因應技巧12：認識寬恕的力量

簡短摘要

　　現在讓我們花一點時間對本章有關因應憤怒之對策的重點做簡短地總結。憤怒是在遭受挫折和苛待的一種自然反應，我們一生中都注定會碰到讓我們發怒的時候。當你憤怒時，你問自己的第一個問題是你是否做了切合實際的初級評估。有些生活事件給予我們憤怒的好理由，其他則不值得我們發怒。你必須認真地問自己，是否在生活上定了一些足以引起不必要憤怒的不合理要求。當你的初級評估告訴你，你的憤怒有正當理由時，你的次級評估就能決定你會怎麼做。有時，你表現憤怒對你是最有利的，在其他情形下，雖然你的憤怒是正當的，但你可以選擇用自我放鬆、壓抑免疫注射、洩憤和以自我肯定和協商等方式來面對問題，這些方法將更能控制你的憤怒。視自己為知道如何擬定與他人相處策略的因應者是很重要的，而且從長期眼光來看，這也是對你最有利的。

因應憤怒技巧一覽表

　　◇因應技巧1：在情緒上有創造力。

　　◇因應技巧2：分析初級評估之合理性。

　　◇因應技巧3：當你受挫或遭苛待時，運用自我放鬆去維持控制。

　　◇因應技巧4：使用壓抑免疫注射來訓練自己克服誘發憤怒的生活事件。

◇因應技巧5：了解洩憤是個二階段的過程。

◇因應技巧6：相信你自己就是因應者。

◇因應技巧7：負責任地克服不維護自身利益。

◇因應技巧8：了解攻擊的限度。

◇因應技巧9：認識自我肯定的益處。

◇因應技巧10：熟練自我肯定的技巧。

◇因應技巧11：做個優秀的協商者。

◇因應技巧12：認識寬恕的力量。

第9章 因應親密關係中的衝突

愛和依戀的類型
因應技巧1：決定在關係中你要的是什麼
關係滿意度
因應技巧2：評量你的滿意度
採取主動負責的態度
因應技巧3：採取主動負責的態度
評估期望
因應技巧4：重新評估期望
所欲改變的範疇
因應技巧5：敏銳觀察所欲改變的範疇
初級評估
因應技巧6：學習容忍
因應技巧7：平衡負面和正面的行為
因應技巧8：認識在關係中決定你的需要之權利
克服猜忌
因應技巧9：克服猜忌
因應不圓滿的關係
溝通與磋商
因應技巧10：溝通與磋商
對「懷疑」做善意的解釋
因應技巧11：對「懷疑」做善意的解釋
責備和負面的思考
因應技巧12：避免傾向於責備和負面的思考
終止關係
願意努力
因應技巧13：願意努力
因應親密關係中的衝突技巧之一覽表

當你身旁的人做了令你厭惡的事或拒絕做你喜歡的事時，你就會和他們發生衝突。這也許是淺顯易懂的道理，而現在，你也充分了解你的初級評估與你所選擇喜歡和不喜歡的事物大為相關。在本章我們將教你如何藉由再評估和修正你的評估，來因應親密關係中的衝突；藉由增加你的適應性和擴展你的選擇性，你會得到更多成就感。

愛和依戀的類型

探討親密關係之最佳起點，即藉由了解人們愛和依戀類型的差異性。了解愛和依戀的類型，將有助於你決定在你的親密關係中你要的是什麼。

愛的類型

親密關係有三個積極要素：承諾、親密行為和激情(Sternberg, 1986；Sternberg & Grajeck , 1984)。這些要素的存在與否，決定了親密關係的本質（參閱表9-1）。

「喜歡」需要親密行為，不需承諾和激情。

「迷戀」是「一見鍾情」，有激情，但關係從未發展到許下諾言和有親密行為的程度。

「空洞的愛」是承諾，但沒有親密行為和激情，它發生在停滯的關係上，夫妻會一直在一起是由於惰性或者因為他們不認為離婚會更好。

「浪漫的愛」是結合了親密行為和激情。這是個沒有承諾的「深情韻事」。

「盲目的愛」是「好萊塢」式的愛。男性和女性瘋狂地做愛和結婚，實際上卻不了解對方。

「伴侶之愛」帶著承諾的親密行為，但沒有激情。這是長期的

表9-1　親密關係的三要素

關係型態	要素		
	承諾	親密行為	激情
喜歡		x	
迷戀			x
空洞的愛	x		
浪漫的愛		x	x
盲目的愛	x		x
伴侶之愛	x	x	
無上的愛	x	x	x

SOURCE：From "A Triangular Theory of Love,"by R. J. Sternberg, 1986, *Psychological Review*, 93, 119-135.
Copyright, 1986 by the American Psychological Association. Adapted with permission.

友誼；這是精神戀愛或缺乏性行為的婚姻。

「無上的愛」是理想的兩性關係，包含了激情、承諾和親密行為。

　　在表9-1所列出的各種愛，暗示了兩個重要的結論：一方面，我們必須知道，想維持無上愛這種長期的關係是很難的，但並非不可能。因為所有的關係皆有它們正常的起伏；另一方面，我們也必須了解在長期的關係中，有關什麼是可接受與不可接受的，我們有一定的基準。當你發現已處於不滿意的關係時，就是你採取行動的時候了。第一個選擇是和你的配偶一起把所缺少的要素帶入親密關係中。第二個選擇是結束這段關係。

依附關係的類型

　　在形成了親密關係時，人們通常會採用三種依附關係類型之其中一種：安全、逃避和焦慮（或矛盾）(N. L. Collins & Road, 1990; Feeney & Noller, 1990; Hazan & Shaver, 1987)。

「安全」依附關係類型其特質在於下列的態度：

◇我發覺相當容易去接近他人。
◇我安於依賴他人。
◇當其他人依賴我時，我很自在。
◇我不擔心被遺棄或是某人太親近我。

屬於安全依附關係類型的人，在他們的親密關係中可感受到幸福、友誼和信任；他們有崇高的自尊和覺得其他人喜歡他們和關心他們。安全依附關係類型與欣賞、關心和為重要他人犧牲自己的想法有關。有著安全依附關係類型的人對於信任、親密和依賴感到滿足，因為他們期望他人以接受、親近和支持的心態回應(Baldnin, Fehr, Keedian, Seidel, & Thompson, 1993)。

「逃避」依附關係類型其特質在於下列的態度：

◇親近其他人讓我有點不自在。
◇我發覺信任他人是困難的。
◇當任何人太過於親近我時，我會很不安。
◇我不喜歡依賴他人。

屬於逃避依賴類型的人傾向於隱藏自己，而且他們會「克制」自己，不讓關係變得太複雜。他們視信任、親密和依賴為危險的，因為他們認為其他人會傷害和拒絕他們(Baldmin et al., 1993)。屬於逃避依賴類型的人對重要他人也缺乏愛和激情。

「焦慮/矛盾」依附關係類型其特質在於下列的態度：

◇我發覺其他人不願如我期望的那樣與我親近。
◇我時常擔心我的配偶不是真的愛我。
◇我希望能與另一個人完全地融合在一起，但這想法時常嚇走了人們。

◇我會擔心與某人太親近，然後又被遺棄。

　　屬於焦慮/矛盾依附關係類型的人，在他們的親密關係中有著不安和嫉妒的傾向。他們以想要被親近的態度尋求這關係，但他們又一心只擔憂著被拒絕。

　　有著信賴依附關係類型的人對於他們的親密關係較滿意，並且與他人相處時，有較多的信任感、承諾和歡樂，這可能並不令人意外(Fuller, Fincham, 1995; Simpson, 1990)。迴避依附關係類型可協助人們在關係結束時，不致讓心情太過於痛苦，但以這種類型與人相處的人們，若一直維持相同的態度時，則他們須付出的代價將是無法盡情享受這段關係。

　　人們在親密關係中所希望得到的愛與依附關係類型，會依循他們的文化背景和個人偏好而定(Dion & Dion, 1993)。所以這樣的討論，只是要提供一些選擇和其他可能性。再者，在你的人際關係中，何種依附關係是可接受和不可接受，你已有一判定的基準。當你依附關係著重要人物而不能滿足你的期望時，你必須決定「該怎麼辦？」

因應技巧1：決定在關係中你要的是什麼

關係滿意度

　　另一個了解親密關係的方法是，觀察人們對一些特定關係的滿意程度。親密關係中的滿意度可以關係評量表測量之(Hendrick, 1988)。應答者請在1（一點也不）到5（非常）的等級範圍內，評估下列的問題：

花點時間並努力去創造最佳的個人關
係是非常值得的。

1. 你的配偶滿足你需求的程度如何?
2. 大致來說,你對你的親密關係滿意程度為何?
3. 與大部分人比較,你的親密關係好到何種程度?
4. 你有多常希望自己不要陷入這關係中?
5. 你的親密關係達到你最初期望的什麼程度?
6. 你有多愛你的配偶呢?
7. 在你的親密關係中有多少問題呢?

　　對第1.2.3.5.6項有高評價和第4和7項有低評價者,表示對它們
的關係非常的滿意。平均分數4到5表示對親密關係有著高滿意
度;平均分數在3或更低則暗示對親密關係滿意度比較低。

因應技巧2：評量你的滿意度

採取主動負責的態度

當你有人際關係之間的衝突時，你必須主動負責地尋求解決之道。在第一章你已知悉逃避問題的危險，同時就長期來說，它們通常會再次的箍住你。本小節是在加強研究人們如何因應婚姻中的衝突(Menaghan, 1982)。有個社區調查顯示在的婚姻中，人們通常使用以下四種不同策略之中的一種來處理衝突：磋商、樂觀的比較、置之不理和順從。

磋商：坐下來，暢所欲言討論事情，努力達成一合理的妥協。

樂觀的比較：比較他人的婚姻後，正確判斷自己婚姻的價值，視婚姻為會隨時變化的過程。

置之不理：告訴自己婚姻衝突沒什麼大不了，低估了這些困境實際上困擾你的程度。

順從：隱藏自己的不滿意，不直接與你的伴侶溝通。

參與此研究的夫妻在四年間，學習這些不同的因應類型如何影響他們的婚姻。意料中的是，在解決婚姻衝突時，置之不理和順從是無效的。對衝突採取置之不理和順從反應的夫妻，承受最多的壓力，而且很少能解決他們的問題。其他與關係不良有關的因應策略是，以行動表現自己的情緒、中止關係或從衝突中退出，以及借助於酒精和藥物(Ptacek & Dodge, 1995)。

相形之下，磋商和樂觀比較這兩種技巧對於解決婚姻衝突就都是有效的。磋商需要技巧、耐心和另一半的合作；樂觀比較可

讓你在評估自己與親密者的關係時，獲得更客觀的看法。

　　在人際關係中採取主動負責態度的好方法之一，就是瞭解同理心的重要性。有三種同理心在增進親密感方面有其重要性：「站在對方立場」、「同理心的關係」、「慈悲心」(Davis & Oathout, 1987)。站在對方立場意指花時間從伴侶的看法中瞭解問題；同理心的關係是誠懇地關心伴侶的感受為何；慈悲心意指站在伴侶的立場以及體驗他（或她）所經歷的感受和情緒。當夫妻雙方為了表露這幾種同理心，而在關係中採取主動和負責的態度時，就可能會增加他們的幸福和滿足感。

因應技巧3：採取主動負責的態度

評估期望

切合實際與不切實際的期望

　　當他人做了某些負面的事或故意不做某些正面的事時，通常衝突就會產生，你所能合理要求的期望，也會因你的反應而被曲解(見圖9-1)。做些嚴謹而實際的測試，並尋求客觀的反饋是好的開始。有一群研究人員設計了一份問卷調查表，用以測量在親密關係中切合實際與不切實際的期望(Eidelson & Epstein, 1982)。現在針對下列敘述，回答你同意或不同意的程度。

非常同意　同意　不同意　非常不同意

1. 人們在親密關係中有歧見和
   爭論是有害的。　　　　　　　---　　---　　---　　---

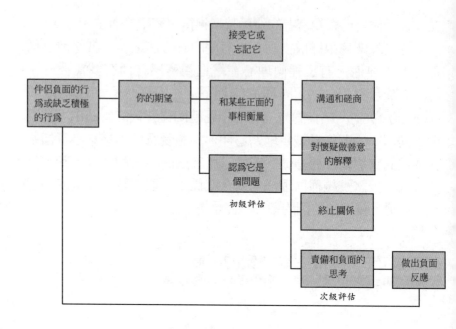

圖9-1　因應和評估在親密關係中的衝突

2. 我的伴侶應一直注意我的感
　　受如何。
3. 我的伴侶永遠都不會改變。
4. 我的伴侶應滿足我在性方面
　　的需求。
5. 我的伴侶與我有不相同的需
　　求。

　　假如你仔細思考這些信念，你會明瞭它們聽起來很好，但是
卻非常的不切實際。持有這些不切實際信念的夫妻，很難接受他
們伴侶的「不完美」行為，而且他們會消極地以敵意和拒絕來回
應(Bradbury & Fincham, 1993)。比起抱持較實際期望的夫妻來
說，對生活持有不切實際期望的夫妻容易導致婚姻不美滿，這個

結果並不令人意外，下列是一些眞實期望的例子(Bradbury & Fincham, 1988)：

　　◇親密關係之間確實會有爭論發生
　　◇我的伴侶並不能測人心思
　　◇如果我誠懇磋商，我的伴侶會有所改變
　　◇性幾乎總是能影響親密關係的一個問題
　　◇在親密關係中人們都有類似的需要

合宜和不合宜行爲的歸因

　　與切合實際和不切實際期望有密切相關的是，人們如何在親密關係中相互解釋合宜和不合宜行爲的問題。我們請目前處於親密關係中的男性和女性描述他們的衝突(Harvey, Wells, & Alvarez, 1978; Orvis, Kelley, & Butler, 1976)，有兩個有趣的結果顯示我們和親密者的衝突，比我們所想的更不客觀。第一，在親密關係中，兩性都傾向於爲他們自己的負面行爲辯護，他們企圖解釋「意圖是良好的」或者事情超出了控制。譬如，他們解釋其侵略和不負責的行爲是對伴侶所做某事的一種反應；在相似的態度下，他們聲稱他們的批評和要求是關心和有助益的象徵，並且把未能分享彼此感受和表現情愛，歸咎於外在的要求和壓力。當再解釋伴侶行爲的原因時，和前者的認知有著很大的差距。兩性覺得伴侶的負面行爲是敵意的，反映出他們缺乏奉獻精神和關愛。簡而言之，兩性都覺得寬恕自己的負面行爲容易，而寬恕伴侶的負面行爲就很困難了。

　　第二個有趣的結果是兩性對伴侶的願望與欲望的認知都未必準確。譬如，和女性相較之下，性關係對男性來說似乎是衝突較重要的來源，然而，男性卻錯誤地假設他們的伴侶對於性，有著與他們相同的期盼；而女性低估了男性對性行爲不和諧方面的重視，也犯了相似的錯誤。女性會錯誤地假設他們的伴侶對於有關性的問題，是與自己有著相同的感受。另外，和男性比較起來，

女性認為與經濟問題、工作時間和教育有關的衝突是較重要的。女性高估了男性在這些爭端上的重視程度，假定男性的感受與她們相同；而男性低估這些爭端在女性心中的重要程度，他們假定女性的感受與他們相似。

有兩個相當有效的婚姻滿意度和婚姻穩定度的指標(Karney & Bradbury, 1995)：

1.丈夫和妻子採取主動和相互回報正面行為的能力。
2.丈夫和妻子抑止產生負面行為和避免消極地相互回應不合宜行為的能力。

當丈夫和妻子彼此相互信任，對彼此的懷疑作善意的解釋時，他們最可能從事正面的行為，同時避免負面的行為。經歷不美滿婚姻的夫妻，常會持用以下幾種不合宜行為：批評、冷淡、不幫忙做家務、不給予支援(Fincham & Bradbury, 1992, 1993)。他們時常說明這些行為的理由如下：

「我配偶的行為歸因於他/她的個性」
「我配偶的行為不可能改善」
「我配偶的行為，在我們的婚姻中反映了一個根本的問題」
「我配偶在這方面的行為是基於自私的理由」
「我的配偶應為他/她的行為受到譴責」

有著和諧婚姻的夫妻能對彼此不合宜的行為做以下較合適的歸因：

「我配偶的行為是受了環境的影響」
「我的配偶未必都以這種方式行事」
「我配偶的行為並非反映我們所有的關係」
「我配偶的行為雖令人不滿意，但我知道他/她關心我」

「我能原諒我配偶的這種行為」

對於配偶不合宜行為做不適當解釋，因而造成婚姻危機，這結果乃意料中的事(Bradbury & Fincham, 1992; G. E. Miller & Bradbury, 1995)。假如你把另一半的行為解釋成反映不合宜的人格特質和負面的意圖，你有可能以敵意或逃避來因應之。這些行為都無助於你和另一半找出妥協點，或是在解決你們的問題時所需要的耐性及合作精神。

因應技巧4：重新評估期望

所欲改變的範疇

在親密關係中，另一種分析你的期望的方法是觀察你希望伴侶做何種改變。為了闡明這個層面，研究人員發展了改變範疇問卷調查表，這調查表測量人們希望他們的伴侶從性和情愛、收入和家務、朋友和親戚、到工作和養育小孩的範疇中做何改變(Margolin, Talovic, & Weinstein, 1983)。當相處得非常好的夫妻(美滿夫妻)做這個調查表時，他們同意大部分所欲改變的範疇，除了性(見表9-2)之外。丈夫把增進性關係，列居於希望妻子所做的改變中最重要的一項；妻子則將許多希望他們丈夫改變的事擺在性的前面(性列居她們所欲改變一覽表的第13位)。與美滿夫妻比較，苦悶的夫妻對想要他們的配偶改變之事，表現出更多的渴望。調查中有超過一半的苦悶夫妻，希望他們的配偶能夠在清楚地表達情緒、減少爭吵、開始交談、表示欣賞、性關係和親密關係共處的時間等方面作改變。改變範疇問卷調查表有個有趣的層面，即兼具了客觀與主觀兩種特質。我們希望親密的人改變的範

表9-2 美滿夫妻的所欲改變範疇

丈夫	妻子
增進性關係	清楚地表現他的情緒
清楚地表現她的情緒	開始關心與我的交談
接受稱讚	對於我所做得不錯的事能表示讚賞
開始關心與我的交談	花點時間維持住家環境的整潔
對於我所做得不錯的事能表示讚賞	協助計劃我們的休閒時間
讓我能隨意掌控我的時間	與我一起外出
花點時間維持住家環境的整潔	當要求時能協助做家事
別讓工作干擾彼此的關係	即時地完成他的責任

SOURCE: From "Areas of Change Questionnaire: A Practical Approach to Marital Assessment," by G. Margolin, S. Talovic, and C. D. Weinstein, 1983, *Journal of Consulting and Clinical Psychology, 51*, 920-931. Copyright 1983 by the American Psychological Association. Adapted with permission.

疇，在其考慮我們真正想要的範圍內才是實際的。我們所想要的改變也是主觀的，因為是以我們對這段關係未來進展的認知做為基礎。你可以藉由敏銳觀察你希望別人所做的改變，以及別人希望你所做的改變，來大幅降低彼此的誤解。

因應技巧5：敏銳觀察所欲改變的範疇

初級評估

當你對某個親密者的負面行為(或接受正面行為)做初級評估時，你可以詢問自己是否能接受這件事，例如：「某人做了些負面的事或故意不做某些正面的事，我能忍受嗎？或者會因不能接受而成為一個問題嗎？」。

練習容忍

倘若你可以接受自己及親近的人皆不完美的事實，則可為自己降低大量的悲痛，有些事是不值得為其感到煩惱的。假如你考慮過這點，又能學習容忍的話，很明顯的將會大大地增進你與他人的關係。困擾你的事和傷害感情的事會是種負擔，當你能說：「沒問題，我能接受它和忘記它」時，你就能獲得自我效能感和控制感。基於容忍，你會說：「我有足夠的適應性，即使不見得每件事皆盡如己意，我也能泰然處之」。

在比較苦悶和美滿夫妻對他們配偶的正面和負面行為的反應之研究中，我們證實了容忍的重要性(Jacobson, Follette, & McDonald, 1982)。當配偶做了些負面的事，苦悶夫妻比美滿夫妻更可能覺得煩惱和困擾，這點並不令人意外。有趣的是，當配偶做了些正面的事，苦悶夫妻也相對的比較高興。從這研究證實了苦悶的夫妻有較急切的期望，因為他們都太嚴肅地看待彼此的行為，他們非常在意從他們的配偶身上獲得直接的喜悅，他們的親密關係無法隨著生活上的起伏而正常更迭。相形之下，美滿的夫妻較滿意彼此，因為他們已經學會將彼此的正面和負面行為當成是長遠關係的展望，他們比較容易隨著婚姻生活中不可避免的起伏做調整。

因應技巧6：學習容忍

平衡負面與正面的行為

接受親密伴侶缺點的另一個方法，即平衡他們負面和正面的行為，即使親密的人並不完美，但他們通常會做較多你喜歡的事。提醒自己他們的良好行徑，常可幫助你接受他們不算好的行為，假如我們全都是完美和完全地客觀，這當然比較容易實行。然而，調查顯示人類幾乎都不客觀；尤其評估他人的行為時。我

們對一個人行為的認知，很自然地受到我們的期望、需求和價值觀的影響(Baron & Byrne, 1987, 第三章)。

有一個研究證明了人們在解讀彼此行為的主觀意識：在親密關係中的男女雙方共同討論他們的衝突(Gaelick, Bodenhausen, & Wyer, 1985)。夫妻同意將交談過程錄影之後，錄影帶交由研究人員分析，謹慎小心地解釋每一對夫妻的表達模式。有個重要發現是，男性和女性對彼此的負面訊息比正面訊息更敏感。換言之，男性和女性在回應伴侶的敵意方面是機敏的，而要回應他們配偶愛的表現則較困難。

夫妻不易回應愛的表現有三個理由。第一，人們常常不能非常清楚地表達愛的情感。第二，人們通常對敵意比對愛有「警戒」的傾向。第三，當個體再感受到愛的表現時，有時很難以真情流露和表達愛來予以回應。平衡正面和負面行為需靠我們察覺親密的人，如何表現他們的正向情感。

平衡正面和負面的行為也意味著，你必須相信其他人會願意為你表現出良好的行為。人們有一個傾向就是對親密的人之負面行為有著相當個人化的反應，但又常視他們的正面行為是理所當然。就如你在本章稍早所學的，存在於苦悶夫妻間一特殊的問題，就是公平的看待彼此間正面和負面的行為，苦悶的夫妻把他們配偶的負面行為歸咎為不可信任的動機和不良意圖。美滿夫妻已學會對彼此的懷疑作善意的解釋，也能夠信任他們的配偶，表達讚賞正面的行為。因為苦悶夫妻無法認清他們配偶正面行為背後的良好意圖，所以他們不能完全讚賞彼此間的正面行為(Jacobson, McDonald, Follette, & Berley, 1985)。

因應技巧7：平衡負面和正面的行為

承認問題的存在

　　學習容忍和平衡負面與正面的行為，不是意味著你沒有權利決定在親密關係中，哪些行為是可接受和不可接受。本小節討論的目的是協助你變得更客觀、重新評估你的期望，同時將衡量他人負面和正面的言行舉止的標準量身訂做，如此對你才是有利的。而察覺自己的需要和瞭解你的底線－在親密關係中能接受及不能接受哪些行為，也是有利於你自己的。你絕對有權利去決定你希望別人表現哪些正面行為，不願忍受哪些負面行為。

因應技巧8：認識在關係中決定你的需要之權利

克服猜忌

　　你對現在浪漫的配偶，是否常有以下的感受和反應，請標號作答。

	從不	很少	有時	時常
1. 我懷疑他/她被某人吸引	---	---	---	---
2. 我擔心某人嘗試要去誘惑他/她	---	---	---	---
3. 我懷疑他/她背著我去見某些人	---	---	---	---
4. 我想其他人也許會有興趣與他/她談戀愛	---	---	---	---
5. 我會問我的伴侶他/她身在何處	---	---	---	---
6. 每逢我看見他/她與可能的情敵談話時，				

我就會插入他們的談話　　　　　　　... 　 ... 　 ... 　 ...
7. 我會出奇不意地打電話給他/她，只為了
　 知道他/她是否在家　　　　　　　　　... 　 ... 　 ... 　 ...
8. 我會問他/她有關過去的或現在的情愛關
　 係　　　　　　　　　　　　　　　　... 　 ... 　 ... 　 ...

現在回答下列的事件給你何種感受：

　　　　　　　　　　　　非常高興 高興 煩惱 非常煩惱

9. 他/她與某人打情罵俏　　　　　　　... 　 ... 　 ... 　 ...
10. 他/她以非常親切的態度對一可能
　　的情敵微笑　　　　　　　　　　　... 　 ... 　 ... 　 ...
11. 他/她談論著某人的好面貌　　　　　... 　 ... 　 ... 　 ...
12. 某人試著找時間與他/她獨處　　　　... 　 ... 　 ... 　 ...

　　這些經驗乃改寫自多方位猜忌量表(Pfeiffer & Wong, 1989)。
「認知的猜忌」可由第1至第4項測得；「行為的猜忌」由第5到第8
項測得；「情緒的猜忌」則由第9到第12項測知。情緒和行為的猜
忌皆與不幸福感有關，而認知的猜忌則可能成為過度焦慮的根
源。

　　假如你允許猜忌主導你的情緒，那麼它在你的生活上將會有
負面的影響，假若你對這複雜情緒有著更清楚的了解時，你將能
夠以一更有效率的方法來因應引起猜忌的情況。為了認識這複雜
情緒，第一件事就是你生來就沒有猜忌的需要。雖然在某些文化
中的人們會有強烈的猜忌感，但也有其他文化背景的人們對猜忌
是全然不知的(Mead, 1986)。猜忌必然與想要控制某個對我們重要
的人的慾望有關(Davis, 1986)。當你猜忌時，你就會依賴對方而又
無安全感(Berscheid & Fie, 1986)，就好像你需要一個保證，即這
個人總是能隨時取悅你，而很明顯的這是非常不切實際的。參閱

第二章圖2-2，你可以了解引起猜忌的情況是生活事件。什麼樣的評估可能導致猜忌感呢？也許類似以下的要求：

「我要求某人，每當我需要他/她時，他/她都要隨時候傳。」
「除非某人能迎合我的要求，否則他/她就是對我不好。」
「某人是個令人討厭的人，因為他/她不能給我想要的事物。」
「某人以我想要的方式對待我是他/她欠我的。」

這些信念把你帶入一個無勝算的境地，因為它們不切實際且必定讓你覺得悲哀(Ellis, 1987b)。Margaret Mead(1986)以下列的方式解釋猜忌的經驗：「這是個負面的、悲哀的情感狀態，其源自於不安全感及自卑感」(p.121)。猜忌通常被視為導源於對你自己產生負面情感有害的情緒(Fitness & Fletcher, 1993)。

你可以利用自己理性思考的力量，以說服自己克服誘發猜忌的情況，例如：

「我真的想要得到某人的情感，但我知道我無法強求非我所擁有的事。」
「有時我可以從某人身上得到我想要的，有時則否，但我必須平衡這正面與負面的事實。」
「我對他人要求越多，我就越有挫折感，我必須以自己的策略使我的要求獲得滿足。」
「當他人不能滿足我的慾望時，我會痛苦和失望，但卻是我必須學習接受的事實。」

一次調查人們如何因應猜忌的研究已經得到下列的結果。在紐西蘭有一社區調查發現，女性傾向於與他們的配偶對立、流著淚表現悲傷或憤怒地反唇相譏，以及試圖讓自己更風趣、更迷人的方式來因應猜忌(Mullen & Martin, 1994)。男性比女性更可能以忽略這問題，希望它無疾而終來因應猜忌。兩性在採用下列的因

應反應上則並無不同：對他們的伴侶要求承諾、考慮結束這段關係或者向子女或朋友吐露心事等。猜忌是十幾二十歲的青少年的人際關係中最大的問題，年長者和先前有過許多親密關係者，則較少受到猜忌的困擾，猜忌對於高自尊者也較不成問題。

　　參與美國調查的人被問到當他們在學校或在工作上，在他們的家庭、在友誼和戀愛的關係中遭遇猜忌時，他們如何因應之(Salovey & Rodin, 1988)。最成功的因應者是採取自持態度的男性和女性，他們不讓自己或令他們覺得嫉妒的人擾亂，而是在生活中以其他的活動讓自己變得繁忙。成功的因應者會把猜忌評估成麻煩且傷腦筋的事，他們利用下列的因應技巧去認識他們的猜忌，並且阻止猜忌使他們的生活脫離軌道：

　　◇積極而有益地處理憤怒。
　　◇不對自己感到難過。
　　◇不對不公平的情況一再回想。
　　◇避免責備其他人。
　　◇維持他們自己的自尊。
　　◇繼續忙於有意義的工作。
　　◇強迫自己既往不究。

　　許多第三章所描述的因應策略對於因應猜忌也是有用的。現在讓我們複習一下：

　　支援系統：當你無法自期望的對象處獲得關心時，利用支援人士給你依靠。
　　問題解決：為了得到愛和關照，你可以運用你的問題解決技巧來確認實際的策略。你必須記住不能向一個特定人士要求愛與關照。
　　自我放鬆：使用你的自我放鬆技巧來緩和不安全感、挫折感和

憤怒。

維持內在控制：提醒自己你的價值在於你個人的成就和應變能力，而非由他人掌控。

活動：這是讓你脫離不愉快感受，做某些對自己有好處的好方法。

幽默感：不要讓自己太嚴肅，學習對於造成自己悲傷的習性一笑置之。

達到成就時獎勵自己：別讓猜忌感使你心情沮喪，為你能承認自己的猜忌心以及負起責任去克服它感到光榮。

因應技巧9：克服猜忌

因應不圓滿的關係

假如經過重新評估你的期望和平衡負面和正面的行為之後，關係仍不能令人滿意，此時就是做次級評估的時候了。對自己說：「我與某人的關係有問題，而我該如何做呢？」在本小節，我們將討論一些你也許願意考慮的選擇。

採取正面的行為

當關係受到威脅時，夫妻雙方必須一起決定他們是否都願意相互遷就，以共同挽回這段婚姻。假如你們兩人都有意要改善這段關係，專業的治療師和諮商人員能給予你們極大的幫助。

Richard Stuart(1980)發展出可由伴侶們自己執行的一種練習，叫做「關懷日」，這個練習可刺激產生具建設性的行動和正面的情感，伴侶們可以彼此列出他們想要的20個正面行動，列表時必須

遵守下列的規則：

1. 這行動必須是「正面的」。每一個人可以要求伴侶做他們喜歡的事，但不能要求伴侶停止做他們討厭的事。
2. 這行動必須是明確的。譬如，與其要求伴侶要更深情的說「一天抱我三次」，不如要求伴侶「在晚上時，問我今天過得如何」、「幫忙準備晚餐」。
3. 這行動必須是每天都能做到的小舉動。
4. 這行動對配偶而言不應是棘手或者是最近衝突的主因。

當活動表完成時，伴侶們在一契約書上簽名，表示他們都承諾答應每天至少做列表上的五種行動。夫妻雙方要作日誌，以記錄彼此的正面行為，這個日誌可幫助他們共同監測這個行動的進展，同時強化他們的努力。

溝通與磋商

當某個親密的人舉止不受歡迎時，你有另一個選擇，就是表達你的不滿，並且共同協商出一個解決方法。此時，你的果斷技巧（參閱第八章）可能非常有用，記住，果斷意指誠實、正直和不侵略。為了幫助你認識溝通和磋商的價值，首先讓我們來看看親密的人為滿足你的需求，所用的一些缺乏效率之方法。

人們在親密關係中最常被認定的六種用來影響其伴侶的策略 (Buss, Gomes, Higgins, & Lauterbach, 1987)：

魅力：「我稱讚我的配偶，所以他/她願意做這事」、「當我要求一些事物時，我會努力表現情愛和浪漫」、「我表現得很嬌媚，所以他/她願意做這事」。

沈默的對待：「當伴侶達到我的要求時，我才會注意他」、

「一直到我的伴侶達到我的要求，我才會回應他/她」、「在我的伴侶完成我的要求之前，我都是沈默不語的」。

強迫：「我要求我的伴侶達到我的要求」、「若伴侶未達我的要求，我會對他/她吼叫」、「我脅迫我的伴侶達到我的要求」。

邏輯論證：「我會對我的伴侶為何他/她應完成我的要求提出理由」、「我詢問我的伴侶為何他/她不能達到我的要求」、「我會解釋為什麼我希望他/她達到我的要求」。

被動攻擊：「在他/她達到我的要求之前，我都是繃著臉的」、「我會一直不高興直到他/她達到我的要求」、「在他/她達到我的要求之前，我很難和他/她相處」。

自我消沈：「我讓自己意志消沈，所以他/她才會達到我的要求」、「我做出不合宜的行為，所以他/她才會達到我的要求」、「我假裝卑微，所以他/她才會達到我的要求」。

有關這些影響策略中令人印象深刻的事是沒有一件是非常適當的。持用這些策略的夫妻認為他們自己同時也被研究人員視為是，同床異夢的、不相配的夫妻和不可能繼續共同生活的夫妻。在這個研究中的樣本夫妻並未傳達出有大量使用溝通和磋商的訊息。

研究人員研究引起夫妻之間特定問題的溝通類型，發現了下列三種模式(N. Epstein, Pretzer, & Fleming, 1987)：

批評和辯護：拒絕承認錯誤、拒絕接受批評、看法獨斷且固執、不適當地責備配偶，未能給予稱讚。

退縮和服從：很少交談、未能夠表達意見、太過於順從、未能表達情緒，說話太慢且太小聲。

掌控和控制：談論太多、問太多問題、喜歡插話、討論時改變話題，說話太大聲。

雖然這三個類型的結果都會妨礙溝通，但與最高程度的婚姻不幸有關的是批評與辯護。

既然你熟悉了有問題的溝通類型，那就讓我們思考一些為達更有效率的溝通之建議(Stuart, 1980)。

學習傾聽

Carl Rogers指出我們常常太過於專注在我們自己的思想和感受上，以致於我們不能真正地傾聽其他人正嘗試告訴我們的話。請思考下列的交談：

A君：你的假期過得如何？
B君：棒透了！
A君：我的假期也好極了，我去了夏威夷和……

很明顯的可以知道A君寧願談論自己，而不願傾聽B君所言。現在將上方的對話與下列的交談比較：

A君：你的假期過得如何？
B君：棒透了！
A君：聽起來好像很令人興奮，說來聽聽吧！

在此A君確實有在聽B君講話，A君有回應（參閱第六章）且表現了個人的興趣。你可以藉由下列的方法與另一個人協議溝通來練習傾聽技巧。假定你的伴侶說了一句話，在你回應之前，你必須重複這句話的含意，然後你的伴侶才有機會瞭解你正確地聽到這句話或糾正你。再向你的伴侶證明你確實瞭解這句話之後，你就可以開始發言，然後你的伴侶會重複你話中含意和接收你的反饋，例如：

A君：我很失望，因為你很少表明對我的關愛。

B君：你沒有安全感，你想從我這兒得到更多。

A君：那不是我的意思，再試一次。

B君：你需要更多的愛。

A君：你沒有說出我的感受。

B君：你要更多的愛，你在發牢騷。

A君：不是，我失望是因為我想要從你身上得到更多的愛。

B君：你覺得很失望，你希望我給你更多的愛。

A君：完全正確。

雖然以這種方式進行所有的交談可能很麻煩，但你可以明瞭這個練習在教導我們相互傾聽方面是多麼的有用。

承認你的感受

比較下列的敘述：

A：你從沒有對這個家的四周環境做過任何事。

B：我希望你幫忙清掃房屋。

A：你從沒告訴我你愛我。

B：偶爾我也希望你告訴我你愛我。

A：你想去看電影嗎？

B：我想要去看電影。

A：你的自私和不體貼讓我生氣。

B：我生氣是因為你沒有告訴我你會晚點回家。

敘述A的說話者是迂迴的，不清楚他或她真正想要什麼；敘述B的說話者承認自己的感受，以及正確地述說他或她想要什麼。當你承認你的感受時，你會說「當你＿時，我覺得＿」，承

認的敘述是第一人稱的句子，第二人稱的敘述像是「你讓我覺得...」或「你是...」是不直接且逃避責任。

一個針對夫妻的調查中發現，假如應答者的配偶以非難的態度說出以下種類的話，來傳達不滿的感受時，應答者較可能以負面的和敵對的態度回應。(Kubany, Bauer, Muraoka, Richard, & Read, 1995)：

「你讓我不快樂」
「你讓我失望」
「你使我火冒三丈」
「你讓我感到煩惱」

應答者報告說假如他們的配偶以肯定的態度說出下列的話，他們較可能會有相憐和重修舊好的反應：

「我不快樂」
「我很失望」
「我火冒三丈」
「我覺得很煩擾」

五種建設性的溝通原則

下列建設性溝通的原則將可協助你盡可能清楚和率直地向他人表達。

規則1：藉由使用「我」的字眼來溝通。

規則2：對伴侶的個性不以偏蓋全，如：「你不體貼」、「你很懶惰是無用的」，而是以針對明確的方式取而代之：「我希望你準時回家」、「我希望你幫忙家事」。

規則3：避免用絕對的字眼，像「總是」和「從不」來處理事

情：「你外表總是髒兮兮的」、「你從不會幫忙」，而是要試著創造正面的態度：「你有時外表很整潔，我希望你能常常保持這樣」、「當你幫忙時，我會很感激，假如你能常常幫忙，對我來說非常重要」。

規則4：善用時機，試著對伴侶的行動馬上做出回應。假如你錯過了立即反應的機會，就要一直等到適當時機才能給予正面和負面的反饋。

規則5：具建設性，當你告訴伴侶你討厭的某些事時，也要告訴他/她你喜歡什麼。

好的溝通技巧是婚姻滿意度最重要的指標(Gottman, 1979; Markman, 1981)。研究人員已證實當已婚者進行建設性溝通的訓練時，血壓會下降、婚姻滿意度會提昇(Ewart, Taylor, Kraemer, & Agras, 1984; Hahlweg & Markman, 1988; Markman, Floyd, Stanley, & Storaasli, 1988)。對夫妻來說，趁早在彼此的關係中學習和實行有效的溝通技巧，來做為預防的措施才是有益的，而不是等到問題發生後，才去改善溝通技巧(Markman, Floyd, Stanley, & Lewis, 1986; Markman & Hahlweg, 1993; Markman, Renick, Floyd, Stanley, & Clements, 1993)。

商訂合約

在本章稍早你已學到，人們在親密關係中用來彼此影響的策略，在這些策略中的每一項所缺乏的，就是誠實的溝通和磋商的意願。在一個以大學室友間衝突解決的研究中，可以明顯的發現磋商過程中一有趣的層面(Sillars, 1981)。學生報告說他們常採取這三種常見的衝突解決方法之中的一種：

逃避：逃避對方、不討論問題所在、暗示但不表露自己的感受、拿此問題開玩笑、否認問題的存在、改變話題。

威權：提出要求、責備對方、敵對、給予脅迫、要求他人改

變。

溝通：說清楚什麼事令你困擾、詢問對方的感受、接受責任、提出意見解決這問題。

有趣的是，最常被使用的策略是逃避(57%)，威權是11%的機會，溝通則有32%的機會。當學生同意負責任地協助解決關係中的衝突時，他們較可能會與室友溝通；而將衝突的原因歸咎於室友的學生，則較可能實行威權或逃避的策略。

藉由這個機會應可清楚地知道，建設性的磋商是要求我們負責任地協助解決與親密朋友之間的衝突。除此之外，假如你希望你的伴侶作改變，你也應有所改變做為回報才合理。在親密關係間的磋商應該以雙贏的心態處理，這可藉由訂定一個三段式的合約來達成：我獲益、你獲益、大家都獲益。對夫妻雙方來說，商訂這項合約以確認他們實行協議的承諾是個好主意。為了維繫彼此的關係，磋商必須是每個人都樂意付出一些心力的合資企業。依此方式，即使結果是我們必須再付出，我們也會是為了一個好理由而奉獻，而且也會獲得某些事物做為回報。親密關係間的磋商並不意味著一方採取堅持的態度等待另一方的退讓，而必須是合作的，因為夫妻雙方都已接受了生活的現實面：「我們不能每件事都隨心所欲」、「尋找一個十全十美的伴侶是不可能的」。

因應技巧10：溝通與磋商

對「懷疑」做善意的解釋

在所有的親密關係中，有個很有用的因應技巧，即能夠寬恕你的伴侶做了你不喜歡的事。當你能對他們的懷疑做善意的解釋

時，就會較容易原諒他們。例如，你可以對自己說：「我的伴侶所做的（或不做的）事造成我的一個問題。然而，我知道我的伴侶出於善意，而且有許多值得肯定的層面，所以，即使我對他所做的事感到不悅，我也能寬恕並對我的配偶的懷疑做善意的解釋」。

對「懷疑」做善意的解釋，已在四項比較苦悶夫妻和美滿夫妻對其配偶正面和負面行為反應的研究中，證實了其重要性 (Fincham, Beach, & Baucom, 1987; Fincham & O'Leary, 1983; Holtzworth-Munroe & Jacobson, 1985; Thompson & Kelley, 1981)。因為美滿夫妻將正面的行為歸功於他們的伴侶，所以他們發覺接受彼此的負面行為較容易；苦悶夫妻專注於負面的行為上，他們花太多時間強調對他們配偶的不滿，且難以重視其配偶可以彌補缺陷的優點。這研究說明了人們在愉快的關係中，比較知道如何誇讚其伴侶的正面行為。

因應技巧11：對「懷疑」做善意的解釋

責備和負面的思考

到目前為止，所有描述因應不圓滿關係的反應，皆包含了採取正面行動取向的方法，而責備和負面思考才是最後的選擇，因為它是無益的。然而，責備和負面思考卻值得探討，因為它總是藉由將關係中的問題歸咎於你的伴侶，來誘使人們逃避責任。研究人員已證明苦悶夫妻比美滿夫妻更常進行責備和負面思考 (Fincham, 1985; Fincham, Beach & Baucom, 1987; Fincham, Beach, & Nelson, 1987; Kyle & Falbo, 1985)。在不愉快關係中的人們，認為他們的伴侶比自己更該對彼此關係間的問題負責。他們認為其

伴侶的負面行為是源自於自私、不關心的態度和缺乏承諾。有著不愉快關係的人們會傾向於對自己說下列幾種話語：

「假如我的伴侶真的在乎我的話，他/她不會這樣做」。
「除非我的配偶做些對我好的事，否則我拒絕負責」。
「因為我的伴侶並未適當地對待我，所以我會報復她，讓他/她受苦」。

在幸福關係裡的人們能夠對他們的感受有正確的看法：

「假如我希望我的配偶有不同的反應，我必須採取主動」。
「我不喜歡總是這樣，但假如我能夠視情況向我的伴侶表現出一些情愛，我知道事情將會有最佳的結果」。
「我想要告訴我的伴侶我很生氣，但讓他/她感到痛苦對我們的關係無濟於事」。

責備和負面的思考必然會導致我們用負面的方式對待我們的伴侶，除非你的伴侶能使用一些本章所描述的因應技巧，否則他/她的反應可能也會是負面的或者拒絕以正面的行動因應之，如此一來，你將會掉入負面行為、情感和想法的惡性循環中，進而削弱了你做適當評估的能力(Bradbury & Fincham, 1987; Fincham & Bradbury, 1988)。

因應技巧12：避免傾向於責備和負面的思考

終止關係

通常有三種情況會導致人們無法化解一段關係中的衝突：相異點、厭倦和負面情感(Baron & Byrne, 1987，第六章)。

相異點：你明白你與對方極少有共同點，而在價值觀、興趣和維持這關係的目的上有太多的不同。

厭倦：你們的關係已停滯不前，你們沒有一起成長，或是朝有明確目標的方向上共同邁進。

負面情感：負面情感超越正面情感，彼此有太多的批評、抱怨和責備，而愛、支持和情感則太少。

當這一段關係受到威脅，你和你的伴侶沒有改善的動機，就是考慮分手的時候了。在這方面，你必須掌控自己人生，而且對你的行為負責任。

願意努力

良好的關係得來不易，它們需要持續的努力才能擁有。George Levinger的話清楚地表明這個道理：「建立幸福婚姻（或其他令人滿意的關係）的要素並不在於你們多麼地合得來，而是你們如何處理意見不合的情況(in Goleman, 1985, p.19)。

處理親密關係中的衝突需要你全心投入在貫徹練習因應技巧。

因應技巧13：願意努力

因應親密關係中的衝突技巧之一覽表

◇因應技巧1：決定在關係中你要的是什麼。

◇因應技巧2：評量你的滿意度。

◇因應技巧3：採取主動和負責的態度。

◇因應技巧4：重新評估期望。

◇因應技巧5：敏銳觀察所欲改變的範疇。

◇因應技巧6：學習容忍。

◇因應技巧7：平衡負面與正面的行為。

◇因應技巧8：認識在一關係中決定你的需要之權利。

◇因應技巧9：克服猜忌。

◇因應技巧10：溝通與磋商。

◇因應技巧11：對懷疑作善意的解釋。

◇因應技巧12：避免傾向於責備和負面的思考。

◇因應技巧13：願意努力。

第*10*章 因應失去親人之對策

失去親人之評估

因應技巧1：接受失去親人爲處理哀傷工作上有價值的事情

悲慟的經驗

因應技巧2：把悲慟的經驗放開來

處理哀傷的工作的階段

因應技巧3：視處理哀傷的工作的階段爲你必須負責的任務

處理哀傷工作的階段

因應技巧4：花時間完成處理哀傷的工作的四個任務

把失去親友的事件融入你的生活體驗中

因應技巧5：將失去親友的事件融入你的生活體驗

控制強迫性想法

因應技巧6：控制鑽牛角尖的想法

無法化解的哀傷

被剝奪的哀傷

因應技巧7：了解處理無法化解和被剝奪的哀傷時之必要性

哀傷工作處理成功的三大影響因素

尋找死亡的意義

因應技巧8：尋找死亡的意義

完成處理哀傷的工作的個人計畫

因應技巧9：完成處理哀傷的工作的個人計畫

克服分居或離婚

學習如何忘卻過去

因應技巧10：學習如何忘卻過去

認識你的特質

因應技巧11：認識你的個別性

如何提供支持

因應技巧12：了解如何提供支持

獲得支持

因應技巧13：了解如何獲得支持

因應失去親人技巧之一覽表

失去親人是生活中不可避免的一部份，而失去親人圍繞在許多事件上，範圍從結束關係、分離到死亡，皆囊括在內。不同類型的失去親人代表著不同的事發生在不同的人身上。然而，有些失去親人的經歷對所有人來說卻是相同的。在本章中，我將著重在人類遭遇失去親人的過程上。了解這些過程和承認失去親人是日常生活中和每個人、每個地方都有關的一部份對我們是有益的。學習把失去親人當成人生的體驗，能夠幫助你獲得內心的寧靜，以度過在你生命中的失落。由於本章只是對一個具有深度的議題做一個概述而已，所以無法對所有的問題提出解決之道。因失去親人而生活受到嚴重破壞的人，利用有組織的團體和專業上的支持，會發現很有助益。

失去親人之評估

　　我們對失去親人的第一個反應就是要進行初級評估，因爲失去親人通常具有傷害性，而且無法事先預知，所以初級評估幾乎是自然反應。在第二章你知道了初級評估能幫助我們避免不值得煩惱的生活事件，因爲大部份失去親人的情形都是令人煩亂的，所以把它們視爲眞實的一個問題，以及適切的經歷這個哀傷過程是很好的。當你否認了失去親人的重要性時，你就是在躲避悲慟和排解的重要體驗。

　　把失去親人看做有價值的哀傷問題之後，你會做什麼樣的次級評估呢？成功地因應失去親人不代表能安排它或改變它，在適當的次級評估中，你要告訴自己的是你要處理「哀傷」(Lindeman, 1994)。哀傷是種不斷進行的過程，你將被各種感受所影響，而且你必須花時間完成特定的因應任務。現在讓我們留意處理哀傷的工作的經驗和任務。

因應技巧1：接受失去親人為處理哀傷工作上有價值的事情

悲慟的經驗

　　即使悲慟失去親人的經驗是不愉悅的，但確實是每個人生活中的一部份。悲慟失去親人的經驗影響你的感受、身體、想法和行為 (Worden, 1982)。

感受

　　由於失去親人，人們會有數種不同的感受(Vickio, Cavanaugh, & Attig, 1990)：

　　傷痛：你也許覺得空虛、灰心和沮喪，也可能突然的想哭。在進展至接受和調解的階段之前，讓自己感覺失去親友之苦常是必要的。

　　憤怒：你也許會對失去親人感到不公平和你不能掌控的事感到挫折。避免把憤怒轉向自己，並了解雖然你不能控制失去親人的事實，但是你仍可控制讓你傷心的事。

　　罪惡感：你也許覺得有罪惡感，因為你不是「十全十美」的人，且你也無法預防失去親人這件事的發生，所以承認我們都是生活在這無法預知的世界中，難免會犯錯的人類吧！

　　焦慮：你也許會感到好奇「我如何能順利度過失去親人之事實？」，你要面對你的弱點和難免一死的命運。使用第三章的因應技巧來增加你的自我效能感。

　　寂寞：這是個空虛的感覺，也就是合併了傷痛和焦慮。參閱第六章的內容，尋找處理寂寞的方法。

　　疲勞：你也許覺得疲倦且筋疲力盡，這是對壓力的正常反

應，不應把它當成缺陷或虛弱的徵象。

震驚：假如失去親人是突如其來或出乎意料之外的，你也許會感到震驚。震驚、懷疑和麻木是處理哀傷的工作第一階段的組成要素。

解脫：認識有些失去親人的感受是結合了哀傷和解脫的恩賜。對於這兩者的感受沒有必要覺得有罪惡感。

身體反應

體驗這些感受之後，失去親人通常會影響到我們的身體機能。假如你能預察以下的感覺：胃是空的、胸部緊縮、喉頭緊張、對噪音過於敏感、呼吸短促、肌肉無力、口乾舌燥或無精打采，當身體有這些情形時，就不會覺得那麼突兀或膽怯。

想法

在遭遇失去親人之狀況後，你也許有一些想法，而且假使你知道其他人經歷這些想法的頻率時，你可能會感到相當驚訝，這些想法包括了：

懷疑：懷疑出現在處理哀傷工作的第一階段。剛開始要接受失去親人的現實是很難的。

困惑：你也許會覺得困惑，而且發現要專注在某一個主題上是不容易的。讓自己喘口氣，不要預期自己的表現會達到正常的標準。

失神：你的思考可能幾乎完全地放在失去親人這件事上頭，希望回到過去的欲望中。失神常見於處理哀傷的工作的第二階段。

想像：你也許會想像在失去親人之前的情形，假裝自己回到過去或是你所失去的人仍在身旁。這類的想法是處理哀傷的工作第二階段的一部份。

行為

　　失去親人的經驗將影響數種日常行為。假如你能預察這些行為的改變，它們似乎就不會令人害怕或表現反常：

　　睡眠：在經歷失去親人之後，輾轉難眠是常見的。

　　飲食：飲食的型態常會受影響。有些人吃得更多；有些則胃口不佳。

　　社交退縮：一開始花點時間讓你一個人好好的想和感受這件事，獨處也許是有用的，傷心事過後，你就可以馬上驅使自己恢復社交活動。

　　做夢：夢見失去的人的影像是尋常的事。

　　活動力：你的活動力將可能經歷改變。你也許會覺得對很多事感到無精打采和興致缺缺，或許你會覺得浮躁不安，難以保持平靜。你可將活動力的改變視為是哀傷的正常反應之一。

　　哭泣：哭泣是失去親人的正常反應。假如你覺得在他人面前哭，會讓你覺得彆扭，那麼當你感到有表現哀傷的需求時，找出獨處的時間。

因應技巧2：把悲慟的經驗放開來

處理哀傷的工作的階段

　　研究失去親人和哀傷的專家已描繪出，當人們在經歷失去親友後想排除時，所經歷一連串的階段(Rando, 1984; Worden, 1982)。完成處理哀傷的工作的這些階段所需之時間，以及最後所能解決哀傷的程度是屬於個人的問題(Stroebe & Stroebe, 1991;

Wortman & Silver, 1987, 1989)。找出最適合你能逐漸克服哀傷的步調和類型。哀傷的階段如下：

震驚、懷疑、麻木：你覺得很茫然，難以接受這一失去親人之事實。你企圖否認它確實發生；你馬上關心的事是堵住痛苦的感受。

渴望和追根究底：你會問「爲什麼發生在我身上？」在你沒有能力扭轉失去親友的情勢時，你也許會覺得憤怒，你也許抱著一種不實際的期待，認爲事情會如同往常一樣，好像沒有發生過。

絕望和混亂：對於失去親人的眞實性會感到沮喪，而且認爲事情已沒有變得更好的希望。

接受和重新認識：最後，你放棄虛假的期望，並且接受失去親人是眞實的事。由於接受的結果，你開始擬定計畫，並且驅策自己繼續自己的人生。

全新的認同感：你讓自己適應不同於以往的生活方式，而且認清自己如何因爲哀傷這件事而成長。

視處理哀傷工作的階段爲你必須負責解決的任務是有用的。留意處理哀傷的工作的方法，可以增強你的內在控制感和自我效能感。去中斷正「發生」在你身上的哀傷階段是不適當的，因爲這將會引起你自覺被動和依賴，而且逐漸讓你不會把自己看成問題終結者。

因應技巧3：視處理哀傷的工作的階段為你必須負責的任務

處理哀傷工作的階段

　　既然你已了解失去親人之後的悲慟和處理哀傷的工作，就讓我們來看看你應負責的任務。當失去親人後你正感到哀傷的時候，必須完成以下四項任務(Worden, 1982)。

　　任務1接受失去親人的事實：你必須面對失去親人是千眞萬確的事，而且不能再回到過往的事實。這是個痛苦、不易做到且費時的事情。當你最終能讓傷痛隨風而逝時，你將感到自由和解脫，隨後你的心情就會覺得更輕鬆一些。當進行任務1時，要避免陷入二種不當的處境。第一，不要因爲看輕或否定失去親人的重要性而把自己孤立起來。生存在這世界上，就表示要允許自己也會有悲歡的經驗。第二，當你完全準備好要放棄會增強幻影的目標、計畫和欲望時，安排一個和朋友的約會吧！

　　任務2去感受痛苦和哀傷：先前已談到了要看開自己的悲慟經驗。由於你花時間去感受痛苦和悲傷的需求，你周圍的人會覺得困窘。有時要完成這個任務是困難的，這個時候是你必須在獨處和利用支持系統之間，去取得良好平衡的時刻。

　　任務3適應新生活：在失去親友之後，我們的生活會有所不同。沒有任何方法可以規避這事實。你的人生是由許多階段所構成的，你永遠不知道一個階段何時將結束，而另一新的階段又將開始。接受一個事實，即生活是需要你學習新技巧和適應新體驗的一個挑戰。

　　任務4延續你的人生：當你到達了任務4時，你已準備好接受此

時是繼續你人生的事實。這並不表示你遺忘了你失去親友的事實，你過去的經驗無論好壞，都有助於你成熟。繼續你的人生不代表背棄你過去的人與事，只是單純的意味著你已準備好開始一個全新的人生。

因應技巧4：花時間完成處理哀傷的工作的四個任務

把失去親友的事件融入你的生活體驗中

當你碰到親人離去時，我們心中首先產生的問題是「為什麼？」，因為我們想要相信我們是活在一個可預知和有意義的世界裡(Janoff-Bulman, 1989)，所以我們會問「為什麼會發生這件事？」。成功地因應失去親人的事件與尋找一個可接受的理由有很大的關係，因為許多失去親人的事件往往是突發的和意想不到的狀況下發生，所以這未必是一件容易處理的事。有些人有宗教上的信仰可以幫助他們找尋失去親人的解釋(McIntosh, Silver, & Wortman, 1993)；有些人則接受失去親友的不可預知性與哀傷，就像喜悅的不可預知性與幸福一樣，那是他們必須學會的生活現實。當人們一直在想假如他們做了什麼或不做什麼的話，那麼就不會使親人死亡的話，他們就會感到更加的痛苦。

一項針對近來失去父親或母親之大學生所做的調查，發現他們對人生在世是具有意義的信念已降低了(Schwartzberg & Janoff-Bulman, 1991)。甚至更引人注意的是對於他們雙親的死亡，只有一半的學生能找出令人滿意的答案。這個研究讓我們了解了兩個重要的課題。第一，因應失落的關鍵是去尋找可將失去親人之事件融入你整體人生經驗之方法。第二，無論你多麼的年輕，你都必須對生命中無可避免會遭遇失去親友的經歷有所準備。

在汽車意外中喪失愛人的人，或由於嬰兒猝死症候群而失去孩子的人，接受了有關他們如何因應失去親友事件的訪問(C. G. Davis, Lehman, Wortman, Silver, & Thompson, 1995)。總體來說，假如人們花許多時間在思考如何事先防範的話，他們會承受更多失去親友的痛苦。失去親人之後，著眼於「假如怎麼樣」的想法，會產生對發生的事物獲得控制的感覺。遺憾的是，由於親友之喪失是不可挽回的，你藉由重新思考來獲取控制感的做法只是個幻想。當心中夾雜著罪惡感而一心一意鑽牛角尖，想努力「不」失去親人時，只會使情況變得更糟。跳脫這個陷阱的方法就是對你無法改變的事發展出一種接受的態度(Persons, 1995)。事實上，不會一心一意爲寶寶的猝死尋找理由的父母所承受的壓力，通常比仍在尋找解釋的父母承受較少的壓力(Downey, Silver, & Wartman, 1990)。接受失去親人之事實並不容易，而且需要勇氣與成熟的態度去面對。也許你可以銘記Reinhold Niebuhr「靜謐的禱告者」中的一段話來獲得啓示（參閱第五章，Bartlett, 1982）：「神啊！請賜給我們雅量，讓我們從容地接受無法改變的事情；請賜給我們勇氣，讓我們改變應該改變的事情，並請賜給我們智慧，讓我們區別前者和後者的差異」。

因應技巧5：將失去親友的事件融入你的生活體驗

控制強迫性想法

在第五章你學過了一個因應沮喪的有用技巧－即藉著一直忙碌來控制強迫性思考。相同的原理，對於因應失去親友之事件，這個技巧亦適用。在哀傷這段期間，有一件事是重要的，就是不讓自己花太多時間沈溺在不悅的感覺中。一項針對最近有失去親

人的人所做的調查，發現幾乎所有的人都會有某種程度沈溺在失去親人的事件中(Nolen-Hoeksema, Parker, & Larson, 1994)。他們會不厭其煩地對自己說下列的話：

「為什麼它一定要發生？」
「我永遠無法擺脫這事件」
「為什麼對我這般的殘酷？」
「我也許會被學校退學或失去我的工作」
「我似乎不能控制自己」

在這些敘述中表現出的這種感受是可以理解的，而且人們在喪失親人之後，會有這些感受並不足為奇。然而，當經歷失去親人的人心裡老是存著這幾種想法，而且不能採用保持忙碌的建議來分散注意力。第五章保持忙碌的建議是相當能用在遭逢失去親人的人的身上。另一個減少陷入沈溺在不悅感受的方法，是得到支持者的協助來轉移注意力。支持者鼓勵哀傷者談論他（她）的沮喪感受，並無特別的有幫助，反而會助長痛失親友的人陷入更深的哀痛；再者，傾聽哀痛的想法對支持者來說的確是個負擔。支持者安慰、體諒和鼓勵痛失親屬者在一溫和且不批判的態度下繼續他（她）的人生，才是最有幫助的。

因應技巧6：控制鑽牛角尖的想法

無法化解的哀傷

有許多因素讓人發覺碰到失去親人後難以完成處理哀傷的工作。首先，人們傾向於逃避承受處理哀傷的工作上所無法避免的

痛苦和艱辛；此外，我們常會念念不忘已故的人。然而，人懷著無法化解的哀傷，常會一直感到痛苦，因為在他們能夠繼續他們的人生之前，仍有尚未完成的事務必須處理。無法化解之哀傷有以下的徵兆(Rando, 1984)：

◇過度活躍毫無失去親人的感覺。
◇身心症或內科疾病惡化。
◇與朋友和親屬之關係有所改變。
◇對與失去親人事件有關的人產生敵意。
◇社交退縮。
◇沮喪、緊張、激動、失眠。
◇沒有自我照顧的習慣。
◇即使失去親人的事已經過數年，卻有最近才發生的感覺。
◇罪惡感和自責。

無法化解的哀傷有六種類型(Rando, 1984)：

缺乏哀傷：完全缺乏哀傷感和悲慟感，彷彿失去親友這事件從未發生過。這個人不是處於震驚，就是處於完全地否認的狀態中。

受抑制的哀傷：對當事人來說，可能哀傷死亡親人某些點滴事情。然而，這哀傷者總是被保護著，而且從未成功地走完處理哀傷工作的所有階段。

遲來的哀傷：延遲了一段很長的時間才出現處理哀傷的工作。在當事人的生活中，當失去親人的事經過多年之後，另一個失落和壓力性事件觸動了遲來的哀傷反應。在這狀況下，當事人不是能夠完成處理哀傷的工作，就是再次逃避而讓哀傷仍然無法化解。

衝突的哀傷：這是種某些情緒把一個人的生活帶往無止盡處理哀傷的工作，而出現反覆無常的反應。譬如，一個人因為未從適

當的角度看這件事。也許把他（她）的所有精力用在憤怒或內疚上，而這份憤怒和內疚變成了當事人生活的一部份。

長期的哀傷：當事人坦然地面對失去親人這事件，但從未開始處理哀傷的工作。悲慟和哀傷無限期地延續到這個人可能出現異常反應的程度，如沮喪、驚慌和完全退縮狀態。

無法預料的哀傷：當親友的喪失是災難性，而且突發的狀況時，便可能產生這種反應。這傷害性的反應是非常的猛烈，以至於當事人難以著手處理哀傷的工作的任務。在此情況下的當事人需要支持。抱著足夠的時間和勇氣，處理哀傷的工作將於焉展開。

縮短哀傷是個處理哀傷的工作的短期形式。有時會對無法化解哀傷有誤解，因為它比許多哀傷反應發生的更快。通常當一個人有時間對失去親人之事件作準備，而且在事件發生前，大部份的處理哀傷的工作已經完成，就可以縮短悲傷。

被剝奪的哀傷

被剝奪的哀傷是指當事人在遇到親人死亡之時，其哀傷卻不能公開承認、公然悲慟或接受社會支持(Doka, 1989)。

有些被剝奪的哀傷實例如下：

同性戀人之死亡：當同性戀者不被他們自己的家人或其愛人的家人所接受時，他們也許會發覺哀悼愛人的死亡是不容易的。假如其愛人是死於愛滋病，那麼源對於這疾病的恐懼和恥辱，使得他要哀悼死者會更加的困難。

已離婚配偶之死亡：已離婚配偶之死亡伴隨著許多矛盾情感，常包括了無法化解的憤怒與傷害、情深的記憶和愛意，以及與配偶的家人不和諧等，這些情況會使當事人無法抒解對配偶死亡之

哀愁。

　　胎兒之死亡：我們對哀悼胎兒的死亡常常是不知所措。假如死亡發生於醫院，護士和醫生會給予些許的支持。除此之外，朋友和家人也許不把這胎兒視爲一眞實的人，需要正式告別的儀式。假如這位母親當初對這個胎兒有著憂喜交錯的情感，那麼她必須解決內疚與悲哀的衝突感受。

　　遭遇失去親友的孩童：孩童常由於被帶離適合他們文化的儀式，使他們無法面對失去親人的事實。成人也許有「保護」孩童免於悲哀和哀傷的善意，然而，由於失去親人是無法避免的，因此，首先教導孩童如何處理這些事件會比較有幫助。

　　了解失去親人是你生活經驗中的一部份是重要的，利用任何對你有意義的儀式去尋求抒解。當因應被剝奪的哀傷時，支持團體是非常有幫助的。

因應技巧7：　了解處理無法化解和被剝奪的哀傷時之必要性

哀傷工作處理成功的三大影響因素

　　哀傷工作處理成功的三大影響因素爲你和逝者之間關係的本質、失去親人的突發狀況和你的支持系統之強度(Wortman & Silver, 1987)。

　　關係的本質：當你與逝者的關係曖昧不明時，較難從失去親人的情緒中復原。曖昧關係是那些未解決的承諾和信任的問題。在關係中有「未完成的事務」時，會引起受傷、憤怒、敵意和內疚

的感受。然而，當這個人逝去時，這些感受常會更強烈，尤其你非常依賴此人時，很難從此事件中復原。也許你覺得有股強烈的欲望想要「緊抱不放」，並且覺得自己有無助感，因為那個人可以滿足你許多的要求。

　　失去親人的突發性：假如你有時間對失去親人這件事有所準備，那麼是比較容易從此事件中復原。當失去親人之事件是可預知的時候，許多處理哀傷的工作在親友逝世前就能被完成了。突發的失去親友具有傷害性，因為它們使我們想起這世界不可預知的本質。

　　支持系統：一個良好的支持系統對於從失去親人中恢復過來是非常的有幫助。誠如你在第三章所學的，一個支持系統能夠提供呵護和增強你的自我價值感、信任感和生活的方向感。

尋找死亡的意義

　　當死亡有某種意義時，要因應死亡便容易多了。有些文化是「接受死亡」(Rando, 1984)，並視死亡為生命週期中不可避免且自然的一部份。這些文化中的人將死亡和臨終融入日常生活中；也有些文化是「抗拒死亡」，這些文化的人們相信來世，而且在人們離開世界之後會有宗教儀式為逝者的新生命做準備。也有文化是「否定死亡」，這些文化對於面對死亡的事實和必然性抱著拒絕的態度。對於生活在否定死亡文化的人，無法從死亡中化解的悲哀最容易受傷的，這或許是正確的，因為他們對於死亡的意義沒有答案(Becker, 1973; Schoenberg, 1980)。《面對死亡》(R. Kavanaugh, 1974)和《生死一線間》(Kubler-Ross, 1969)這兩本重要的書皆指出了對死亡逆來順受的重要性。的確，一旦你接受了死亡的必然性，就有可能明瞭它的一些助益，誠如(Koestenbaum, 1976)：

◇死亡可幫助我們體驗人生。

◇死亡提出了相反的論點來評斷生存。

◇死亡使得勇氣和正直更有意義，讓我們有效地表達我們的信念。

◇死亡賦予我們做重大決定的力量。

◇死亡顯示了在我們生活中親密關係的重要性。

◇死亡幫助我們回溯生命的意義，尤其對年長者更有用。

◇死亡可顯出超越自我成就的重要性。

◇死亡可讓我們看到自己的成就有其重要性。

不論你是仰賴你的文化、你的宗教或者你的個人哲學，將死亡當作你人生體驗中有意義的部份都是重要的。

因應技巧8：尋找死亡的意義

完成處理哀傷的工作的個人計畫

在本小節中，我將略述為完成處理哀傷的工作所做的個人計畫(D. J. Kavanagh, 1990)。就像所有的個人計畫一樣，每一步驟必須個別處理，以適合你自己的需求。你可以和某位治療專家、一個團體或者和其他的支持人士合作，來慢慢地完成以下的步驟。

哀傷工作處理上的感知是一種儀式

當你遭遇親友之喪失時，為了讓自己接受它的真實性和為了繼續自己的生活，你的挑戰就是尋找在這個事件中的意義。在失去親人的事件上欲達到一個合理的終止觀念，常是透過宗教儀式而完成的(Imber-Black, 1991)。大部份的文化都有某種儀式典禮用

來表示亡者的逝去(McGoldrick et al., 1991)。在某些文化中，這些儀典是哀傷和令人悲慟的；在另一些文化中，他們則呈現懷念和慶祝的熱鬧景象。重點在於你必須做「一些事」來當做你的儀式，好讓你能夠把它融入你的人生體驗中。

認識你的技巧

在危急存亡之際，你應該做的首要之事，就是評估你的能力和技巧，對自己說：「在這種情況下，我如何善用我的能力和技巧？」，此外，想想有什麼額外的技巧，可能有助於你將這危機扭轉成具建設性的生活體驗。

面對你失去親人的情緒

失去親人常會引起不愉快的情緒反應。然而，以逃避方式（參閱第一章）來處理哀傷對你是最不利的，而克服不愉快情緒方法就是讓自己「身歷其境」(Callahan & Burnette, 1989; Kavanagh, 1990; Mawson, Marks, Ramm, & Stern, 1981)。藉由感受它們來面對你的情緒。哀傷者最好去「接觸」可提醒他們已離去之人的物品、場所和其他暗示。依據你的喜好，你可以緩慢地（引導式接觸）或很快的面對之。來自他人的支持與保護對你面對失去親人之情緒，也是有幫助的。

找尋有意義的活動

對於讓自己轉移沮喪的沈思，保持忙碌是個有用的技巧。把你的精力集中在有意義的活動上，也可讓你有機會克服因失去親人所導致的生活混亂。以下是一些隨著失去親人所導致的負面結果的例子(Lehman et al., 1993)：

◇目標中斷
◇與他人疏離
◇對人生抱著悲觀的態度
◇對未來缺乏興趣

◇喪失宗教忠誠度

失去親人之後，參加有意義的活動能夠幫助你從紛亂的生活中跳出來，以及幫助你重建人生的希望和目的。

採取建設性思考

當你逐漸克服失去親人的情緒時，利用第三章提到的「說服自己克服挑戰」的技巧，以及利用第二章所描述的「健康思考」之技巧。

獲得支持人士的協助

當執行哀傷工作處理時，發展和利用支持系統是十分明智的（見第三章）。

控制藥物和酒精的濫用

有些人在哀傷和哀痛之際，有濫用藥物和酗酒的傾向。鼓勵（或強迫）自己以自我放鬆和運動（見第三章）等較健康的因應反應取代之。

因應技巧9：完成處理哀傷的工作的個人計畫

克服分居或離婚

幾乎每個人本身或透過有親密關係的朋友，都會觸及離婚的問題。離婚是個不愉快的經驗，且它迫使人們對他們的生活作一重大調整。在離婚期間所需的「心理調適」包括了：因應寂寞、尋找新的人生意義、因應憤怒、因應內疚和低自尊，以及尋找新的戀情和呵護的來源。因離婚所需之「策略調整」包括：尋找新的生活型態、增進財務的穩定性和應付單親家庭的職責。因離婚

免不了許多大幅調整，難怪離婚是個如此有壓力的經驗。

離婚經歷的四階段

人們從開始要離婚到完成離婚手續，會經過四個典型的階段
(Kressel, 1986)：

決定前期：這是在一個婚姻中當雙方開始覺得不滿意的時期。
他們都知道事情不對勁，彼此的關係變得很緊張。夫妻雙方也許
會爭吵或者彼此逃避；也許他們會去尋求諮商。很明顯地在此階
段可以知道婚姻出了問題，而且必須採取具建設性的措施。

決定期：在這階段中，雙方決定是否要經由諮商來拯救他們的
婚姻，或者是放棄這段關係而解除婚姻。這期間是令人難熬的，
因為沒有一個決定是萬無一失的。所有的決定都是痛苦的，而且
需要特別的努力與調適。一旦做成了決定，則會產生解脫的感
覺，但面對不確定的未來，焦慮也會隨之而來。

磋商期：磋商通常是由治療專家、協調者和律師所引導的協
助。一對尋求諮商及拯救他們婚姻的夫妻，可以訂定一個契約，
略述他們的治療工作之情況，以決定離婚之夫妻必須公平劃分財
務和養育子女上的職責。

調和期：離婚後的調和是難以達成的。罪惡感、寂寞和憤怒是
存在於兩人之間顯著的屏障。任何一方都必須學會因應這些感
受，以利於繼續他（她）的人生，並以一圓熟和機敏的態度來處
理財務和安頓養育子女的問題。

悲慟的過程

悲慟、離婚同樣意味著悲慟一位親友之失去。經歷這悲慟的
過程進而達到和諧的狀態是有必要的。

使用良好的因應技巧

對因應分居或離婚有最佳心理準備者，他們通常具有下列特

徵(Brehm, 1987)：他們有獨立的收入來源；他們知道如何從事生活中的日常工作（煮飯、付帳、汽車和居家的保養等等）；他們有一個與他們配偶無關的社會支持系統；他們知道如何享受獨處，以及他們有足夠的適應性可以適應新環境。

　　結合第三章所提及的問題解決技巧，來討論因應分居與離婚的策略是個很好的開頭。首先，製作你面臨的挑戰一覽表，如此你才能周密地擬定最佳的行動方針。你也許會有以下的挑戰：

　　◇評估你對這段關係的滿意度。
　　◇決定你能夠採取的主動措施去面對此問題。
　　◇認識與處理悲哀、哀傷、寂寞和憤怒等感受。
　　◇周密地擬定一個計畫來維持你的財務狀況。
　　◇學習如何獨立生活。
　　◇尋找接受情感的支持與呵護的方法。
　　◇維持自尊與能力感。
　　◇尋找有意義的活動幫助你繼續你的人生。

　　利用你的問題解決技巧去找到良好的行動方針，以及考慮在第三章所討論的其他因應技巧。實行第二章所描述的理性思考及自我效能之技巧。本書其他章節也提出有關如何因應由離婚所引起的特殊感受，如因應寂寞、失敗、焦慮、沮喪和憤怒等之建議。

學習如何忘卻過去

　　當你失去某人時，最難完成的任務之一就是不再眷戀著那個人。在本小節中，我將討論若干有關如何忘卻過往，以及在某人離開你後繼續你的人生之建議。

接受你不能擁有這個人的事實

當你失去了某個特別的人時，你會感到憤怒和氣餒，因為這似乎是不公平的。畢竟，沒有人問你對那個人從你生命中消失是否無所謂。我們時常難以接受人際關係是人生的恩惠而不是權利的事實，放棄和你有親密關係的人的欲望是不容易的，因為我們真的希望我們能夠操控這個關係的結果。然而，當你放棄你的所有權之需求時，你將會從沈重的負擔中解脫出來。操縱生命中你應負責的任務是十分艱難的，所以別讓自己陷入非你能控制的事件於無勝算的情境中。

自迷戀中掙脫

(Wanderer & Cabot, 1978)。當那個人離開了，我們就會不知所措，因為我們有著孤注一擲的心態。當那位特別的人離去時，要如何才能取代那些美好的事呢？以下有兩個步驟可遵循：

冷靜：記住，你所得到的喜悅是生活的恩惠不是權利。試著不要強求馬上滿足你所有的欲望。沒有一條法律聲明每當你想要有呵護、照料和性行為時，你就應該擁有它們。這是個無情的事實，但假如你對你的需要、要求和期望有正確的看法，那麼你失去親人的初級評估將會更客觀。

取代失去的呵護感：利用你的支持系統，和你認識的人交換擁抱與體貼的話；開拓新的人際關係。但是切記，為了呵護感而訂定的婚約不能保證立即讓你心情更愉快。因為你已習慣了前夫（妻）的行事風格和方法後，很難被他人取代，所以把自己看成了解克服迷戀是艱困工作的人是件重要的事情。因而你了解到你的需求沒有馬上得到滿足，你也能活得下去。

理性的思考

失去親人的經驗時常引發不切實際與非理性的想法。你也許覺得失去親友是不公平的。假如你要控制每一件發生在你身上的事情，你可能會覺得憤怒、挫敗和嫉妒，也可能告訴自己人生已

不值得再繼續下去了。此時，就是回顧在第二章所提及Albert
Ellis理性情感治療法的內容的時候了。其大意是從你的需求和期
待，去分析你選擇要去體驗的情緒。假如你認定有些情緒是對你
有利的，你可以用下列的技巧控制你的思考：

中止想法：在你的手腕上戴上橡皮圈，以及每當你開始思考不
切實際、非理性或不適當的想法時，你就拉起橡皮圈彈向手臂，
發出「啪」的一聲，並告訴自己「停止這些想法！」。以下是我們
遭遇失去親人後，典型的非理性想法：

「我將永遠獨自一人」
「現在我的人生毫無價值」
「我年紀太大了，以至於無法重新開始」
「真是不公平」
「要是我做了不同的事，那該多好」

當你開始以必定會讓你消沈的方式思考時，中止想法的目的
在立即發覺自己的錯誤。學會用下列更實際且理性的想法來取代
之：

「我現在覺得很孤單，我不喜歡如此」
「此刻我並未享受我的人生」
「現在我的生活將會有所不同，失去親人雖不好玩，但確是生
　活的一部份」
「我不能控制他人的生命」

誠如你所見，中止想法後，你想要的合理想法，並非朝向讓
每一件事都樂觀且有希望。其實在失去親友後，告訴自己每一件
事都很好，根本就是荒謬的。理性思考的目的就是運用你情感上
的力量，去體驗合理的不悅感受。換言之，不要因為產生不實際

的生活需求而增加你的痛苦。

刺激控制：假如你覺得在你的處理哀傷的工作中就是必須做非理性思考，那麼請使用刺激控制的技巧。尋找一處特別的地點專門來進行非理性思考，然後，當你要到這選定的場所做思考非理性想法時，列出每天特定的時間表。此時，你的任務就是集中注意力在讓你痛苦的需求和期望上。然而，你只能允許自己在排定的時間和地點內，做這些非理性的想法。在時間表以外的時間，你必須嚴格地停止這些想法。

採取一個平衡的看法：人們對已失去的人都有誇大之傾向。你也許只著眼在你所懷念這個人所有的好事，卻忘了他或她也有缺點。緬懷我們親近的人最好的那一面是令人感動的；然而，你必須謹慎的不要因為說服自己他是如此完美和絕然美好，以致於你失去了他就無法生存，而過分擴大你的痛苦。有個好建議就是製作「不良行為表」，列出這個人的缺點(Wanderer & Cabot, 1978)。你必須了解，雖然你思念這個人很合理，但你的生活仍然值得你過下去。

最後的告別

這裡有個表現你最後告別的好方法(Wanderer & Cabot, 1978)。即收集有關你所失去的人的所有信件、相片和其他物品。在完成處理哀傷的工作的第一階段時，人們時常藏匿這些東西，因為心理太過於哀痛而不願看見它們。之後，當你準備好接受這失去親人這件事，繼續你的人生時，再取出這些東西做為最後的告別，這一天就稱為你的「驚爆日」，因為這些物品必然會激起你強烈的情感。此時，在你處理哀傷的工作中，你已處於準備好控制合理的悲哀感受的階段，因為你已成功地平息了你不切實際的需求和期望。當你的驚爆日結束時，保存這些物品或以你認為適宜的方法處理它們。雖然你將永遠銘記失去的人，但現在是展開新生活的時刻了。

因應技巧10：學習如何忘卻過去

認識你的特質

悲慟失去親人是個人的經驗，然而，瞭解你使用來因應失去親人需求的方法是很重要的。在本章稍早所提及的處理哀傷的工作之階段與任務，可提供一個架構，以幫助你瞭解在失去親人的經歷將有賴於你的特質來處理(Stroebe & Stroebe, 1991)。為了瞭解這個論點，我們來看三個因應失去親人的迷思，並以正確看法和它們的比較(Wortman & Silver, 1987, 1989)：

迷思1：苦惱與沮喪是不可避免。
迷思2：人們都必須經歷相同的階段來因應喪失親友。
迷思3：失去親人之事件能被完全地解決。

苦惱與沮喪並非不可避免

雖然以苦惱和沮喪的情緒來反應喪失親友的確常見，但這些反應並非必然的。你可以沈著面對失去親人這事件，並可以對你自己和你的人生保持正面情緒，但記住，在失去親人的時候，沒有體驗到苦惱與沮喪，未必暗示你有什麼不對勁。此外，在你能以一滿意的方法因應失去親人之前，未必一定會體驗苦惱與沮喪。

人們以他們自己的方法因應失去親人之事件

在這裡所提到處理哀傷的工作的不同階段是有用的，因為它們為因應哀傷的人們提供了各種可能性。然而，人們卻必然會以自己的方法來因應親友之喪失。瞭解和辨識這個特質是重要的。強迫正在因應哀傷的人遵守一個他們必須循序完成的「時間表」

是種傷害。許多失去親人而感到痛苦的人，已經因為其他人對他們沒有耐性而受到傷害，因為他們沒有用「適當的方法」來克服他們的哀傷(Wortman, Carnelley, Lehman, Davis & Exline, 1995)。因應失去親人是具創意的過程，透過這個過程，哀傷者（獲得他人非批評式支持）能擬定出一個周密的方法，將失去親人這事件融入到他們的生活中。

有些失去親人事件無法完全解決

有個錯誤的假設，那就是你可以完全地解決所有喪失親友之痛。排解喪失親友之痛到足以繼續你的生活是重要的，但也許我們的失落仍然不時地影響我們。在失去親人這件事發生多年之後，會做夢、會回憶和會有帶來哀傷情緒的聯想，並不稀奇。這些昨日重現的狀況不應被視為懦弱的象徵。以較廣泛的角度來看，悲慟喪失親友意指學習將你的複雜情感融入到充滿挑戰和學習經驗的生活中。

因應技巧11：認識你的個別性

如何提供支持

瞭解如何提供支持可讓我們幫助其他遭遇失去親人的人，如此我們可從失去親友的人身上滿足自身同樣的需求。研究人員與遭受壓力性失去親人的人會談後所得到的結果，提供以下有關的建議(Lehman, Ellard, & Wortman, 1986)：

有益的反應：表現衷心的照顧和關心，允許哀傷者抒發情感，有需要時，隨時在身邊，以及提供活動的機會。

無益的反應：提出忠告，鼓勵他從正面來看事情，干擾哀傷者

的生活和看輕哀傷者失去親友的重要性。接受調查的應答者說他們最大的安慰是來自良好的聽眾，允許他們表達其情感的人，表達衷心關懷，以及在需要之時可隨時有依靠的支持人士，也是有益的。哀傷的應答者也能從與其他承受相似經驗的人在一起，而得到安慰。

不被感激的反應，包括了輕視哀傷者對失去親人感受的表達、提出忠告，以及鼓勵看人生光明面是弊多於利。應答者說他們需要時間讓自己來解決事情，他們覺得關心和支持很有價值，但是對於那些試著以否定他們感受的方法來迫使他們行動的人感到氣憤。

為什麼人們會淡化彼此的苦惱呢？(Lazarus, 1984b)。主要的原因是當那些親近我們的人承受痛苦時，就會變成負擔，我們比較希望他們心情平靜而比較不願他們依賴我們的支持。淡化問題就是它助長錯誤期待，認為只要少許的正面思考就會讓每一件事變得更好。發展自我效能和內在控制感才是有價值的因應技巧。然而，這並不意味著人們應否定他們的痛苦。在第十三章將再次討論使人們的苦惱變得微不足道的負面影響，我們將討論對癌症病人有益與無益的反應。重點就是我們在努力的因應我們失去親人這事件與哀傷的同時，也重視來自他人的支持，但最重要的是，我們都期待他人認真地對待我們。

因應技巧12：了解如何提供支持

獲得支持

當獲得支持時，承受失去親人痛苦的人們會面臨一個諷刺的

挑戰。一方面，在失去親人後，他人期待我們表現哀傷；另一方面，他人對這種哀傷的表現也覺得困窘。因此，雖然人們在哀傷時想要仰賴他人的支持，但他們也必須提出保證不會太過於仰賴任何特定人士。哀傷者有必要對可能的支持者說：「的確，我很痛苦，但我會利用人的支持，不過我也能因應之，並且不會崩潰」(Silver, Wortman, & Crofton, 1990)。我們只能盼望這個信息能成為自我實現的預言。

因應技巧13：了解如何獲得支持

因應失去親人技巧之一覽表

◇因應技巧1：接受失去親人為處理哀傷工作上有價值的事。

◇因應技巧2：把悲慟的經驗放開來。

◇因應技巧3：視處理哀傷的工作的階段為你必須負責的任務。

◇因應技巧4：花時間完成處理哀傷的工作的四個任務。

◇因應技巧5：將失去親友的事件融入你的生活體驗中。

◇因應技巧6：控制鑽牛角尖的想法。

◇因應技巧7：瞭解處理無法化解和被剝奪的哀傷之必要性。

◇因應技巧8：尋找死亡的意義。

◇因應技巧9：逐漸完成處理哀傷的工作的個人計畫。

◇因應技巧10：學習如何忘卻過往。

◇因應技巧11：認識你的個別性。

◇因應技巧12：了解如何提供支持。

◇因應技巧13：了解如何獲得支持。

第11章 因應衰老之對策

我敢打賭年輕的讀者沒什麼興趣閱讀本章內容，因為他們心想：「這與我何干？」。對這些人而言，衰老並不值得擔憂，因為他們始終不能了解自己會漸漸老化；另有一些人覺得衰老是令人心情沈重的話題。就讓我來闡明二個事實：第一，你將會衰老，以及衰老未必令人沮喪。縱使你覺得本章與你毫無關係，本章的內容仍有助於你了解你的雙親、你的祖父母和其他與你接觸的年長者。

衰老是個會影響每個人的生活事件。整個人類歷史文化中，所有的人一定都脫離不了衰老的事實和死亡的必然性。衰老的初級評估告訴我們，衰老是個我們也許未必喜歡，但必須接受的過程。針對這個事實，我們希望我們的次級評估最終能有助於大部份衰老經驗的因應反應。

在本章我著重在維持老年期的自尊與自我效能的技巧上。這些技巧尤其適切於這種時常承受屈辱與缺乏支援的年長者。

心理學家爲何要研究衰老現象

對所有人來說，衰老代表挑戰與調適，因而我們會想要盡可能地了解它的過程乃是理所當然的。有趣的是，心理學家在近20年內將老人病學發展爲一個主要的研究主題。心理學家如此地奉獻心力研究衰老現象，乃基於社會中大多數人對於日益變老缺乏心理準備。發展這個研究範疇的另一個理由是，美國(及全世界)老年人口正持續增加。西元1900年，美國超過65歲以上的人口只佔4%，但在西年1970年，已達10%，到了西元2000年，估計所有美國人口有13%是超過65歲的高齡人口，而在西元2030年預計這百分比會達到20%(H. G. Cox, 1988)。

因爲老年人口已逐漸成爲人口中一大比例，所以他們須從社會獲得力量和影響，以確保他們能受到更好的待遇。

衰老的二個挑戰

老化帶來二個主要的挑戰。第一是身體上的，這是我們的身體逐漸老化時，必然會發生的退化現象。第二個挑戰是心理上的，其乃導因於欲擺脫老年之屈辱，以及維持自尊心、掌握力和能力的需要。在本章我將會討論這兩大挑戰。

衰老的身體挑戰

一般老年人常見的臨床疾病問題如下(Libow, 1977)：

關節炎：這是種無法治癒的常見慢性病。

骨骼：老年人的骨質較脆弱，而且較容易骨折(請醫師給予飲食和運動上的建議)。

腸胃：在晚年，常見便祕和如廁的規律性會改變(請醫師給予飲食建議，包括水份及其他含纖維之食物)。

乳房：乳癌與女性極為相關(應定期做乳房的自我檢查)。

眼睛：白內障為普遍但容易治療的眼疾。大部份年長者也會患有遠視的問題。

心臟：常是動脈硬化症、心臟病發、心臟衰竭，以及其他類似的問題(在年輕時遵守良好的衛生保健法則是很重要的，如不抽煙、適當的飲食和規律的運動)。

行動：行動能力會衰退且步行日益困難。

前列腺：前列腺問題常見於老年男性(應做定期健康檢查)。

中風：這是老年人被安置在療養院最常見之理由(請教醫師有關健康預防之道)。

雖然大部份的老年人多少都有上述的問題，但每個人衰老的快慢程度差異很大。

在一項針對老年人的調查中，發現他們回答遭遇了下列身體

上的挑戰(H. G. Cox, Sekhon, & Norman, 1978)：上下樓梯者佔40%；洗滌物品和沐浴者佔20%；打掃房間者佔30%；洗衣服者佔30%；使用電話者佔35%；穿衣者佔15%以及烹調佔19%。這些身體上的退化現象是令人不愉快的，但老年人可藉由相信他們能與大部份同年齡的人做得一樣好，或更好來因應這些身體老化上的挑戰(Heidrich & Ryff, 1993a, 1993b)。

雖然老年人遭遇了老化的問題，但值得一提的是這些障礙並不像年輕人所想的那樣糟。一個由Louis Harris 和他同仁(1975)所做的民意調查中，比較美國年輕人及年長者，對於老年人遭受諸如：害怕犯罪行為、舒適的住家和衣物、醫療保健及社會支援等問題的意見。有個有趣的發現即，年輕一輩評估老年人因這些問題而受苦的人數，遠超過老年人實際報告的人數，值得注意的是在一項全國性的調查中，年紀在65~85歲之間的人，認為他們自己比任何年齡層的人快樂多了(C. H. Russell, 1989)。在同一份調查中，老年人說他們比中年人及青少年較少受到寂寞與財務上的困難，而老年人一般也對他們現在的健康狀況感到滿意。調查中有超過80%的老年人同意下列的說法(Harris & Associates, 1981)：

◇當我回顧我的人生，我覺得相當的滿足。
◇比較其他與我同齡的人，我仍有美好的風采。
◇我已從生活中獲得相當多我所期望的事物。

我們似乎畏懼年華老去，並且預料它將比實際的情形更糟。

雖說在調查中的老年人指出他們常以正面的態度來看待他們的生活，但我們大部份的人對老化所懷抱的擔憂與負面的認知，卻會導致負面的自我實現預言。假如你「預期」衰老是負面和痛苦的，那麼無疑便會變成那樣；假如你「預期」老年人是行動緩慢、健忘和無能力的人，那麼當上了年紀時，你就最有可能變成這樣。本章的目的在於當你逐漸年老時，能增強你的選擇自由。假如你保有彈性，並了解就算衰老也是有建設性的展望，你就不

會註定「走過全盛期」，以及陷入晚年逐漸失去希望的情況中 (Lauger et al., 1988; Piper & Langer, 1987)。

因應技巧1：讓衰老成為一正向自我實現的體驗

能勝任的喜悅

觀察玩耍中的孩童是個新鮮有趣的體驗。孩童熱愛探索，喜歡試驗各種物體來知道它們是如何運作的。假如他們第一次企圖創造某樣東西沒有成功，他們仍不改其好奇心，並且不易放棄。孩童與他們的世界互動情景，即是Rebert W. White (1959)所描述「能力激發」的一個深切例子。White 促使大家注意人們想要對環境產生影響、真正去影響環境，以及獲得「成為造物主的喜悅」的天生慾望。

當孩童長大成人時，許多在他們年少時做過的事和學過的技巧就會變成自然反應。譬如，一旦你學會了騎腳踏車、自己穿衣服或自己用餐，你對它們不必有太多的思考就可以做這些活動。我們花少許的精力就可完成許多日常生活中的例行工作，但不同於童年的是成人必須用心去做每一件事。對於生活在這複雜社會的成人來說，在日常例行活動的自然反應有實際存在的優點，因為它預留了精力來克服生活中的新挑戰。對於滿足能力的需求和助長自我效能感來說，克服這些挑戰是很好的機會。

大部份的人在整個成年期都能夠經由其工作、家庭、嗜好和社交活動，對他們的生活和周遭環境會體驗到令人滿意的影響力。當人們漸漸變老，到達退休的年紀時，就會有許多事情出現，逐漸減損他們表現出有能力的機會。首先，便是老年的烙印。在美國社會中，人們的刻板印象常視老年人為健忘和較無法

做事的人。老年人面臨的第二個生活挑戰是退休，因為退休剝奪了他已運用一輩子的能力資財。通常老年人身為家庭(家族)長老的喜悅也會被卸下。這些生活挑戰是有傷害性的，因它們剝奪了老年人表現社交能力的主要機會。老年人必須維持個人的關係，在此關係中他們的投入要被視為有價值的的，否則他們可能會變得孤立，並且發展出看起來怪異或畸形的交往型態(Hansson, 1989)。

第三個逐漸減損老年人能力之因素是發生於體能、聽力和視力上的減退。由於老年的烙印和人們對他們的刻板印象、被迫退休和身體的衰弱等狀況，老年人常會失去獲得能力感和自我效能感的目標與挑戰。在許多情形下，老年人的生活是一直走向過渡學習，這是早年以前就已熟練的自然反應活動。在過去過度學習具有實用的目的，但現在它卻是種傷害，因為它會帶給老年人錯誤的無能力感。當一個人的人生就只是日常例行公事時，那麼人生就沒有什麼樂趣可言了。

老年的烙印

在許多社會裡，老年人擁有崇高的自尊，他們因被尊為家族領袖，而且其智慧也受到肯定。可是，在美國的社會卻不是這樣的情形。老年人在電影電視上都被描寫成愚蠢、滑稽和健忘的(Greenberg, Korzenny, & Atkin, 1979)。孩童學會取笑老年人，以負面的觀點來看他們。當我們愈來愈老時(且我們都會變老)，必須將我們的心力投注在維持我們的尊嚴和自尊上。在朝此目標努力之時，我們也能為一些組織效勞，如灰豹(Gray Panthers)，它是為了向老年歧視宣戰而設立的團體。

因應技巧2：維持威嚴和自尊

　　一個與老年有關令人質疑的烙印是老化被隱喻為健康不佳和全面的衰退(Newquist, 1985)。當人抱持這種態度來看待衰老時，他們就容易受到負面自我實現預言的影響。假如你認為你的生活會在衰老時走下坡，那麼你的信念也許就非常容易實現了。你將可能會變得非常執著於內外身心的疼痛，而你將會因你的人生不再有價值的事實，而在每天早上帶著壓力和焦慮醒來。你身旁的人將接到你所傳達的信息，開始把你當成一無可取的人。除了不接受把老化隱喻成「衰退」之外，亦值得深思如何稱呼老年人。「老人」這個字眼有許多負面的含意。因此我們需要一個不同的字來認定人生經驗已長達一段時間的人(Perdue & Grutman, 1970)，「老年人」這個名詞也許頗為恰當。對有些文化來說，「長輩」是用來傳達社會對中年長者的尊敬。

　　另一個老年的烙印所引起的問題是慢性病的問題，老年人常不願去尋求醫療照護，因為他們擔心不會受到認真的照顧。家庭成員和朋友藉由督促他們放輕鬆，並且不鼓勵他們處理自己的事來做為抱怨老年人的回應。然而，對老年人而言，此時是他們使用自我肯定技巧(參閱第八章)最重要的時刻。當人變老了的時候，將承受各種身體的耗損，這是千真萬確的事實。關於如何掌握隨年老而來的身體挑戰之祕訣，將在本章稍後提出。不過，對於老化採取悲觀的觀點對我們不利也是事實。利用本章的概念去發展因應技巧，老化才會是正面而不是負面的自我實現經驗。

未來導向

　　把老化隱喻為衰退數年後，你就不會太驚訝許多老年人發現自己難以適應未來。一個研究調查發現，大部份的老年人未來的

生活範圍往往僅限於與家人有關之事項(Reker & Wong, 1985)。這些人當中有任何與個人發展相關的計劃或期望未達到10%，這是令人相當遺憾的。年輕人比老年人有更多不同的經歷、改變和成就是事實(Ryff, 1991)。然而，老年不是放棄我們自己的時候，永遠有技巧要學習，也總有挑戰要征服。

因應技巧3：要有未來導向

視老化為人生之任務

當我們變老時，仍能朝向未來的方法之一就是把老化看成人生之任務(Cantor, Norem, Niedenthal, Langston, & Brower, 1987)。這個看法的價值在於它能使我們警覺到完成目標與否。Erik Erikson (1963) 曾提出了成長與發展的階段，與本章有關聯的階段是中年和晚年：

中年(35歲～60歲)：中年的人生課題是「具生產力V.S.頹廢遲滯」。大多數人已完成他們的學業、養育子女和全心投入工作的挑戰。在這些年當中的挑戰，就是要能擁有有用和有生產性的感覺，而熱衷於活動、嗜好和個人的人際關係，亦可以提供滿足感和成就感。

晚年(60歲以上)：晚年的人生課題是「完美無憾V.S.悲觀絕望」。我們想要回憶我們的人生，並覺得很有價值。我們必須使我們的滿足感與惋惜感相協調，並解決以下的問題(Peck, 1968)：第一，我們必須了解個人的價值不是仰賴我們的工作經歷或賺了多少錢，而是因為我們就是人；第二，我們必須在體力的喪失與對疾病的抵抗力之間，以及自足的回憶與有意義的人際關係之間取

得平衡；第三，我們必須藉由照顧他人看透「人生自古誰無死」的定律。

　　誠如你所見的，經歷中年與老年階段的最佳方式，就是在預先對它們有所準備。你現在可以從回顧你的人生開始。你對你正在進行的事感到滿意嗎？假如不滿意，就是考慮新方向的時候了。

　　在老年期間，有若干特殊任務是必須要去完成的：第一，準備遺囑，第二，爲我們的死亡和葬禮訂定計劃，第三，與親近的人共同完成「未完成的事務」，以及與親愛的人討論我們希望如何被人追憶。這些是我們時常迴避的任務，因爲它們讓我們想起自己的死亡。然而，面對並完成它們，會讓我們擁有能力感與自我效能感。

因應技巧4：完成你的人生任務

延續的重要性

　　到目前爲止，你已瞭解到年老並不就代表退縮，或者必須脫離自己較喜歡的生活型態(Dreyer, 1986)。試著自在的維持你的活動時間、休憩時間和獨處的時間。老年的到來不應造成你過度震驚，瓦解整體的自我意識。

　　一個常用來維持終生延續感的方法即「回顧人生」(Kamptner, 1989)。我們都有記憶，也經常拍照、寫日記和保存其他紀念品，這些都可留下我們人生的意義。人生的回顧可個人爲主，也可以團體爲重(Weiss, 1995a, 1995b)，其目的是要匯集你的人生經驗，進而整合成一個完全屬於你的記錄(Butler, 1963)。瞭解在你的人生旅程中發展認同做爲一個人的價值、態度及經驗是很重要的；尤其在老年更是如此(Erikson, Erikson, & Kivnick, 1986)。

因應技巧5：認識延續的重要性

視健忘為莫虛有的罪名

我們如何解釋一個年輕人容易忘記某些事的原因呢？我們通常會臆測這個人心不在焉，或最糟的評語就是粗心大意；但假如一個老年人有了相同的錯誤會怎麼樣呢？我們極有可能認為是衰老的結果。老年人背負了一個莫虛有的罪名，因為他們只是犯了許多與我們每天所犯的相同錯誤，而被蒙上污名。

研究調查指出，雖然老年人在智力上的運作有時會比較慢，但他們能以深思熟慮和經驗來彌補(Cox, 1988, pp.97-100; Meer, 1986)。由於許多有關記憶和動作的研究將老年人拿來和智力運作表現正達到高峰的大學生相比較，因而使老年人處於不利的立場。其他研究也不公平地拿老年人與受到更多教育益處的年輕人相比較，但老年人在需要直接記憶和發生於過去之事件的記憶上，則表現得非常好。假如在他背記表格和接受測試之間發生某些會使他們分心的事件時，他們有時會難以再想起表上所列出的事情；然而，即使他們無法準確地想起表上所列出的事情，他們卻能回憶其意義。譬如，大學生在背誦他們曾背的一首詩，也許其字詞正確的比例比老年人更高；然而，老年人在描述這首詩的含意時可做得和年青人一樣好。從針對記憶和問題解決的研究中所得的一個公平推斷，就是在強記和敏捷回答方面，年輕人做得比老年人好。當給予老年人機會讓他們從容運用他們畢生所獲得的知識時，他們的表現只會出現少許的衰退。

因應技巧6：認識深思熟慮和經驗的價值

動動你的大腦

　　雖然大腦不是由不使用便會萎縮的肌肉所構成，但假如你沒機會體驗創造性思考、解決問題和經歷表現能幹的喜悅，你心理上就會承受折磨，這種失落在老年人當中很常見；Ellen Langer 亦將其做為研究計劃的重點(Langer, 1979, 1981)。Langer以在療養院的老人為研究對象，這些老人雖然在身體上受到特別良好的照顧，但在心智和心理上卻遭受折磨。在許多療養院中的老人，每天都過著規律且團體化的生活，完全滿足了他們生理上的需求，他們不必顧慮家計和準備三餐。但遺憾的是，他們之中有許多人是生活在到處有公共設備、單調的房間擺飾和極少刺激的環境中。我們都知道提供幼年孩童一個具刺激環境的重要性，如給予熟悉聲音和顏色，以及學習如何整合物件的機會。我們當然不想過一種我們不能控制周遭事物的生活，但為何社會要放棄老年人，並且硬把他們推入一成不變的生活中呢？在大多數的療養院環境中，哪裡才能找到「成為造物主的喜悅」呢？

　　Langer與她的夥伴(Langer, Rodin, Beck, Weinmen, & Spitzer, 1979)進行了一系列具啟發性的研究。他們給予療養院居民一個運用他們智力的機會。老年人在第一個研究中由一位年輕人做四次訪談，該名年輕人激勵他們做個人的談話。訪問者鼓勵受訪老人們去思考新的觀念，並記住從這次到下次訪問之中的事情。這個經歷有個值得注意的結果，四種刺激式交談足以讓這些老年人較快樂且更敏捷、更容易親近和更積極，也讓他們在記憶測試中有明顯的進步。

　　在第二個研究中，老年人解答一些困難的謎題(Avorn &

做個成功地老人需要在身心上保有活力

Langer, 1982)。第一組的老年人獲得許多協助,以解出謎題;第二組老年人獲得鼓勵,但要靠自己解出謎題。第二組的參與者做得較好乃是意料中事,除了較正確地解出謎題外,也明顯地增強他們的自信心。假如你仔細思考,你就能了解為什麼第一組老年人的表現實際變差了。靠自己來解決事情是不是有趣多了呢?

第三個研究則說明了參與日常雜務和做決定的技巧(Perlmuter & Langer, 1983)。這種題目對於生活中具有刺激性和有各種需求的人而言,聽起來也許並不有趣。然而,對那些被限制在千篇一律生活裡的人來說,卻能達到良好的目的。即使生活受限的人們,也能意識到他們有選擇要穿什麼、吃什麼或喝什麼、他們要閱讀什麼或看什麼電視節目的能力。藉由參與日常生活中的選擇,老年人能夠再次確定他們能自由控制其生活的能力。

因應技巧7：動動你的大腦

能力和自立的力量

在生活環境中運用能力

　　讓我們回想前述觀點：當老年人的生活變得一成不變，而且他們不再有克服挑戰的機會時，他們的自我效能如何被剝奪。Ellen Langer 和 Judith Rodin 指出如何能克服這種無能力感的錯覺(Langer & Rodin, 1976; Rodin & Langer, 1977)。他們提供療養院的居民一個體驗能力的機會。這些老人被鼓勵藉由發表他們的意見來改變療養院、決定他們房間的裝飾，以及計劃他們休閒時間的活動來行使支配力，他們也被指定照顧個人住處的植物。

　　也許這些行使能力的機會看起來不是很多，然而，和已經過著很固定的生活的居民比較，他們已有很大的不同。比起療養院中同樣年齡和健康狀況之居民來說，能行使這少量能力的居民，明顯覺得較能控制他們的生活，而且比較快樂，較敏捷和更易讓人親近。行使能力的機會不僅在心理上有助於這些老年人，在身體上亦有所助益。再者，有機會行使能力的療養院居民也會更長壽。在他們生活上有些許的支配權，能幫助這些人更長壽是顯然的事實；然而，一旦你思考過在十五章所描述討論無助之研究，你就會發現它並不令人吃驚(See also Shupe, 1985)。

　　在另一個研究中，測量老年人在居家照顧機構中表現能力，看看是否居住在這樣環境中健康有相關(Timko & Moos, 1989)。六項測量方式証明居民可能能夠運用能力的方法如下：

　　「政策抉擇」：是在給居民方便的選擇權範圍內，居民可從中選擇日常生活型態(有宵禁嗎？居民能被允許喝一杯葡萄酒或香啤

酒嗎？)。

「**居民掌控權**」：是居民在機構運作管理方面發言權的範圍(有居民會議嗎？居民有參與決定舉辦的活動和節目嗎？)。

「**政策明析度**」：與機構政策明析度有關(有居民使用手冊嗎？有定向會議嗎？)。

「**獨立性**」：是指被支持和鼓勵自給自足的程度(居民有靠自己學會做更多事的機會嗎？鼓勵居民自己做決定嗎？)。

「**居民影響力**」：是指居民認為自己能對這機構的規則和政策所能影響的程度(居民在訂定規則上有任何決定權嗎？假如居民真的做過努力，他們能改變事情嗎？)。

「**組織性**」：是指居民知道在他們每日的生活中能預期什麼的範圍(這個地方有良好的組織嗎？有穩定且可預知的感覺嗎？)。

此一研究提出了若干的問題。首先，住在公寓的老年人比住在有照護設備施之住宅的老年人，有更多機會去支配他們的生活，而居住在療養院的老年人最不能控制他們的生活。第二個發現是上述表現能力的六種方法皆與老年人的健康有關。最多機會去表現能力的老年人(不管住在哪裡)都顯得比較積極、比較獨立，而且對他們的生活比較滿意。第三個發現就是身體功能受限的老年人，需要特別費心去幫助他們發現在生活上運用能力的方法。

設計可增進老年人表現能力經驗的老人之家，重要性逐漸被認識(Moos & Lemke, 1994)。老人之家可藉由鼓勵下列的做法而讓居民獲益(Teitelman & Priddy, 1988)：

◇增進居民的選擇和可預測的事物
◇增進居民的控制感和責任感
◇鼓勵居民學習和練習有效的溝通技巧
◇減少工作人員之間減少依賴而產生感情的刻板印象。

維持老年期的自立

採取自立的方式來面對生活的價值，始於孩童期，並延續到老年期。對生活保持因應的態度並不容易，且每個人都會碰到覺得想放棄的時機。當你遭遇挫折時，試著別讓自己太難堪，但請記住，讓自己反省和重新運用你的因應技巧，是由你自己來決定。

對於身體遭受損害而較無法控制自己生活的老年人來說，老年期代表特殊的挑戰，如果說老年人的生活裡遭受中風、關節炎、糖尿病，及其他會喪失自我效能和健康的慢性病所苦，並承受顯著的心理壓力，其實這並不會令人感到訝異(Reich & Zautra, 1991)。對老年人來說，尋找練習自立的門徑是重要的，即使在他們健康受傷害之際，亦是如此，此時社會支持系統可能非常的有幫助。在一個人喪失親友或受傷後，社會支持系統提供呵護、支持和可「依賴」的人是最有幫助的的。時間一久，社會支持系統對鼓勵獨立、自立和自我效能就變得更有幫助(Zautra, Reich & Newsom, 1995)，而對他們在因應受傷害上，也能把歡笑帶到生活中(Zautra, Reich, & Guarnaccia, 1990)。這些喜悅並不需很多，重要的是能因些許的正面體驗，讓每天過得有意義。

教導自立技巧的課程與訓練團體是非常有幫助。參與這些課程的人要將日常生活上所碰到的事件做成一覽表，其中他們要找出他們能控制與不被控制的正、負面事件之實例(Zautra et al., 1995)。若可能控制自己的生活事件，參與者將學習運用更能控制生活的策略；若無法控制時，則學習更有效率的因應策略。這些訓練團體的目的是要幫助參與者發展下列幾種自立的模式：

控制正面的結果：例如，「我能做到我決心想要做的每一件事」和「在未來會發生在我身上的事，大多都掌控在自己手中」的態度，即屬此類。

正面事件的功效：是在一個人生命中對創造或導引正面事件的

認知能力。例如：「我知道如何過得愉快」和「我能創造生活中的正面經驗」。

因應功效：是滿意過去的因應努力和有信心因應未來的壓力事件(「我一向能好好地處理我的問題」、「在未來，我對自己解決生活挑戰的能力有信心」)。

克服負面的生活事件：如，「我可以解決自己大部份的問題」，以及「在生活中，我不需要被任意驅使」的態度。

所有參與訓練團體的老年人；包括身體受損害者，在自我效能、自立，以及在他們整體的健康和心智健全上，皆有明顯的提昇。雖然老年人能夠控制的事情有限，但「知道你能夠做得到」的感覺，卻大有益處(Zautra & Wrabetz, 1991)。

從本小節所描述的研究調查中傳達出來的訊息是明白且清楚的。當人類運用能力時，他們就會健旺，而當人類喪失了體驗自我效能的機會，他們就會退化。對我們來說，在我們能掌控的生活中，一直有活動可參與是很重要的。

因應技巧8：找尋表現能力和自立的機會

適應老年期

老年人將下列的因素視為適應良好的定義(Ryff, 1989b)：

◇適應他人
◇接受改變
◇持續個人的成長
◇享受人生

◇保持幽默感

老年人以下列方式定義適應不良：

◇ 胡思亂想和抱怨
◇以自我爲中心
◇凡事興趣缺缺且退縮
◇不能接受改變
◇自我批評和無安全感

就個性特質來說，假如老年人表現相當程度的外向、和藹可親和謹愼的話，他們會較快樂且有較多的幸福感(參閱第一章，Costa, Metter, & McCrae, 1994)。如同年輕人與中年人，在老年期的精神官能症亦與不良的適應有關。

本章稍後，筆者將針對如何適應老年期提出建議。下列的因素與成功調適老年期有關(Clark & Anderson, 1967; Cox, 1988, p.109)：

◇自給自足和自主的感受
◇良好的支持系統
◇適當身體舒適程度
◇具有充分刺激的生活型態
◇有足夠的動力來從事令人滿意的活動
◇了解人生的意義與目的

一些有用的目標及活動

一個針對老年人爲訪談對象的研究指出，下列的因素與成功的老年期有關：娛樂和消遣活動、社交活動和具生產力的活動(Clark & Anderson, 1967)。消沈的老年人會抱怨依賴、寂寞與無聊

的感受。本章稍後會討論發展支持系統和良好人際關係的技巧。以下有些技巧可使老年期成為良好的體驗(Reker, 1985)：

壓力控制：熟練第三章所描述的自我放鬆技巧，時常花時間去尋找心靈的祥和與平靜是很重要的。

自我負責：盡可能對你的需求負起責任，但是請記住，當你有需要的時候，請求協助是無關緊要的。當你主動要求你需要的事物時，你仍然可以控制你的生活(Zevon, Karuza, & Brickman, 1982)。

營養：努力策畫兼具健康和享受的飲食習慣

身體的健康：從運動計劃中得到益處永遠不會太遲(deVries, 1983)。不過，保持身體健康最合適的方法就是去請教醫師。有六個因素可能影響老年人從事體能活動(Courneya, 1995)：

◇相信體能活動對你的健康有益。
◇覺得有信心克服活動的障礙，如怠惰、壞天氣、缺少時間或欠缺運動設施。
◇來自他人的社交壓力感。
◇從事體能活動的正面態度。
◇一種能激發你自己去從事體能活動的自信感。
◇身體力行的意圖和決心。

享受過程與結果：我們的文化是結果導向。人們會因為能快速生產事物而受到重視。我們時常全神貫注在工作的結果，以致於忘記在創造的過程中獲得樂趣。當你變老時，你也許不能像從前一樣快速地或甚至準確地工作，然而，你仍能在做事情時得到滿足(Langer et al., 1988; Piper & Langer, 1987)。

重視人生經歷：許多研究人員已指出花時間去回味人生體驗的價值。這並不意味著要活在過去的世界裡，而忽略你未來的方向。這項練習的主要目的是重視你已學到的教訓和你做過的事

情。透視你人生的好方法之一，就是與人分享你的自傳，你可以用寫下來的方式、錄音的方式來描述或與他人討論。回顧你人生體驗的重要理由就是提醒自己，你有許多特質，以免陷入老人一無可取的角色陷阱中。

個別性的價值

　　研究人員已相當清楚地証明當人們結合成團體或類屬時，他們將失去其個別性(Hamilton, 1979; Hamilton & Rose, 1980)。我們會依據種族、宗教、國籍和其他任何我們能想到的特性，而予與我們不同族群的人一種刻板印象。即使我們知道自己是單一個體，但我們仍傾向於把來自不同團體的人們視為完全相同，而這種刻板印象也會用於老年人身上。我們並不將老年人當成單一個體，而是時常認為他們是有相似特性的一群人。因而，老年人的需求就是維護他們的個別性，但這不容易，因為我們的社會也會排拒不遵照傳統規範的人。只要看看來自弱勢種族和宗教的人們其掙扎的遭遇，便可略知一二。他們在其歷史發展過程中，均極力維護他們的認同感。女性在爭取她們的權利和克服在美國社會下所承受的負面刻板印象時，也曾遭遇到排拒。我們的社會把典型的老年人視為溫順的、無需求的，以及隱避的一群人。

　　維護老年期個性的方法就是不依慣例的方式思考，這是很諷刺的。不幸的是，雖然不依慣例的思考對製造生活樂趣和運用腦力很有用，但它也能被視為是不正常與高齡的徵兆。Langer和她的同事對於打倒老年期煩悶的做法，提出有力的論點，即進行創造性思考和發明新觀念(Langer, Beck, Janoff-Bulman, & Timko, 1984)。比起年齡和健康相當但未被歸為「高齡」的老年人來說，他們發現被歸類為「高齡的」老年人(但事實上他們身體都很健康)更具有解決問題的創造力。除此之外，「高齡者」以具創造力和不尋常的想法來運用他們的腦力，因此而活得更長壽。

你是否曾想以表現自己的方式行事呢？就像在我們社會中另類的人那樣。老年人必須在順從和喪失其個別性，或者維護他們自己的個別性和面對一些不可避免的排拒之間做一抉擇。

因應技巧9：發展你的個別性

有關老年期一些有用的建議

總結本章的一個好方法便是思考由B. F. Skinner ＆Margaret Vaughan(1983)在他們合著的《享受老年》一書中，所提有關老年期的一些建議。這些建議可被分成二個部份。第一部份的建議著眼於，當我們變老時發生於體能衰退的控制方法。第二部份則討論將我們與他人的關係擴展至最大的方法。

當思考下列有關老年期的建議時，必須注意在「初級控制」與「次級控制」之間的差異(Rothbaum, Weisz, & Snyder, 1982)。初級控制包含和塑造或改變自己的身體和社交環境。次級控制是藉由適應或調整自己的身體和社交環境而達成。在本書已數度指出適應性因應策略，需要我們在能與不能控制的事情之間加以區別，因為當人們變老時，對生活上的初級控制會降低，對他們來說，瞭解次級控制的可能結果是重要的。運用次級控制的結果與變成無助和放棄的結果將大不相同。對老年來說，運用他的創造力和問題解決的技巧，來克服老年人加諸於自身的限制，這是個有價值的挑戰。

掌握身體的限制

對於伴隨著高齡而來的體能衰退，我們很難想出有任何方法能從正面的角度來看此一事實。遺憾的是，體能衰退的初級評估告訴我們，隨老年而來的體能衰退是必然的事，我們必須以能夠

提出一些良好因應方式的次級評估，來面對身體的限制。Skinner和 Vaughan 舉出一些實用的建議。譬如，當你的視力衰退時，若確定你有副好眼鏡和適宜的光線，就能彌補視力不足的問題。一只放大鏡對於看小的印刷字體有幫助，而在餐館和其他光線微弱的地方，小手電筒也很有用。圖書館有著大字印刷的書籍，而且許多有聲書籍雜誌亦可以利用，許多對增強聽力有幫助的設計也已經問世。

改變也能讓住家環境更舒適(Simon, 1987)。尋找容易整理的家庭用具和廚房用品，尋找容易判讀時間的鐘和容易撥號的電話，確定樓梯與門口的門檻是明顯且容易看見的，舒適的鞋子與一根行走用的手杖能幫助你非常輕鬆地到處走動；一張舒適的椅子也能讓你獲得真正的愉悅。

有些建議的主要目的在於讓你了解支配與能力的概念。老年人常對於戴助聽器或被看到使用拐杖覺得困窘，所以他們乾脆坐在家中受苦。成功的因應之道源於用問題解決的態度來面臨體能的衰退。想一想能夠使用的工具，並且在你的環境中做自己所能做的改變，以便掌握身體的限制。

因應技巧10：掌握身體的限度

將人際關係擴展到最大

一個與老年人生活滿意度有關的重要因素是，與其他人連接在一起感覺(Heidrich & Ryff, 1993a)。以下的例子是有些老年人社交關係的實例：

◇退休後，我發現自己仍然對與我先前的工作或職業有關的許多事感興趣。
◇我發覺現在負擔的責任和我中年時一樣多。

◇即使你的小孩已離去，你仍身負著扮演父母的重要角色。

◇我發現現在的生活中有許多任務要履行。

◇我從參與老年人團體中，獲得許多正面的益處。

◇當我漸漸年老時，我會持續加入社會與社區的團體

◇身為一名老年人，我仍然能對社會有所貢獻。

　　大部分的社會皆有團體和活動，以提供老年人彼此發展人際關係的機會。當提到與較年輕的人擴展人際關係會有極大的限制，老年人會面臨一個挑戰，因為不同年齡的人很少有共同的事情可分享。你可能察覺到青少年與父母之間的代溝，年輕人和老年人也會有代溝，如何能克服這種代溝呢？老年人有一方法可以處理此一挑戰，即思考他們想從與年輕人的關係中獲得什麼。許多老年人共同的二個需求就是行使控制力和表達情感。

　　當提到人際關係中要達到行使控制力時，老年人時常是處於不利的情勢。大部份的年輕人都想要獨立，他們毫無耐性，而且無法接受老年人的建議與忠告。對老年人來說，在他們與年輕人的關係中，想要藉由責備及變成「不知謙虛而好管閒事的人」的方式來行使控制力，可能是最糟的方法，而採取問題解決的方法應較具成效。與年輕人相處較理想的方法是，藉由認識對方獨立的需求，以及想誠心給予忠告時，要自我控制。你的挑戰就是以一個年輕人能接受的方法來傳達你的知識與經驗，這並不容易，但必然能使你不斷思考和活用你的腦力。真正的支配不是來自責備和大驚小怪，而是來自於認同年輕人的獨立意識。假如你認為自己是擁有學問與經驗的人，當年輕人準備好時，他們將請你提供忠告。

　　在表達情感時，有二個建議能作為代溝的橋樑。首先，知道你的溝通對象之興趣。Skinner 和 Vaughan 建議別因一而再地說相同的故事，而讓年輕人感到厭煩。老年人必須了解雖然他們的歸屬感與成長經驗是在過去，但年輕人基本上都是未來導向的。在與年輕人相處時，常以他們的觀點來看事情是有必要的。

與年輕人溝通情感的第二個建議是，幫助他們更了解你。年輕人不瞭解老年人是什麼樣子，舉例來說，假如你的視力與聽力有問題，讓別人知道如何與你溝通是有幫助的，通常讓你的需求被了解是最好的。從長遠來看，假如你試圖隱藏你在溝通和行動上的困境，對你並不利。但這並不表示你應抱怨每一個身心的疼痛。你的挑戰將是行使能力和教導其他人必須知道的事，如此，你們的互動才能達到彼此都愉快的結果。

因應技巧11：將人際關係擴展至最大

結語

藉著運用良好的因應技巧，你能以幽默、尊嚴、平靜和滿足來面對衰老的挑戰。與其用無助的態度來看待老年期，不如保持身為因應者的生活哲學(參閱第十五章)。基於此種精神，Dylan Thomas 給予我們勸戒：

> 別溫和地進入美好的夜晚，老年人應為夜幕低垂怒吼，並對那殘餘微光大發雷霆。

因應衰老之技巧一覽表

◇因應技巧1：讓衰老成為一正向自我實現之體驗
◇因應技巧2：維持威嚴和自尊
◇因應技巧3：要有未來導向

◇因應技巧4：完成你的人生任務

◇因應技巧5：認識延續性的重要性

◇因應技巧6：認識深思熟慮和經驗的價值

◇因應技巧7：動動你的大腦

◇因應技巧8：找尋表現能力和自立的機會

◇因應技巧9：發展你的個別性

◇因應技巧10：掌握身體的限制

◇因應技巧11：將人際關係擴展至最大

第12章 因應疼痛之對策

疼痛的影響

測量疼痛

因應急性疼痛

因應技巧1：採取因應態度

因應技巧2：學習自我放鬆

因應技巧3：利用分心術

因應技巧4：使用具創造力的想像

因應技巧5：冰塊的使用

因應技巧6：說服自己克服疼痛

因應技巧7：保持幽默感

因應技巧8：保持實際的期望

慢性疼痛

因應技巧9：忍受慢性疼痛

因應技巧10：處理悲傷、沮喪和憤怒

因應技巧11：在人際關係中做個調適

疼痛治療中心的前景

疼痛的初級與次級評估

因應疼痛技巧之一覽表

疼痛是個人的體驗，我們不能感覺其他人的疼痛，也無法準確地對他人說我們如何地感受到疼痛，這就是疼痛這麼吸引人的原因。雖然每個人都能感覺疼痛，但我們每個人都會以自己的方法回應之。

　　在本章，我將討論兩種疼痛：急性與慢性疼痛。「急性疼痛」是比較短期的疼痛。當你撞到了頭、割傷自己或承受某種傷害時，你知道這些疼痛一定會終結；牙科治療、手術和分娩亦屬此類。雖然體驗這些的疼痛可能是劇烈的，但疼痛的期限也是不長的。因應急性疼痛係指尋找方法，讓自己鼓起勇氣和「堅持到底」，直到疼痛結束。「慢性疼痛」是如影隨形的疼痛。背痛的問題、關節炎和特定的傷害所導致的疼痛，不是幾乎隨時出現，就是任何時刻都可能再發的。因應慢性疼痛的方法是學習忽略經常出現的疼痛負擔，而過著有意義且滿足的生活。

疼痛的影響

文化的影響

　　研究在不同的文化中人們對疼痛的反應，可以發現疼痛的主觀性相當明顯(Zborowski, 1969)。在有些文化中，人們非常坦然的表現痛苦，而且當疼痛來襲時，他們認為愁眉苦臉和呻吟並沒什麼不對，我們可於下列敘述中發現這種態度的實例：「有時痛得那麼劇烈，以至於你真的必須大聲喊叫、尖叫或呻吟，或以某些方法來發洩，這是一種放鬆，它會讓你好過些」。在另一文化中，人們較不受苦樂的影響，並且被鼓勵隱藏他們的痛苦。有個例子可說明這種態度：「我對於痛苦不會大聲喊叫、尖叫或大驚小怪，因為那毫無幫助，我只會把它藏在心裡，且接受它。有時你真的必須堅強，不能表現得像個孩子」。

動機的影響

　　針對人們忍耐疼痛的動機所做的研究，也說明了痛苦的主觀性。在一項研究調查中，志願參與者接受在上臂袖口緊纏壓力的疼痛(Lambert, Libman, & Posner, 1960)。這個袖口有設計著硬質橡膠突出物，可用來增加力量，壓進手臂肌肉裡，直到志願參與者要求停止這疼痛為止。若這些志願者因為他們所加入的特殊宗教團體激勵他們做出良好的表現時，他們會願意忍受更多的疼痛。另一個研究的參與者則在兩種不同情況之其中一種情況下遭受電擊(Zimbardo, Cohen, Weisenberg, Dworkin, & Firestone, 1969)。在第一組的參與者覺得他們是出於自由選擇而接受電擊；第二組的參與者則覺得受到研究人員的壓力才接受電擊。哪一種人樂意去忍受最強的電擊呢？你可能可以理解那些覺得自己是出於自由選擇。而接受電擊的參與者，會比那些因受到壓力才接受電擊的參與者表露出較少的痛苦。當被迫忍受疼痛時，人們常很自然地會抱怨。然而，假如你選擇接受疼痛的話，在抱怨之前，你就會有一些誘因來增加你的忍受力。

　　想像在橄欖球冠軍賽的最後一秒，一名攔截傳球的球員奔馳在球場上，就在他能夠觸地越線之前，有三名球員擒抱住他，他的腿骨折了，而且他的球隊也敗北。現在再想像一名攔截傳球的橄欖球員在這球賽的最後一秒奔馳球場，同樣就在他要觸地越線時被三名球員擒抱，他的腿骨折，但他的球隊贏球了。兩個球員確實有著相同的傷害，而哪一個承受的痛苦比較多呢？

測量疼痛

　　疼痛的主觀性更表現在一個事實上：唯一測量疼痛的方法即藉由記錄人們之描述或觀察他們的反應。在測量疼痛上，沒有儀器可以獲得完全客觀和標準的方法。通常疼痛利用下列三種方法來測量：等級量表、疼痛反應的行為和日常活動。瞭解這些方法

將可協助你更明白人們是如何感受疼痛的。

疼痛等級量表

　　測量疼痛最簡單的方法，就是讓人們在0到10或1到100的量表中評估他們的疼痛。等級愈高，疼痛就愈劇烈。然而，假如不同的研究人員使用不同的量表，就很難比較其結果。基於此，研究人員和治療師以發展出標準的疼痛等級量表。有個常用的疼痛等級量表是由Ronald Melzack(1975)所發展出的麥克吉爾疼痛問卷調查表(McGill Pain Questionnaire)，這份問卷要求人們以二種量表評估他們的疼痛。第一個量表叫做現在痛苦程度。譬如，人們將目前所感覺到的疼痛程度以0到5的等級區分：沒有疼痛是0；輕微的疼痛是1；不舒服的疼痛是2；令人苦惱的疼痛是3；令人害怕的疼痛是4折磨人的疼痛是5。麥克吉爾疼痛問卷調查表之第二種量表是疼痛等級指標，這個量表測量疼痛的三大層面：知覺層面、情緒層面和評價層面。以下為疼痛等級指標的精要版本：

疼痛的知覺層面

心悸	...	吃驚的	...
連續重擊	...	瞬間的	
壓迫	...	陣陣刺痛	
折磨	...	用力拉扯	...
摧毀性的	...	扭挫傷	
遲鈍的	...	一碰就痛	...
身體部位的痛感	...	撕裂般疼痛	
發熱	...	麻木	
刺骨	...	內心煩擾	
被逼迫	...	熱	
冷	...	灼痛	
劇痛		針刺般的疼痛	...

令人懼怕　　　　　　...　　令人疲弱不堪的　　　　　...

令人驚嚇　　　　　　...　　使人極度勞累的　　　　　...

令人恐懼的　　　　　...　　殘酷的　　　　　　　　　...

會引起嚴重傷害的　　...　　令人無法忍受的　　　　　...

使人作嘔的　　　　　...　　令人疲乏的　　　　　　　...

疼痛的評價層面

討厭的　　　　　　　...　　可怕的　　　　　　　　　...

不幸的　　　　　　　...　　不能忍受的　　　　　　　...

　　人們在指定的用辭一覽表中指出能夠描述他們疼痛的用詞，他們的分數是由圈選的字數決定，因為這三大疼痛等級指標量表在某種程度上是重疊的，所以有可能加總為一個總分，以代表在這三大量表中所圈選之總數字(Turk, Rudy, & Salovoy, 1985)。

　　另一個用來評估疼痛情緒反應的量表是疼痛不安量表(Jensen, Karoly, & Harris, 1991)。應答者以5個等級來排列以下的陳述句（0=這對我而言，非常的不真實；4=這對我而言，非常的真實）：

1.我感覺到的疼痛，我很害怕。

2.我遇到的疼痛是無法忍受。

3.我所感覺的疼痛是在折磨我。

4.我的疼痛不能阻止我享受人生。

5.我已學會容忍我感覺到的疼痛。

6.我對我的疼痛覺得很無助。

7.疼痛對我而言只是個小小的煩惱。

8.當我覺得疼痛時，我會傷心，但我不會苦惱。

9.我絕不會讓我身體上的疼痛影響我對人生的看法。

10.當我正在疼痛的時候，我會幾乎變成另外一個人。

對於疼痛有著最多情緒苦惱和沮喪者，傾向於同意第1.2.3.6和10五項敘述，而不同意第4.5.7.8.9.等五項敘述。

疼痛反應的行為

疼痛反應的行為可以讓我們知道某人正在疼痛中，你可以在人們的臉部表情、肢體語言和他們說話的聲音來判斷有沒有痛苦。可以用一個系統化的方法測量出疼痛反應的行為，即在人們做不同的活動時，將其製作成錄影帶，比如散步、從地板上拾起一個物體、側彎、腳尖觸碰、仰臥起坐和抬腳等運動。接著針對諸如下列的疼痛反應加以評分：

防衛性動作：緩慢、慎重的動作或急促的動作。

增加力氣：以地板、牆或家具支撐自己或倚靠物體而移動。

位置的變動：搖擺或移動身體去尋找「舒適點」。

部份運動：有限的動作範圍或不做完一個完整的動作。

歪曲的面容：歪曲的臉部表情或咬嘴唇、咬緊牙關。

限制陳述：陳述有關於完成動作的能力或克服疼痛、疲勞、緊張、麻痺；或躊躇、懼怕等等疑慮或者不願意嘗試做活動。

聲音：發牢騷、呻吟聲或其他與疼痛有關的聲音。

疼痛反應是以它們在一特定期限內發生的次數來計分，而總疼痛反應行為的分數是由個人在每個疼痛反應行為上的總分加總而獲得(Follick, Ahern, & Aberger, 1985; Keefe & Block, 1982; Kleinke & Spangler, 1988b)。

日常活動

日常活動的測量與承受著會干擾正常生活功能的慢性疼痛者有特別的關聯。測量日常活動所根據的理論是：雖然人們「覺得」

疼痛，但他們仍要一直忙著工作和繼續過日子。日常活動的測量方法是讓人們將一日之內的每一小時中所做的事記錄下來，他們是躺著、坐著、站著或從事某種的運動呢？我們常以「起身時間（當此人從事某種活動）」，與「上床時間（當此人躺下或躺在床上時）」來加以區別(Follick, Ahern, & Laser-Wolston, 1984; Fordyce et al., 1984)。

因應急性疼痛

當人們遭受到急性疼痛時，為了讓自己咬緊牙關支撐到最強烈的疼痛結束，他們會想尋找策略因應之。研究人員已經發現若干因應急性疼痛的有效技巧。大多數討論因應疼痛的研究調查是將志願者置於實際疼痛經驗中。在有些研究中，志願者被教導使用不同的因應技巧，而研究人員則根據此結果決定哪一種技巧最有效；在另一些研究中，志願者被要求使用他們自己的方法來因應疼痛，而研究人員可由此確認最成功是哪種人。有數種方法可被用來誘發疼痛(Edens & Gil, 1995)，一種方法是稍早所描述的加壓袖口；在手指上電擊和猛烈的重壓方式，也被用來當成刺激疼痛的來源。最常用來操控疼痛的方法是將志願者的一隻手放入冰水中直到無法忍受為止。藉由計算志願者將手置於冰水中的時間可測得疼痛的耐受力。有些研究的志願者也在一疼痛等級量表中評估他們的疼痛程度。

研究者發現在因應疼痛上有八種很有用的技巧；採取因應之態度、練習自我放鬆、找尋一個分散注意力的東西、使用創造性想像、使用冰敷、保持幽默感，以及保持實際期望。讓我們來學習每一種因應技巧（Turk, Meichenbaum, & Gienest, 1983）。

採取因應態度

在擅長和不擅長因應疼痛的人之間有何不同呢？你已經知道

人們容忍疼痛的意願如何受到他們的動機和文化的影響。當人們「想要」做某件事時，有時他們所能做出的事是很驚人的，這就是因應態度。這是當面對像痛苦這樣的挑戰時，會想要調整生活、增強自我效能，以及遵循問題解決方針的態度(Bandura, O'Leary, Taylor, Gauthier, & Gossard, 1987; Litt, 1988)。

擅長於忍耐疼痛的人被研究人員稱為「因應者」，這些人尋找方法讓自己從疼痛的感覺中轉移注意力。因應者遭遇疼痛時，會採取以下的態度：「這真的很痛，讓我看看，我該怎麼做才能鼓起勇氣面對這疼痛呢？我必須分散我的注意力……想想其他的事情，放輕鬆、想些愉快的事情，不要把注意力放在疼痛上，把我的心思放在其他地方。用這些方式，我將更能忍受疼痛。」

不擅長容忍疼痛的人被稱為「受難者」。他們無法控制自己的疼痛感，他們一直注意痛感的程度，並確信自己無法容忍這疼痛，而且他們亦無法提高自身的忍耐。當受難者經歷疼痛時，會採取下列幾種態度(Sullivan, Bishop, & Pivik, 1995)：

他們會反覆思索：「我希望這疼痛趕快消失」、「我無法不想到它」、「我一直想著它有多痛」。

他們會誇大自己所遭受的痛苦：「某件重大的事情也許要發生了」、「這疼痛可能會愈來愈嚴重」、「這疼痛讓我想起其他的疼痛經驗」。

他們覺得無助：「我活不下去了」、「真是可怕！」、「情況永遠不會好轉的」、「我再也無法忍受了」。

沒有一個簡單的方法可以知道為什麼有些人會成為受難者，而有些人卻可以成為因應者。然而，瞭解因應者與受難者之間的不同，可幫助我們學習如何採取一個因應態度(Spanos, Brown, Jones, & Horner, 1981; Spanos, Radtke-Bodorik, Ferguson & Jones, 1979; Spanos, Stam, & Brazil, 1981; Stam & Spanos, 1980)。

因應技巧1：採取因應態度

練習自我放鬆

在比較數種疼痛因應技巧之有效性的研究中，發現對大多數人而言，自我放鬆是最有幫助的技巧(Hackett & Horan, 1980)。自我放鬆對有慢性疼痛的人來說也是最好的治療模式(Kleinke, 1987)。這是因爲自我放鬆比較容易學習，而且實行者會覺得有立竿見影的效果。當你正處於疼痛時，提醒自己做個深呼吸，並且開始使用你的放鬆技巧，這是個簡單的事情。你越是熟練第三章所描述的自我放鬆程序，你就越能做到。當然，自我放鬆未必會讓疼痛消失，但是，卻能幫助你堅強起來，並且更能忍受疼痛。

因應技巧2：學習自我放鬆

尋找一個分散注意力的東西

自我放鬆除了可讓你平靜下來之外，也可藉由轉移你的注意力來遠離疼痛、焦慮、憤怒或任何困擾你的事，以提高你的因應能力。你甚至能藉由學習如何使用分散注意力的技巧，而更能控制你的注意力。換言之，你能藉由將你的心思集中在其他事物上，而讓你的注意力轉離開疼痛。你所想要的一切不像強迫自己忽視這疼痛感覺一樣重要。研究人員已測出分散注意力的效果，即藉由當研究參與者，讓他們置身於疼痛的情況中，從事如解決問題、倒數數字、看幻燈片、聽音樂和思考令人愉快的想法等不同的活動。這些研究的結果顯示通常專注於分散注意力比較不專注於分散注意力能幫助人們忍受更多的疼痛(McCaul & Malott, 1984)。

因爲前者較可能讓你的注意力轉離開疼痛。以愉快想法的分

心，譬如想著溫柔的回憶或擬定令人興奮的計畫，皆有讓你心情愉悅的益處。分散注意力對於中等且不太嚴重的疼痛似乎效果最好。當疼痛的感覺非常強烈時，便很難找到分散注意力的事物，以壓倒疼痛；當疼痛太過於強烈而無法忽視時，持續使用自我放鬆技巧，以及使用一些創造性想像的技巧來因應之。

　　分散注意力是個需要練習的技巧。首先，你必須忽視疼痛的感覺。第二，你必須用心想可讓你的心思注意到其他事物的方法。有些人發現最簡單的方法是請某人讓自己忙得不可開交，或專注於身旁進行的事物來讓自己分散注意力；另有一些人則藉由讓思考和想像盤據心頭來找到分散注意力的事物。一種可持續讓心思專注的方法即做重複的行為，譬如，數數字或重複單字、片語；另一個策略就是讓你的思緒漫遊至任何想像、回憶和幻想的境地，重點是你必須積極地去實踐，以及學習把分散注意力當成一種因應技巧(Farthing, Venturino, & Brown, 1984)。

因應技巧3：利用分心術

運用具創造性的想像

　　創造性想像的技巧是由心理學家所設計，目的是協助人們使用他們的心智的力量而獲得更大的優勢。當你的疼痛太過於劇烈而無法以分散注意力忽視時，創造性想像法可能會很有幫助。創造性想像背後隱藏的想法是「充滿疼痛」。你無法抵抗它也無法擺脫它，所以只要它還存在，你就必須尋找方法讓它融入你的生活中。你如何能做到這點呢？這裡有實驗的研究中證實有效的一些技巧(Barber, Spanos, & Chaves, 1974; Chaves & Barber, 1974; Hackett & Horan, 1980; Singer, 1974; Spanos, Horton, & Chaves, 1975; Worthington & Shumate, 1981)。

肢體分離想像：想像疼痛的部位不再是你身體的一部份。假如疼痛在你的手臂上，在心裡想像你的手臂從你身體分離出來，你的手臂被切割開來且漂浮於天空中。假如疼痛是在你的頭部，想像疼痛從你的頭、經過手臂，而從手指末端釋放出去，或想像你的腦袋中被疼痛折磨的「感染」部位，已經接受手術去除了。當你使用此技巧時，疼痛仍然存在，但它卻成為在你整個身體中較小的影響因素。

幻想：你可以藉由幻想你是為了充分理由而承受痛苦，以改變疼痛的意義。想像你是一名軍人、運動家或某種英雄，你的疼痛只是你為了達成重要任務所付出的些微代價。你也能把自己化身成對疼痛有極高耐力的超人。

想像失去知覺：想像你身體疼痛的部位已慢慢地失去知覺。你可以感覺到身體末梢開始失去知覺，而且慢慢地擴散到你覺得疼痛的部位。一半失去知覺的感覺建立了，就要更加地專注於想像，最後將難以區別疼痛與麻木。你可以藉由想像局部麻醉劑已注射到疼痛的部位，而且它的效果已逐漸擴散，以此增強你失去知覺的感覺。

感覺集中：你無法逃避疼痛的感覺，但你可以將注意力集中在這裡；並研究、認識它們。假如你有牙痛，則將此疼痛想像成牙醫要修補和除去你牙齒上敗壞的部份，這疼痛是要完成一件好事的象徵。假如你頭痛，想像這疼痛就好像你放鬆時，你能夠慢慢解開圍繞於你頭上的鋼條所引起的疼痛一樣。著重在把這疼痛當成你身體正常運作的訊息。一個健康的身體應可以在適當的環境下感覺疼痛，而不健康的「無感覺」的身體，則無法感覺到疼痛。對疼痛加以注意還可當成一個有趣且獨特的感覺。它是持續性的還是間歇性的呢？是激烈地悸動還是有規律的悸動呢？你能想到多少的詞彙可以用來準確地表示這疼痛的感覺呢？

每個人們在他自己的生活中，運用想像力的程度有很大的差異存在。有些人發現其運用創造力的想像技巧能產生美好的感

覺，而這相同的技巧對另一些人來說，也許是陌生的，甚至可能
是奇特的。

在個體之間會產生如此的不同，有二個要點需考量。第一，
每一個人都必須設計出對你在因應疼痛有最佳作用的策略。因應
疼痛的策略是個以你的個性特質、嗜好和優點為基礎的個人事
件。第二，學習以新技巧和方法看世界。一旦你適應這些符合你
個性的「疼痛因應技巧」時，記住你也可以因為保持適應性，以
及付出時間和努力來練習與熟練新技巧而獲益。

因應技巧4：使用具創造力的想像

使用冰敷

一種可以減輕許多疼痛的有效方法就是冰敷。使用冰袋或甚
至以冰塊按摩疼痛處，都能產生適當的麻木感。大部份的運動員
會定期使用冰塊，來抑制腫起的部份和舒緩他們身體上的疼痛。
冰塊的好處在於它是無害藥物，有助於緩和痛苦（Melzack, Jeans,
Stratford, & Monks, 1980）。

因應技巧5：冰塊的使用

說服自己克服疼痛

第三章提過說服自己克服挑戰之三階段，對因應疼痛也很有
用。訓練自己準備好去應付疼痛、面對痛苦並反映到你的行為表
現上。學習如何對自己說出以下的話：

「這是痛苦的，但我能使用我的因應技巧來處理它。」
「雖然會痛，但我知道我能安然度過。」

「一次採取一個步驟，我不會讓疼痛擊敗我。」
「放輕鬆，想想如何因應這疼痛。」
「讓我看看我的因應技巧一覽表，找出最適用於此情況的因應
　技巧。」
「我的因應技巧也許不能解除疼痛，但至少可讓疼痛變得比較
　能令人忍受。」

　　說服自己克服疼痛能當成一個分散注意力之有效方法，它能
增強你的自我效能感，而且當你藉由疼痛經驗把你的應變能力融
入生活之中，就能掌握自己的行為方式。

因應技巧6：說服自己克服疼痛

保持幽默感

　　我最近接受一個痛苦的醫療過程，對醫生扎針和以探針探查
時，哄騙我，與我開玩笑的這件事覺得很感動。顯然地，我的醫
生察覺到，假如病患的幽默感被他人的幽默所激發－就如同聽喜
劇演員像Lily Tomlin和Bill Cosby的錄音帶一樣有趣－人們會樂意
忍受較劇烈的疼痛(Cogan, Cogan, Waltz, & McCue, 1987)。笑在兩
方面有助於增加對疼痛的忍受力：第一：笑聲是分散注意力很好
的方法。第二，笑能讓你處於愉悅的心境，所以疼痛的影響不致
於會太強烈。

因應技巧7：保持幽默感

保持實際的期望

　　因應急性疼痛的最後技巧就是遵循實際的期望。疼痛是你身

體正常運作的訊號，也是警告你身體有所損傷的訊號。疼痛雖令人不愉快，但它並非你無法忍受的可怕、駭人的感覺。從疼痛的研究調查中得到一有趣的結果，值得大家謹記在心。研究的參與者常學會使用疼痛因應技巧，來增加他們鼓起勇氣忍耐疼痛的能力。然而，通常這些參與者仍會表示此痛感依舊令人痛苦。因應技巧不是讓疼痛有如變魔術般地消失，這裡所提及的因應技巧意指增強你的自我效能感和內在控制感，並幫助你成為一個因應者。它們將協助你更有效地忍耐疼痛，而且如果幸運的話，它們將不會讓疼痛這麼的令人苦惱(Hackett & Horan, 1980; Scott & Barber, 1977)。

因應技巧8：保持實際的期望

慢性疼痛

因為慢性疼痛很可能伴隨一個人一生中大半的時間，所以需要有因應疼痛的技巧和因應生活混亂的技巧。談到慢性疼痛，前面所提過用來因應急性疼痛的所有技巧皆適用。有慢性疼痛的人們會發現，學習和實行這些技巧是有幫助的。因應生活混亂需對慢性疼痛瞭解外，也要瞭解對其注定大半輩子將活在疼痛中的人，在心理上所帶來的衝擊。

慢性疼痛的普遍性

為瞭解慢性疼痛之普遍性，我們可以回顧在1984年加拿大所做的社會調查(Crook, Rideout, & Browne, 1984)。這個調查發現有15%的成年女性和12%的成年男性有慢性疼痛的問題。他們最常抱怨的疼痛是背部問題和頭痛。慢性疼痛者每年平均有12天要待

在醫院，且他們表示疼痛會干擾他們的工作和整體的健康。患有慢性疼痛的人每天的活動會減少，且除了緩和疼痛的藥物治療之外，他們似乎別無其他的選擇。

在美國，慢性疼痛每年的花費，估計已超出一千億美元。這個價錢包含了450億的健康保健成本，以及550億的職場上的損失。據估計在美國有四千萬名人口患有慢性疼痛、一千八百萬名人口有慢性的背痛，以及將近超出一億名人口遭受某種慢性疼痛的侵擾。慢性疼痛者也許一年要造訪醫院數百次，經歷數不清的外科療程，並且一年高達10萬美金的健康保健帳單(Bonica & Black, 1974; U.S. New World Report, 1987)。

慢性疼痛的經驗

患有慢性疼痛的人不只要學會因應日常的疼痛，也要學會因應由於他們的慢性疼痛問題所引起的生活混亂。慢性疼痛激發人們必須學習接受他們的疼痛，以及讓自己從悲傷和沮喪中抽離。慢性疼痛也會侵害人際關係，且對於疼痛的承受者及其身旁的人都需要特別的調適。

忍受慢性疼痛：對慢性疼痛者來說，最艱難的挑戰之一就是接受此一事實：他們必須學會雖有病痛也要過著一種滿足和充實的生活。有時會希望發現永久緩和疼痛的神奇療法或特效藥，雖然幻想和做白日夢的能力也許有益健康，但慢性疼痛者在他們等待治療的同時，也面臨讓生活滯礙不前的危險。

因應技巧9：忍受慢性疼痛

處理悲傷、沮喪和憤怒：感覺沮喪的一個充分理由是面對慢性疼痛。慢性疼痛不可避免地要你放棄有價值且有意義的活動。有

慢性疼痛的病患必須慢慢克服第十章所描述的悲傷過程。遭受慢性疼痛之苦者易在情感上把自我封閉，否認悲傷、沮喪和憤怒感，而這是生活被破壞的正常反應。除非你接受這些感受是眞實的，否則你無法學會生活上就是會出現這種情況(Blumer & Heibronn, 1982; Hendler, 1984; Kleinke, 1991)。

因應技巧10：處理悲傷、沮喪和憤怒

調整人際關係：慢性疼痛必然會侵害人際關係。有一些慢性疼痛患者希望自己堅強，且不尋求他人的幫助與瞭解，他們藉由隱藏自己的痛苦，來避免請求他人協助所帶來的不自在。然而，這類的反應也會讓他們覺得孤立和被誤解。另有一些遭受慢性疼痛之苦者沈溺於成爲「病人」的角色中，他們接受同情和關心，卻面臨了表現無助的態度和成爲他人負擔的危險。患有慢性疼痛者必須學會溝通，雖然他們想要獲得關心和呵護，但他們也願意盡其所能維持一段關係。

因應技巧11：在人際關係中做個調適

慢性疼痛病人所運用的因應策略

研究人員曾調查在開始於綜合疼痛矯治中心接受治療計畫前，慢性疼痛者所使用的因應策略(Kleinke, 1992)。這些因應策略可被分爲四大類：自我管理、無助、醫學治療法和社會支持。讓我們來看看這些策略：

自我管理：想想其他的事，做我自己喜歡的事（嗜好等等）。有意識地試著放鬆，增加我的注意力在工作或家事上，出去散步。

無助：想到它多麼的可怕，因為自己必須忍受這疼痛而心情不好，強調它真的有多痛，覺得自己再也無法忍受它，因為沒有一件事是真正有幫助的，所以啥事也不做。

醫學治療法：使用熱敷包或冰塊，抬高疼痛的部位或用枕頭來支撐，躺下或就寢，使用減痛軟膏，服用緩和疼痛的藥物。

社會支持：與朋友、家人、配偶談話，請求他人的協助和支持，試著接觸他人，讓他人知道我正在疼痛。

在進入疼痛矯正中心的時候，最有效的疼痛因應策略是自我管理和社會支持，而最沒有效果的因應策略是無助和醫學治療法。贊同將社會支持當成一因應策略的病人，在學習忍受疼痛的治療計畫過程當中是最成功的。當加入了疼痛治療計畫的時候，參與者學會了如何使用在本章所描述的疼痛因應策略，等到他們完成這個因應疼痛計畫之時，他們的疼痛等級和疼痛反應已有明顯的減少了(Kleinke & Spangler, 1988a, 1988b)。

其他研究人員也發現當慢性疼痛病人對他們的疼痛問題，採取「主動的方法」（保持記錄、忽略與分散他們對疼痛的注意力），而不是採取「被動的方法」（太過於依賴他人，過度使用緩和疼痛的藥物、放棄有意義的活動、不表達他們的感受）時，將可獲得最成功的調適(Brown & Nicassio, 1987; Brown, Nicassio, & Wallston, 1989)。

適當和不適當的疼痛因應策略

針對慢性疼痛病人的研究調查中，已找到數種適當與不適當的疼痛因應策略(Brown & Nicassio, 1987; Brown, Nicassio, & Wallston, 1989; Keefe & Dolan, 1986; Keefe et al., 1987; Kleinke, 1992; Rosenstiel & Keefe, 1983; Turner & Clancy, & Vitaliano, 1987)。

適當的疼痛因應策略：自我管理和社會支持是最有用的疼痛因

應策略。贊同將自我管理和社會支持當成疼痛因應策略的病人，在許多的測驗中有較好的調適，他們少有絕望和寂寞的感受，且較少有身體健康上的問題，他們會更主動、更積極地面對自己，而且較不可能因本身的疼痛而自怨自艾。自我管理和社會支持的認可，亦在明尼蘇達多項人格表(Minnesota Multiphasic Personality Inventory; MMPI)中顯示出有較佳調適的分數上(Kleinke, 1994)。

不適當的疼痛因應策略：無助與醫學治療是不適當的疼痛因應策略。會將無助與醫學治療法當成疼痛因應策略的病人，在寂寞測量上的調適分數顯示較差，對身體問題的抱怨較多，且在明尼蘇達人格測驗得分上，也顯示調適較不佳(Kleinke, 1994)。他們比較不主動、對自己較負向，而且認為疼痛造成他們極大的痛苦。

其他兩種不適當的疼痛因應策略是毀滅性思想和認知的曲解(Keefe, Brown, Wallston, & Caldwell, 1989; T. W. Smith, Peck, Milano, & Ward, 1988; T. W. Smith, Peck, & Ward, 1990)；對生活採取悲觀的態度也是不適當的。

「毀滅性思想」的特質在於專注於下列幾種想法：

「我的疼痛是難以忍受的，且永遠不會獲得改善」
「我的疼痛是可怕的，且它讓我難以抵抗」
「我覺得我的人生已不值得再繼續下去」
「我想我再也無法忍受它了」

患有慢性疼痛的人們會有這些感受是可以理解的。然而，他們必須強迫自己不去沈溺在這種不幸中。

「認知曲解」的特質在於非理性與不合邏輯的思考（參閱第二章）。當慢性疼痛者做出下列各種認知曲解時，他們會承受更多的痛苦：

一位男性不顧他的疼痛花了兩小時做家事，然後因為做得不

夠好而使自己陷入沮喪中。

一位女性稱職地完成她所有的工作，然後為了治療她的疼痛，提早一小時離開。她告訴自己：「我的老闆一定認為我是個怪人」。

另一種認知曲解是將慢性疼痛視為異化的、神秘的，是由一些你自己的過失所引起的，而允許它擊敗你(D. A. Willians & Keefe, 1991)。一般認為，將慢性疼痛看成朋友並不容易做到。然而，你和你的敵手（如慢性疼痛）越熟悉，你就越了解它們和它們如何產生影響，你將會比較不擔憂它們對你造成多少的傷害。

悲觀與神經質：如果生活態度呈現出悲觀與神經質的特質（參閱第一章），對慢性疼痛者是沒有幫助(Affleck, Tennen, Urrows, & Higgins, 1992; Long & Sangster, 1993)。悲觀和神經質與被動、無助和自責有關。為了成功地因應慢性疼痛，對生活發展出具有希望、樂觀和自我依賴特質的因應態度是必要的。

因應類風濕性關節炎之對策

另一個了解因應慢性疼痛過程的方法是留意針對特定且著名的慢性疼痛問題－類風濕性關節炎的研究。在美國，超過八百萬人口受到類風濕性關節炎這個慢性疾病的侵擾(Lambert & Lambert, 1987)。它是一種在不可預測的情況下，屬於再發性關節疼痛性發炎。當關節的疼痛性發炎到了極端的狀態時，關節炎會導致關節的外觀變形和功能的喪失。超過一半的類風濕性關節炎病人，在發病的五年內，就會失去了重要的工作能力(Yelin, Meenan, Nevitt, & Epstein, 1980)。關節炎使人衰弱將導致個人沮喪，而且降低個人對健康和生活的滿意度。類風濕性關節炎尚無法治癒，針對疼痛的醫療也常僅是表面和暫時性的。基於此理由，身患這種疾病的人有必要發展良好的因應技巧。

數種有效和無效的因應技巧：研究調查已指出因應類風濕性關節炎最有效的技巧是資訊的搜尋與認知的重建(Manne & Zautra, 1989; Revenson & Felton, 1989; Zautra & Manne, 1992)：

　　「資訊的搜尋」意味著知道和了解有關類風濕性關節炎的形成
　　　過程和預後的狀況，才不會覺得害怕與神秘。
　　「認知的重建」包括努力的以一個適當的態度來看待這個疾
　　　病，藉由接受它爲一個挑戰，並且了解許多人比你承受更多
　　　來自類風濕性關節炎的痛苦。

　　對類風濕性關節炎最無效的因應反應是自責、情緒化的表現和實現願望的幻想：

　　「自責」意味著因此疾病而責備你自己或尋找其他可歸咎的原
　　　因。
　　「情緒化的表現」是在人際關係中出現沮喪或憤怒之情境，來
　　　表達出你情緒上的壓力。
　　「願望實現的幻想」是一種只希望疾病能遠離的消極反應。

社會支持的價值

　　社會支持對於慢性疼痛的受害者是有幫助的，因爲讓他們知道關心他們的人可給予他們鼓勵(Jamison & Virts, 1990)。對於有慢性疼痛但身體大致健康的人來說，擁有激勵你自我依賴和獨立的支援者是有幫助的；對於身體不健康的慢性疼痛受害者而言，提供給某人依靠，以協助其負起生活責任的支援，較有助益。來自於重要人物的批評，相當不利於疼痛受害者之健康(Manne & Zautra, 1989; Reich & Zautra, 1995a, 1995b)。

有關因應慢性疼痛的一些結論

　　學習和熟練有效的疼痛因應策略的目的，是爲了增加個人的

能力感和自我效能感（參閱第二章）。有慢性疼痛者當他們對自己的能力有信心時，比較可能採取主動的疼痛因應策略(Altmaier, Russell, Kao, Lehmann, & Weinstein, 1993; Dolce, 1987; Jensen, Turner, & Romano, 1991; Kores, Murphy, Rosenthal Elias, & North, 1990; C. A. Smith, Dobbins, & Wallston, 1991)。為了獲得這種信心，慢性疼痛受害者必須完成下列的目標：

1.他們必須學習如何使用有效的疼痛因應技巧。為了熟練這些技巧，需要致力於擬定並遵循一個嚴密的時間表。
2.當他們的疼痛因應技巧不是百分之百有效時，他們必須設定實際的目標，如此才不會感到氣餒。
3.他們必須為自己的努力感到自豪，並相信自己能將生活管理得井然有序。

本章所述及的疼痛因應策略對慢性疼痛者是有所幫助的。然而，比起患有中度或輕微慢性疼痛者來說，慢性疼痛非常嚴重的人可能比較少從疼痛因應策略獲益確是事實(Jensen & Karoly, 1991)。患有嚴重慢性疼痛的人需要格外的給他鼓勵，使他能持續一個疼痛管理計畫，而且堅行不悖，並妥善處理不好的心態或行為。

疼痛治療中心的前景

由於意識到慢性疼痛會使人變得孱弱的影響，全美超過1000家的疼痛治療中心相繼設立。這些中心有許多是隸屬於醫院和大學，且將教學與研究編入他們的計畫中，其他治療中心是出於善意來經營的，但缺乏檢定合格的治療師來反應日益擴大的慢性疼痛治療的市場。我們建議欲尋求疼痛治療計畫的人，要選擇有國家檢定合格的治療中心(Block, 1982; Follick, Ahern, Attanasio, &

Riley, 1985; W. E. Fordyce, 1976; Kerns, Turk, & Holzman, 1983; Roy, 1984; Turk, Holzman, & Kerns,1986)。

疼痛治療中心的目標

　　疼痛治療中心的目標是要幫助罹患沒有藥物可以治療的慢性疼痛者。設立此類中心的目的，是為了配合教導人們運用技巧，讓自己過個有意義且滿意的生活。如此才能克服他們的慢性疼痛經驗。換言之，在疼痛治療中心接受治療的學習，有助於他們更有效地與疼痛共處的因應技巧，但在多數情況下並無法讓他們的疼痛消失。疼痛治療中心的目標並非要治療慢性疼痛（而令人遺憾的是，這確實也是不可能的），而是要幫助患有慢性疼痛的人承諾繼續他們的人生(W. E. Fordyce, 1988)。此類中心擬定有效的計畫，以幫助慢性疼痛受害者完成以下的挑戰：對慢性疼痛逆來順受、處理悲傷、沮喪和憤怒，以及調適人際關係等。

疼痛治療中心的概觀

　　疼痛治療中心提供住院病人與門診病人治療計畫。參與住院病人計畫者是住在疼痛治療所，其通常是附屬於醫院的獨立單位，這個疼痛治療計畫持續約3-4週。參與者居住在需自我照顧的房間、整理自己的床舖，以及做各種不同雜務的「社會中」。他們比較像學生而較不像病人，因為他們不是在計畫中接受「治療」或「矯正」，而是學習有用的因應技巧。參與門診病人計畫者，一星期上數次課程，教導他們每日可以在家練習的技巧。

疼痛治療計畫

　　疼痛治療中心的基礎建立在考慮所有慢性疼痛情況的多重訓練模式上(Novy, Nelson, Francis, & Turk, 1995)：

◇悲傷、沮喪和憤怒的「情緒體驗」。
◇受限於慢性疼痛的「活動和反應」，以及慢性疼痛所誘發的
　各種疼痛反應（跛行、苦相、聲音表現）。

◇與人們如何看待慢性疼痛，和說服他們自己克服自身疼痛有關的「認知活動」。

◇源自於疼痛之「知覺與身體的感覺」。

在疼痛中心工作的專業人員包含了醫師、護士、物理治療師、社工人員和臨床心理治療師。醫生要查明醫學診斷所涵蓋的各種可能方法，且他們會留意當參與者在這計畫中可能有的任何醫療需求。護士在參與者治療計畫的各個階段則分別地幫助他們。物理治療師教導參與者了解他們身體的力量和極限，他們提供個別處理的治療計畫，說服參與者同意每天練習的運動。社工人員與參與者及他們的家人會談，以便周密地擬定可幫助他們的計畫之後，亦即有慢性疼痛問題也能和諧生活的計畫。臨床心理治療師則提供課程，教導他們在本章稍早已提及的因應疼痛之技巧。他們也舉行小組會議，好讓參與者為了達到滿意的生活，而分享彼此的經驗及了解有效的方法。所以在疼痛治療中心的參與者也能相互獲益。他們發現社區生活安排中，有良好的支持來源，且在疼痛治療計畫結束之後，時常安排保持聯繫。評估調查已顯示，以上述的模式作為多重訓練疼痛中心的基礎，能成功地協助大多數慢性疼痛者過著更充實的生活(W. E. Fordyce, Brockway, Bergman, & Spengler, 1986; Kleinke & Spangler, 1988a; McArthur, Cohen, Gottlieb, Naliboff, & Schandler, 1987a, 1987b)。

疼痛的初級與次級評估

在本章下結論的良好方式之一，即討論疼痛和疼痛因應技巧與初級和次級評估過程的關聯性。

疼痛的初級評估

你對疼痛的初級評估理所當然將會是負面的。人們極少有喜

歡疼痛的經驗。然而,當你做疼痛的初級評估時,問問自己把疼痛視為可怕的、不能忍受的和不幸的或令人不悅、不便和厭惡的,但卻是眾多生活挑戰中你能接受的一個,這樣的看法是否對你最有利。不要否認你憤怒、擔心和沮喪的感覺,因為對疼痛來說,它們是正常的反應。當你認同這些感受時,遵循第二章中理性思考的建議會是有用的。

疼痛的次級評估

當在做疼痛的次級評估並考慮因應做法時,你可以運用本章所學到的數種因應技巧。當面對疼痛時,瀏覽你的因應技巧一覽表,並尋找最有用的項目。同時利用第三章所提及之問題解決方法,藉由熟練你的疼痛因應技巧,將可增強你的自我效能感,並且對於下一個需共處的疼痛經歷將有更萬全的準備。

因應疼痛技巧之一覽表

◇因應技巧1:採取一因應態度。

◇因應技巧2:學習自我放鬆。

◇因應技巧3:利用能分散注意力的事物。

◇因應技巧4:使用具創造性的想像。

◇因應技巧5:冰塊的使用。

◇因應技巧6:說服自己克服疼痛。

◇ 因應技巧7:保持幽默感。

◇因應技巧8:遵循實際的期望。

◇因應技巧9:忍受慢性疼痛。

◇因應技巧10:處理悲傷、沮喪和憤怒。

◇因應技巧11:在人際關係中做調適。

第*13*章 因應疾病和保持健康的對策

保持健康
壓力
因應住院治療的對策
因應侵入性醫療行為之對策
手術前的準備
因應頭痛之對策
因應癌症之對策
因應愛滋病之對策
平衡自我效能和接納
結語

本書第十三章之後的章節不同於第四章到第十二章，它們並未含括明確的各種因應技巧。這些章節採取較個人化的方法來省察面臨困難生活經驗者其特殊體驗。除了看看這些因應者的個人經驗外，你也可以從若干重要主題之研究所達成的結論中，獲得更多的知識。

本章的焦點放在如何維持健康上。我將討論影響許多人的健康問題，並略述因應的建議；此外，你將瞭解初級預防的好處，以及發展堅毅、低壓力人格的重要性。第十四章則專門探討人們遭遇創傷事件的經驗；第十五章則藉由討論將因應視為生活型態來做為本書主題的總結。

保持健康

近幾年，正嘗試逐漸推廣由健康專業人員教導人們如何降低他們生病的危險性，這種從事健康維護的行為被稱之為「初級預防」(Cqplan, 1964)。初級預防工作是有良好意義的，因為好處在於避免讓我們生病，以及藉由自我照顧來保持健康。

雖然只有極少數的人反對初級預防的觀念，但想想下列不良的健康習慣：抽煙、酗酒和藥物濫用、飲食習慣久佳、運動不足以及開(坐)車不繫上安全帶等，而這些只是涉及到人們將自己推向危難情況中的皮毛而已。人們對教授良好衛生習慣重要性的認同，最後導致行為醫學與健康心理學領域的發展(Krantz, Grunberg, & Baum, 1985; Pomerlean & Rodin, 1986; Rodin & Salovey, 1989; S. E. Taylor, 1987, 1994)。「行為醫學」之定義為「涉及健康、疾病和相關生理官能障礙的科學研究、教育和實務等幾方面所構成的科際整合領域」(Gatchel & Baum, 1983, p10)。為尋找目前此領域的研究情況，查閱「行為醫學期刊」是個好方法。「健康心理學」被認為是心理學家對行為醫學所做的特殊貢獻。這些活動也許是在復健、神經心理學和健康之維護與促進的

範疇(Johnstone et al., 1995)中。在此領域中最重要的期刊是「健康心理學」。

　　心理學家的主要目的在提昇預防保健的習慣，強調「個人的職責在於運用行為與生物醫學的科學知識和技巧，藉由各類自動自發的個人或團體活動來保持健康，以及預防疾病和功能失常」(Matarazzo, 1980, p.813)。這個定義暗示了我們都有責任藉由運用科學研究中所發現的有效因應技巧，來照顧我們自己的健康。這些技巧將在本章後續的部分加以討論。

掌控你的健康

　　依據你同意或不同意的程度回答下列的敘述：

	非常同意	同意	不同意	非常不同意
1. 假如我能關心自己的健康，我就能避免生病	---	---	---	---
2. 身體健康便是福	---	---	---	---
3. 無論我何時生病，都是因為我的行為所造成的	---	---	---	---
4. 無論我怎麼做，假如我想要生病，我就會生病	---	---	---	---
5. 人們的不健康是由於自己的粗心	---	---	---	---
6. 大部份的人不了解他們疾病的嚴重程度是由偶然的事件所控制	---	---	---	---
7. 我直接負責我自己的健康	---	---	---	---
8. 從未生病的人只是相當幸運罷了	---	---	---	---

這些敘述摘自健康控制方向量表(Wallston, Wallston, Kaplan & Maides, 1976)。同意第1、3、5、7四項敘述者關於他們的健康傾向於內在控制方向。他們會藉由尋求相關的資訊和實行良好的衛生習慣來對他們的健康負責。同意第2、4、6、8四項敘述者傾向於擁有一個關於他們健康的外在控制軌跡。他們不認同健康預防法的價值，且低估和維護身體健康的職責。假如你有下列各種態度的自我效能感特質，你會更滿意，更確信你的健康(Marshall, 1991)：

「我通常能以自己的努力來處理有關健康的問題」
「當我有健康問題時，我通常能靠自己因應之」
「假如我生病了，我有讓自己康復的力量」

在我們的社會中，鼓勵人們能主動去照顧自己的健康是個大的挑戰(Kaplan, 1991)。研究報告指出，每日做良好健康保健習慣的人比較少有身體疾病與精神壓力的問題(Nowack, 1989)，而在童年期間培養出用心盡責態度者，比較長壽(Friedman et al, 1993)。我希望本章能增強你在健康上的內在控制感。

負起責任的挑戰

你認為會有多少百分比的人同意這句話：「我希望更加留意我自己的健康？」幾乎每個人都會肯定的回答。這裡有12項可讓我們每個人立即掌控健康的做法(Matarazzo, 1984)：

1. 每天有7～8小時的睡眠
2. 每天吃早餐
3. 讓你的體重維持在正常標準上下
4. 不要抽煙
5. 適度或完全不飲酒
6. 做規律的體能活動

7. 繫上安全帶

8. 開車不超速

9. 學習良好的飲食習慣並遵循之

10. 假如你是女性，學習如何做定期乳房自我檢查

11. 假如你是男性，學習如何做定期前列腺檢查

12. 尋找一個你能溝通的醫師

遵循這12項建議將可增加你的生活期望；然而，有多少人讀了這本書後會改變他們的生活型態呢？答案是非常少。這顯示了行為醫學與健康心理學的領域是多麼具有挑戰性。一般人會認為掌控自己的健康是件容易的事，但要如何讓自己做到這一點呢？

壓力

針對壓力如何給身體和情緒的健康帶來不好的影響，已有很多相關的著述。數百個研究調查說明遇到了下列的壓力性生活事件時，人們要如何調適(Holmes & Rahe, 1967; Maddi; Bartone, & Puccetti, 1987)：

愛人的死亡	經濟狀況改變
離婚	個人受傷或生病
分居	家人受傷或生病
婚姻	開學
失業	子女的婚姻
懷孕	流產、墮胎
性行為障礙	對婚姻不忠
換工作	遭到襲擊或搶劫
搬家	被官司纏身

失去了重要的友誼　　　　家中多了一位新成員
犯法　　　　　　　　　　發生意外事故

　　你可以藉由勾選出目前發生於你身上的生活事件，來測試你
現在的生活壓力。這些研究調查主要的結論就是壓力事件可能是
有害的，而同時遭遇許多壓力性生活事件者，則有特別高的危險
性；然而，生活改變是否會有不良的影響，則看當事人他(她)的
初級和次級評估，以及因應技巧而定。察覺有壓力的生活事件能
幫助你對生命中的困境有正確的態度。假如你熟練本書所討論的
因應技巧，你未必會遭受來自壓力事件的不良影響。

　　假如你遭遇了壓力事件，那麼給自己一個機會，並且在這事
件期間，你首要的採取因應技巧就是「撐下去」。當你有機會去評
估情況後，才能決定哪一個因應技巧是最適當的了(Holmes &
Masuda, 1974; Kessler, Price, & Wortman, 1985; Krantz, Grunberg, &
Baum, 1985; Maddi, Bartone, & Puccetti, 1987)。

發展低壓力人格

　　在第三章中已提及假如人類居住在這世界上的歷史夠長久，
他們也許能發展出天生的放鬆反應來取代攻擊或逃避的反應，而
這似乎成為目前我們面對挑戰的反應特徵。就以我們當前社會的
競爭本質，連同社會上的噪音、交通阻塞和污染來說，攻擊或逃
避的反應是特別地不適合；然而，許多人卻想都不想地就採取這
個因應型態。雖然，在短期內他們常可以得到他們所要的，但從
長期來看，他們則必須付出情緒和身體上的代價。我曾說過這種
攻擊或逃避的反應已被心理學家當成A型的行為模式。譬如，如
果用下列問題來描述你的生活型態有多貼切？

1.你的工作背負了重責大任嗎？
2.你比大部份人更認真地驅策自己完成任務嗎？
3.你參加比賽只為了獲勝嗎？

4.當注意某個人對工作埋首苦幹時，會令你坐立不安嗎？

5.你吃東西很快嗎？

6.當排隊等候時，你會覺得灰心和憤怒嗎？

7.你比大部份人承受了更多的壓力嗎？

這些問題係取自評估符合A型者的採訪記錄中改寫而來的(Rosenman, 1978)。A型行為者可能有著下列的特質：

趕時間：A型模式的人是匆匆忙忙的。他們覺得自己永遠沒有足夠的時間，來完成他們被要求做完的每一件事。

競爭性：A型者慣常與他人競爭，他們非常在意他們是不是有價值和「成功」的形象，以致於他們沒有放鬆的時刻和享受樂趣的機會。

敵意：當A型者被耽擱或者有他人擋住他們的去路時，他們的「趕時間」意識會引發他們的憤怒感。他們的「競爭性」也妨礙個人親密關係的發展，因為他們提防著任何一個企圖領先他們的人。

控制的需要：A型者過度要求控制他們生活中的事物，包括控制他們周遭其他人的行為。

A型行為者在情緒和身體上付出了極高的代價，他們比較不可能有滿意的人際關係，也比較容易受心臟病疾病的影響，有較高的死亡之虞(Gatchel & Raum, 1983; Matarazzo, 1984)。A型行為者遭受如此多生活壓力的原因之一，即他們很難接受什麼是他能與不能控制的事情(Glass, 1977; Wright et al., 1990)。在這整本書中，我們建議你對有些生活事件的最佳「控制」，就是你樂意的讓它們自然發展下去。A型行為者會讓自己筋疲力竭，因為他們的初級評估告訴他們，幾乎「每一件事」都是具威脅性的，而且他們的次級評估沒有正確地區分出他們能與不能改變的生活事件。

這類型的人也會對自己不利的，因爲他們會去做第二章所描述的認知曲解(Westra & Kuiper, 1992)。除此之外，A型行爲者的敵對態度也造成他們更多人際關係之間的壓力(T. W. Smith, 1992)。

從A型行爲者身上你可以學到一個教訓，亦即讓自己放慢腳步，讓生活輕鬆一點是好的。這裡有一些很有用的建議(Gatchel & Baum, 1983, p.212)：

◇當與他人互動時，要冷靜且集中注意力
◇以低聲、柔和的語調慢條斯理地說話
◇不要打斷他人的談話
◇當你與某人意見不合時，不要生氣憤怒
◇讓你的身體保持放鬆
◇緩緩呼吸
◇微笑

培養堅毅的態度

對壓力的生活事件有最佳調適者是有堅毅態度的人(Kobasa, 1979; Kobasa, Maddi, & Kahn, 1982; Kobasa, maddi, Puccetti, & Zola, 1985)。培養出堅毅的態度，意味著建立責任、控制和挑戰的觀念。

「責任」：意指在你的人生中採取主動的角色。當你讓自己負責任時，你的人生就會有目的。你不是個被動的旁觀者，你承單擔使你的人生有意義的責任。

「控制」：係指先前所提到的健康控制方向量表中的內在控制軌跡。控制感可藉由發展你的內在控制(第三章)和自我效能(第二章)而獲得。控制感與無助感是相對的(參閱第十五章)。當你爲自己負責、做適當的初級和次級評估，以及履行良好的因應技巧時，控制感就會產生了。

「挑戰」：可經由認識成長與改變的益處而獲得理解，這有賴於你的彈性。新的經驗時常具有壓力，而尋求安定以維持你的安全感，則是令人心動的。也許剛開始要欣然接受改變會很困難，但從長遠來說，這將會讓你更加成長茁壯。

一個具有堅毅態度者會對生活採取問題解決態度，以及有效地利用社會支持系統(P. G. Willians, Wiebe, & Smith, 1992)。有堅毅態度的人通常不會用自責願望式思考或逃避來做為因應問題的對策。堅毅與第一章描述的神經質人格類型是完全相反的

運用支持系統

第三章提到建立支持系統的技巧對你的身心健康是有益的。良好的支持系統能幫助你緩和壓力性生活事件的影響。在對疾病和傷害進行復健和適應的這段期間，來自他人的支持也能給予鼓勵，並去除沮喪(Holahan, Moos, Holahan, & Brennan, 1995)。當然，支持系統的運用是個人的事情。有些人非常樂意分攤他們的壓力，並且從廣大的支持系統中獲益；有些人則較喜歡隱藏他們的問題，而且依賴一個非常微弱的支持系統。我們必須了解在承受壓力的時候，孤立自己是不健康的。所以，建立對自己有最佳影響的支持系統對你是最有利的(Cohen & Syme, 1985; Kessler, Price, & Wortman, 1985; Pomerlean & Rodin, 1986; Reis, Wheeler, Vezlek, Kernis, & Spiegel, 1985; Wallston, Alagna, Devillis, & Devillis, 1983)。

因應噪音、擁擠和空氣污染

噪音、擁擠和污染所呈現的壓力是由人類科技發展所引起的，這些壓力對我們的健康有害嗎？回答這個問題的最佳方法就是一一來探討它們。

噪音

在過去這10年間，美國境內噪昔的程度不斷地提昇(Snter,

1991)。噪音會對我們的健康有不良影響的觀念已逐漸形成,而且政府機關也正試圖管制這項污染(Stanples, 1996)。

　　洛杉磯噪音研究計畫是針對噪音在人體健康和精神官能方面之影響,進行廣泛的研究(Cohen, Erans, Stokols, & Krantz, 1986)。這個研究的目的在了解來自洛杉磯國際機場的噪音,如何直接影響就讀鄰近機場學校的孩童。這些調查每2.5分鐘就會和城市中其它地區就讀的孩童相比較。平均而言,暴露於高分貝噪音的孩童有較高的血壓,而且在需要專注和記憶的學習課業上表現較差。這個調查和其他研究結果,幾乎証實了經常不斷地暴露在噪音中是有害的。噪音污染最令人不安的一件事,就是它通常不可預測,而且在我們的控制能力之外。我們所擔憂的不只是噪音所引起的精神渙散,也包括了無法阻止噪音帶來的挫折感在內。

擁擠

　　當擁擠干擾了我們正試圖去做的事情時,最令我們感到心煩。我們之中大部份人都曾處於擁擠不成問題的場合中,諸如派對和社交聚會等場合中,而擁擠不會有問題發生;然而,當太緊鄰其他人而妨礙我們的日常活動時,擁擠就會令人感到煩擾。在精神病醫院和監獄,這種人與人極接近的狀態,會加深其他不適當行為。擁擠與較高比例的疾病、情緒問題、自殺和死亡有密切的關聯(V. C. Cox, Paulus, & McCain, 1984; Paulus, McCain, & Cox, 1978)。Andrew Baum和他的同事調查大學生居住在一擁擠宿舍的反應(Baum, Aiello, & Calesnick, 1978; Baum, Fister, & Solomon, 1981; Baum, & Gathel, 1981; Rodin & Baum, 1978)。學生居住在擁擠的環境中,最感到煩亂的經驗之一,即他們的個人控制感降低了。居住在擁擠寢室的學生,覺得他們最感困擾的是隱私極少;那些住在長廊宿舍的人,他們的社交接觸少有選擇,且不能發展出社區的意識。由於失去個人控制的結果是源自他們擁擠的生活空間,所以學生們變成有退縮的傾向。他們不滿意其生活環境,而且他們難以互助,以友善的態度對待他人。為了協助居住在一

學習和其他練習可幫助你因應生活環
境壓力的技巧,是值得做的一件事

長廊宿舍的學生,Baum 和 Davis(1980)說服他們重新整修空間為
二間房間之中夾一間休息室。生活空間的這種改變對學生的士氣
和社交互動有著非常正面的影響。

　　雖然在上述的研究中,遭受擁擠之苦的學生,已獲得研究人
員的協助而脫離擁擠的環境,但在許多情況下,我們能幫助自己
因應擁擠。以下有一些建議(Kleinke, 1986b, cliap.6)。

　　決定優先順位:假如在擁擠的環境中會干擾你的注意力,那麼
把焦點集中在特定的目標上,藉由決定優先順位,你可以讓自己
不至於窒息。

　　適當地思考:它將幫助你說服自己克服壓力的情境(參閱第三
章),而擁擠有時就是一種壓力。適當思考的最佳例子是在一研究
中,請參與者進入一個擁擠的商店中,盡其所能迅速地買齊採購
表上的東西(Langer & Salgert, 1977)。當參與者被教導如何訓練自
己不顧擁擠來完成他們的任務時,他們更會成功。

採取行動：做些在不愉快的情況下，可增強你控制感的事情。有時，你可以調整外在的環境。假如這點行不通，那麼就藉由維持你的沈著，以委婉但自我肯定的方式吸引其他人注意，以維持你的能力感。

污染

提到污染，首先必須認識的就是，它對我們身體健康有直接的威脅：

> 空氣污染對健康的影響包括了呼吸系統的感染、含刺激性物質，以及使人生病。光化學高氧化物(煙霧)會對四周產生刺激性物質，而且會引起呼吸道的不舒服。有些上呼吸道損傷也曾做過研究，若有二氧化硫散佈在周遭環境，會刺激上呼吸道、降低粘膜的清除作用和降低肺部功能，二氧化硫與上呼吸道感染、支氣管炎和氣喘有關。有些呼吸道疾病也與氮氧化物有關，氮氧化物會降低肺部功能和抗病力，使支氣管發炎，並干擾血紅素的攜氧作用。一氧化碳物質與心血管疾病有關，它會降低新生兒出生體重，而且在極度暴露於二氧化碳的情況下，會出現頭痛、頭暈和噁心等症狀。針對各種包括有毒金屬的微粒物質；像鉛和汞的研究，已知道它們對人類的影響，包括肺部病害、癌症、間皮組織損傷，和汞引起的肺癌；鉛會引起的腸胃功能失常、貧血、延緩生理功能和損害神經功能；甲狀腺障礙和石綿引起的癌症等(S. Cohen et al., 1986, p.129-130)。

這是很糟糕的，當這些健康風險因你知道正被毒害，卻無力改善的這種壓力日益增加時，你就要開始重視這個因人為而產生的污染，所造成的不利影響。

部份結論

噪音、擁擠和空氣污染有個共同的問題，就是它們對我們個

人控制感產生了威脅。當掌控我們生活的能力受到太多的限制時，我們就會產生第十五章所描述的那種無助感。你能如何因應呢？當引起噪音、擁擠和污染的情況可能改變時，放手去做吧！雖然你可以有效、有建設性地對環境進行改善，但是不要因為不切實際的期望和無端的憤怒讓你的壓力增加。記住，即使這大環境通常難以改變，但你都能處理你自己的反應，才是重要的。以下這些在第三章已提過的技巧應能幫助你成功因應環境壓力：

「**支持系統**」能鼓勵你去改善你的環境。

「**問題解決**」能幫助你確認改善環境的方法和付諸行動的策略。

「**自我放鬆**」對於當面臨環境壓力時，控制你身體的「察覺力」是理想的技巧。

「**內在控制**」能幫助你預防無助感。

「**說服自己克服挑戰**」能在面臨環境壓力時，幫助你維持鎮靜。

因應住院治療的對策

對大部份人來說，住院治療是有壓力的。醫院會讓人油然升起莫名的恐懼，讓我們的生活失去控制，以及真的憂心我們的健康。即使你想要維持自我效能感也很難，因為你時常處於讓你感覺無助的情境下。Shelley Taylor(1979)描述了醫院病患常使用的三種因應類型，而這些類型都是不好的：

人格喪失：這些病人藉由「發洩」和封鎖他們的情緒來因應住院治療。基於此，他們時常會遭到非人性的待遇，而且最終只獲得焦慮和沮喪。

無助：這些病患以消極和順從來因應之。他們等待醫院的工

作人員來告訴他們要做什麼。他們不會抱怨，也不會問任何問題。然而，他們時常被忽略，最後只感到無助和沮喪。

抗拒：這些病人是以攻擊性手段做為自己爭權益的方式來因應。當他們的需要不能獲得滿足時，他們會問問題、要求關心和抱怨，以抗拒方式因應的病人，時常與醫院工作人員不合，而工作人員也會以故示親切的態度對待他們。結果，這些病人只會遭受挫折感和憤怒。

當我們不得不住院時，其挑戰乃在維護權益，獲得適當治療，以及與向來忙碌、疲倦和覺得工作過量的醫院工作人員維持良好關係，這三者之間尋找適當的平衡點。這不是個小任務，試想你不能隨時獲得社會支援，而且你要承受大量的壓力和擔心自己。然而，你可以理性思考、自我放鬆、保持幽默感、維護自身權益和說服自己克服挑戰(參閱第三章)來幫助你自己。

因應侵入性醫療行為之對策

由於大眾對因應對策和保健的興趣日增，研究人員調查了人們，發現對侵入性醫療行為有用的各類反應，這些醫療行為諸如捐血、血液透析、牙科治療、心臟手術等，從這些研究中可得到下列的建議：

1.假如病患在接受醫療行為期間，能給予他們一些參與感和控制感是有幫助的。譬如，允許你選擇較想伸出來捐血的手臂，來幫助你更放鬆地進行抽血(Mills & Krantz, 1979)。即使控制的機會也許很少，但它仍能提供你與醫療人員合作的體驗，而不是把你當成接受手術的被動「物體」。

2.當你要接受控制力有限的醫療處置工作時，把你的注意力移至他處，甚至假裝這醫療工作沒有發生，亦可幫助你轉移注意

力(Chrisensen, Benotsch, Lawton, & Wiebe, 1995; Kaloupek & Stoupakis, 1985; Kaloupek, White, & Wong, 1984; Miller, Roussi, Caputo, & Kruus, 1995)。

3.當醫療行為給予你控制的機會時(如控制你的飲食或監測你的液體攝取量)，採取一種較積極的問題解決因應反應是有益的(Christensen.et al., 1995)。換句話說，若你能做得到，就讓自己投入你的醫療過程中．

4.保持樂觀的想法是有助益的(參閱第十五章)。一個樂觀的態度可使你免於被負面的情感所盤据。對恐懼，胡思亂想，要嘛就是不切實際，要嘛就是在你所能控制的(Scheier et al., 1989)。樂觀的態度也可鼓勵你透過增強你整體幸福感的行為，讓自己度過醫療治療工作。

5.其他因應醫療處置工作有用的技巧，包括自我放鬆和自我效能(Litt, Nye, & Shafer, 1995)。當利用自我放鬆和保持你的自信心時，在心中演練該醫療行為是有幫助的。

手術前的準備

在接受手術前，參加某種訓練或準備已經越來越普遍。許多醫師用錄影帶或小冊子來說明手術過程。病人在手術前常被鼓勵去參觀這家醫院，如此才不會認為醫院是個陌生和令人害怕的地方。了解病人如何在手術前做最佳的準備，是個相當令人感興趣的話題。探討這個主題的研究調查中已導出了數種有用的策略。

提供資訊

對人們來說，藉由獲取資料做為手術前的準備是有益處的，這些資料包括要對他們做哪些事，他們將會有哪些不適和不便的感覺(K. O. Anderson & Masur, 1983; S. M. Miller, Combs, &

Stoddard, 1989; Taylor & Clark ,1986)。有關提供手術資訊的一個原則為：人們對於將要發生在他們身上的事情有機會去了解和準備，可以得到安心。提供符合手術病人需求和欲望的資訊類型是最好的。有些人較喜歡被告知有關手術過程的特別細節，而有些人則覺得沒有「流血」細節的一般性解說較令人舒服。

運用你的因應技巧

　　第三章所提及的一些因應技巧對於順利渡過手術特別有幫助。自我放鬆是個非常有用的因應技巧，尤其當你把自我放鬆技巧視為在壓力情況下，運用自我效能的方法時，更是有用(Gattuso, litt, Fitzgerald, 1992)。而幽默感和社會支持系統可能也非常有益。你也能藉由說服自己克服這挑戰來維持內在控制感。在手術前，適度的焦慮是正常的，假如你完全地否認你對手術的憂慮，也許是你沒有下功夫得知手術過程，以及作適當準備而產生的反應。但藉由熟練良好的因應技巧，可以讓確實不利己的高度恐懼緩和下來(Janis, 1958)。與曾經成功地因應相同手術過程的人交談，也是有幫助的。假如孩童(或成人)有機會去觀看一電影，劇情描述像他們一樣的某個人運用良好的因應技巧，來順利度過手術過程中的每一階段，則對他們會有很大的益處(Melamed, 1984)。當你要接受手術時，不可以做的一件事，就是做第十二章所描述的毀滅性反應(Jacobsen & Butler, 1996)。

　　在針對即將接受手術的病人所做之研究中，可發現運用技巧來渡過外科手術一個好例子(Langer, Janis, & Wolfer, 1975)。這些病人被訓練藉由做適當的初級和次級評估，來因應他們日期接近的手術。雖然手術會造成其不便，但他們知道以長期眼光來看，手術卻是有益的。他們被教導如何藉由享受來自醫院工作人員和訪客的關心，利用這機會來檢視他們的生活，以及享有免於外界壓力的假期等，以維持他們住院治療期間的控制感。他們也練習使用第十二章所提的疼痛控制策略。由於訓練他們運用因應技巧的結果，這些病人會比其他接受相同手術的病人，更快地從手術

中恢復。他們較不焦慮、較放鬆和較不依賴減緩疼痛的藥物。

　　在分娩時可以觀察到因應手術原則的另一個例子。雖然對女性來說，有各種不同的方法可為分娩做準備，但它們都是要達到下列的目的：

　　◇藉由提供正確的預期來降低焦慮
　　◇以教導自我處理技巧來加強自我效能感
　　◇訓練自我放鬆
　　◇教導女性和她們的丈夫使用分散注意力的技巧
　　◇訓練控制呼吸(其可加強自我放鬆和分散注意力)
　　◇在分娩的前、中、後期，鼓勵其發展社會支持

　　已証明運用這些技巧可幫助女性控制她們的焦慮和疼痛，並且用更正面的態度來完成分娩(Leventhal, Leventhal, Shacham, & Easterling, 1989; Wideman & Singer, 1984)。

因應頭痛之對策

　　調查指出15%的男性和25%的女性有規律性的頭痛(Holroyd, 1986)。頭痛使工作上損失數百萬美元和大量就醫的人數比例。有家大製造業便是靠頭痛醫療的龐大市場而生存下來。目前有二種頭痛是最常見的：偏頭痛、壓力性頭痛。

偏頭痛

　　偏頭痛的特質是在前額或太陽穴或耳朵或眼睛周圍等地方，感覺有激烈的抽動和連續敲擊的疼痛。偏頭痛通常在頭的其中一邊發作，而且常伴隨出現噁心和視覺障礙，如出現閃光和視線模糊不清。典型的偏頭痛大約持續1～2天。偏頭痛被認為是由於腦部不規則的血流所引起的，其時常是先發生在動脈收縮和血液供

應不足，接著因為動脈發炎、腫脹和疼痛而舒張所致。

壓力性頭痛

壓力性頭痛的特質是緊張、壓力或緊壓的感覺。他們覺得自己的頭好像被老虎鉗夾緊或鋼條緊緊地箍住。壓力性頭痛可以持續數天、數星期甚至數個月。雖然有些研究者相信血液流量的改變也是主因，但它們的成因通常是由於肌肉緊張所致。

治療頭痛

建議有嚴重和周期性頭痛的人，在就醫時，採取下列的步驟：

1. 請教醫生以排除神經學上的併發症，以及和顎體不當功能有關的顱骨和下頜關節官能失常所帶來的疼痛。
2. 評估你的飲食，尤其是偏頭痛的患者，咖啡因和酒精可能是最有問題的元凶。
3. 評定目前可能引起頭痛的生活壓力因素
4. 評估可能促成和引發頭痛的憤怒與沮喪之情緒
5. 接受有關頭痛的教育，灌輸自我效能感和內在控制感
6. 不使用不當的藥物治療
7. 熟練自我放鬆技巧

研究調查指出自我放鬆技巧對偏頭痛和壓力性頭痛可能皆有助益。生物反饋訓練在某些病例上是有用的，因為它協助頭痛患者把焦點放在他們身體上最重要的部位(Adums, Feuerstein, & Fowler, 1980; Audrasik, Blanchard, Neff, & rodichok, 1984; Blanchard, Andrasik, Neff, et al., 1982, 1983)，而讓頭痛患者注意他們的生活型態也是一種療法，誠如：你如何處理人際間的衝突呢？你對生活挑戰的評估合理嗎？你已養成先前討論過的A型行為模式嗎？雖然期待治本的療法不太可能，但這裡所提出的步驟，可以讓許多頭痛患者抒解疼痛。

因應癌症之對策

在美國有1/3的人和3/4的家庭深受癌症此一壓力性生活事件所影響(American Cuicer Seciety, 1985)。由於癌症原因的廣泛性和預後的不確定性，使得它成為許多人最嚴重和最長久的壓力之一。有個方法可以幫助你減緩對癌症的恐懼，即盡可能清楚地了解你罹患癌症的危險性。通常，人們會高估他們得癌症的危險性(Kreuter & Serecher, 1995)。當這種對癌症的過度恐懼，結合了對「嚴重」病症超敏感的高度監控類型(參閱第一章)時，它就會帶來重大的精神痛苦(Shwartz, Lerman, Miller, Paly, & Masny, 1995)。因應癌症威脅的最佳辦法，就是盡可能清楚地了解你罹患癌症的危險性。依據你的危險程度，你的醫生會建議你採取有關預先警戒的措施。使自己去執行預防計畫，可幫助你免於不必要的擔心和胡思亂想。藉由了解那些曾被迫去因應癌的人所具備的恢復力和意志力，你可以學習許多的因應對策。為了達到這個目的，Shelley Taylor 和她的同事進行了廣泛的會談，以了解人們如何因應癌症，並確認有效的因應型態(S. E. Taylor, 1983, S. E. Taylor, Lichtman & Wood, 1984; Wood, Taylor, & Lichtman, 1985)。參與這一系列研究的是罹患乳癌的女性和他們的家庭成員。這些患者的年齡介於29到78歲之間，幾乎每一個參與者都接受過手術，而且她們的預後從非常好的到不佳的皆有。她們用來調適她們罹患癌症經驗的因應技巧被分成三個主要的範疇：尋找意義、維持自我效能和建立自尊。

尋找意義

人類皆有尋找他們人生的意義，以及覺得自己對於事情發生始末有某種程度了解的需要。尋找你人生的意義是個因應技巧，因為它可幫助你了解你為何存在。一個有意義的意識給你享受美好的時光和容忍困境的理由。癌症病人以二件事情來再次肯定他

們的人生意義。第一，他們尋找為何會罹患癌症的解釋。有些患者覺得他們的癌症是由於壓力所致；有些則相信它是因飲食或致癌物質所引起的。另一組患者則將他們的癌症歸因於遺傳。雖然醫學科學仍未完全地了解導致癌症的原因，但這些患者卻有為他們的癌症尋找理由的需要。就算採取一種特別的解釋，似乎也沒有多大的差異，重要的是尋找一種能賦予癌症經驗個人意義的解釋。

維持自我效能

　　許多病人是藉由維持他們的自我效能感來因應癌症。有2/3的癌症患者相信自己對癌症至少具備一些控制力。這點之所以有趣是因為在嚴謹的治療期間，患者影響治療結果的機會，或者他們的癌症會再度復發的機會，都是非常有限。然而，相信他們一直有力量負責管理他們的生活；無論對身體或心理而言，都是個重要的因應技巧。癌症患者可以用多種方法來保持住他們的自我效能。他們之中有許多人決定採取正面的態度，拒絕成為一個無助和消極的人。他們也藉由保持忙碌來發揮他們的自我效能，他們練習自我放鬆、投入運動計劃，並且在他們的飲食中增加了更多健康的食品。另一個可以幫助病患在他們生活上維持控制感的活動，就是尋找有關癌症的資訊和知識。他們需要相關的書籍和小冊子，以及加入一些團體，讓自己以積極的態度面對引發威脅他們的重大生活事件的癌症為目標。

　　對於身患慢性疾病者來說，維持對他們生活的控制感是重要的因應技巧(S. E. Taylor, Helgson, Reek, & Skokan, 1991)。就連罹患嚴重疾病的人來說，假如他們找出（或深信）其能掌控疾病的某些部份的話，這些需要重大醫療醫治的病人就會有較健康的感覺。資訊的搜尋對因應慢性疾病而言，是另一個有用的技巧，因為它會增強你掌控生活的感覺，並做某些事來取代消極地等待情況自然改善(Feltom & Revenson, 1984)。

建立自尊心

　　癌症病患試圖以能增強他們自尊心的想法和行為來對抗沮喪和絕望的感受。許多病人常用的策略是拿自己和那些更加不幸的人比較。譬如，有位年老的婦人拿自己與一名較年輕的女子比較，她說：「我真的為這些年輕的女子難過，你們在這麼年輕時，就失去一個乳房，真是糟透了。我已73歲了，我還要一個乳房作什麼啊？」(S. E. Taylor, 1983, p.1166)。一名年輕的已婚女性拿自己與一單身女子比較，她說：「假如我尚未結婚，我想這件事真的會要了我的命，我無法想像在約會或做什麼事的時候，不知道該如何向對方開口說這件事。」(S. E. Taylor, 1983, p.1166)。藉由了解那些更不幸的人來增強自尊心和欣賞人生的能力，是個普通的因應技巧(Perloff, 1987; Wond et al., 1985)。

　　癌症病患也能藉由把他們罹患癌症當作一個重要的生活經驗，以增強他們的自尊心。許多病人因遭受這個刺激而在他們的工作、居住環境和他們逃避的個人關係中做改變。有些病患則利用這機會去旅行、閱讀新書，以及從事有趣的活動來犒賞自己。這些試圖去建立自尊心的病患，在面對其嚴重疾病時，他們無論如何都會對自己說：「人生給了我一個困難的挑戰，我如何能從中獲得最大的利益呢？」

利用支持系統

　　慢性疾病患者能從運用支持系統中得益(參閱第三章)。癌症病患可以尋找醫療專業人員、他們的朋友、家人和有組織的支持團體的支持。與癌症病人的會談中顯示，利用支持系統做為因應技巧，是因人而異的事情(Taylor, Falke, Shoptaw, & Lichtman, 1986)。好比有些病人得益於擁有許多支持者；而有些病人把自己的支持者侷限於少數幾位。有些病人較喜歡個別的支持者；而有些則喜歡團體的支持系統，似乎不是每個病患皆應加入支持性團體。然而，根據你個人的偏好和需要，去尋找支持的能力就是個有用的因應技巧。

表13-1 癌症病患提出有益與無益的行為

支持人士	有益行為	無益行為
配偶	陪在身旁(只是隨侍有側) 表達關心、同理心和愛心 冷靜地接受病人的癌症	批評病患對癌症的反應 將癌症對病患的影響作最低的估計 表達過多的擔心和悲觀
家人	表達關心、同理心和愛心 陪在身旁(只是隨侍在側) 提供實際的援助	將癌症對病患的影響作最低的估計 批評病人對癌症的反應 很少表示關心、同理心或愛心
朋友	表達關心、同理心和愛心 提供實際的援助 冷靜地接受病人的癌症	避免與病人作社交接觸 表達過多的擔心和悲觀 將癌症對病患的影響作最低的估計
護士	表達關心、同理心和愛心 提供實際的援助 友善和親切的	提拱技術上不適當的醫療照護 將癌症對病患的影響作最低的估計 很少表示關心、同理心和愛心
醫生	提供有用的資訊和建議 對癒後和病人的因應能力表示樂觀 提供技術上適當的醫療照護	未提供充分的理由 很少表達關心、同理心和愛心 很少表達關心、同理心和愛心

SOURCE: From "Victim's Perceptions of Social Support : What Is Helpful from Whom?" by G. A. Dakof and S. E.Taylor, 1990, *Journalof Personality and Social Psychology, 58,* 80-89. Copyright 1990 by the American Psychological Association.

　　另一個了解支持者重要性的方法是，對於人們可以如何協助患者有個概念。Dakof 和 Taylor(1990)詢問癌症病人，從配偶和家人、朋友、醫生和護士的行為中哪些是有益、哪是又是無益的？(參閱表13-1)。很有趣地，我們看到來自所愛的人最有益的行為，包括了表達關心、同理心和愛心以及接受病患的癌症。來自於醫

生和護士的良好照護、有用的資訊和建議，也是有益的，而人們試圖將病人的疾病作最低的估計，被視爲無益的這個事實，亦有其教育意義。誠如你在第十章所學，當其他人把你的煩惱不當一回事的時候，你一點兒也不會感謝他(Lazarus, 1984b)。

除了表13-1所列的有益行爲外，癌症病人和其他承受壓力生活事件的人，會在聽到曾有人成功地因應相似壓力時，而獲得安心(Bunnk, Collins, Taylor, VanYperen, & Dakof, 1990; S. E. Taylor, Aspinwall, Giuliano, Dakof, & Reardon, 1993)。知道其他人能堅強地承受相似的創痛，能夠給你一種「你也能做到」的希望。

一些有用的因應策略

既然你對因應癌症的過程已有一概觀了，就讓我們來看看因應癌症特定策略效果調查研究結果(C. S. Carver et al., 1993; Punkel-Schetter, Feinstein, Taylor, & Falke, 1992; Feifel, Serack, & Nagy, 1987; Stanton & Snider, 1993)。這些研究的目的爲謹愼觀察癌症病患的個人調適、生活滿意度和健康狀況與他們運用的因應策略之間的關係。

適應性的因應反應：下列的因應反應是適應性的，而且可幫助癌症病患更有效地完成任務：

「正面的重新構思」試著了解癌症所帶來的正面經驗，在與癌症奮戰的過程中學到一些體驗。
「接受」學習與癌症共處；接受癌症是眞實的。
「社會支持」學習與其他人交談和表達情感；獲取忠告和支持。
「正面的改變」以良好的方式改變或成長；重新發現生命中重要的人、事、物。
「保持客觀性」不要老掛念著癌症，把癌症當作是個人挑戰，並繼續過日子。

「主動參與」主動參與關於治療的決定；定期請教醫生有關如
　何最有效地控制疾病。

　　有彈性地使用這些適應性的因應技巧是最有益的，而不是在
所有情況下，只利用其中一、二種（Cpllins, Taylor, Skokan,
1990）。

　　非適當的因應技巧：下列的因應反應對癌症病人是無益的：

「否定」拒絕接受身患癌症的事實；假裝癌症不存在。
「無助」放棄；失去照顧自己的意願。
「認知上的逃避」期待奇蹟出現；聽天由命；不願與他人談論
　此事。
「行爲上的逃避」大吃一頓、酗酒或濫用藥物；逃避責任和人
　際間的互動。

　　整體來說，顯然對癌症病人最有用的因應技巧，是維持他們
生活的控制感和支配感，以及保有第十五章將提到的希望和樂觀
的感受（Thompson, Sobolew-Shubin, Galbraith, Shwanlovsky, &
Cruzen, 1993）。即使不可能控制這種疾病和治癒，但藉由使用良
好的問題解決策略，仍有可能負責管理你在情緒和行爲上的反
應。

癌症病人的支持計劃

　　能對身患癌症（或其他疾病）的人專門用來幫助病人學習和
練習有用的因應技巧之支持計劃中，有所幫助（Fawzy, Fawzy,
Arndt & Pasnan , 1995; Gordon et al., 1980; Meyer & Mark, 1995）。
這些計劃提供了下列各種的體驗：

1. 教導疾病和可能的治療處置，包括預後和副作用。病人也

被教導如何運用運動、飲食、自我放鬆和其他自我照護的方法，以管理他們的身體健康。

2. 諮商服務讓人在療程中能分享他們的感受，以及討論為改善他們生活各個選擇的。

3. 社會服務幫助病人得到居家照護和其他日常生活所需的援助。

4. 訓練病患使用適當的因應策略。

因應愛滋病之對策

AIDS是世界上主要的健康問題之一。大約有一千五百萬的美國人已感染了HIV的病毒。在1992年，有250,000美國人被診斷出患有AIDS，而且已有112,000人死於這種疾病（Center of Disease control, 1992）。AIDS成為24到45歲美國男性的第二大死因，也是同年齡女性的第六大死因（Kelly & Murphy, 1992）。感染HIV病毒的人數不斷地增加，在可預見的未來，沒有徵兆顯示這個趨勢會有所改善。有二個因素使得AIDS特別地具毀滅性和挑戰性。首先，因為目前沒有治療方法，所以患者都會面臨死亡。第二，AIDS是傳染性疾病，假如人們實行預防措施，此病就可能被控制。在美國，AIDS的主要患者為同性戀者和雙性戀者，以及靜脈注射毒品者。然而，AIDS也會侵害異性戀者，而且經由與異性發生性行為而感染的病例，亦持續的增加（Batchelor, 1988; Herek & Glunt, 1988）。每個人都容易受到這個疾病的威脅；因而我們共同努力去降低其影響才是最重要的。

預防的重要性

由於AIDS是傳染性疾病，所以能用初級預防來加以控制，但如何能說服人們去實行安全的性行為和（假如對毒品上癮的人）

使用消毒過的針頭呢？教育是第一步驟。有許多學區已針對青少年設計很好的AIDS教育課程（Brooks, Gunn, Boyer, & Hein, 1988; Flora & Thoresen, 1988）。另外，了解控制人們行為的因素也很重要，譬如團體標準和個人的責任（Des Jarlairs & Friedman, 1988; Fisher, 1988; Morin, 1988）。促進教育、團體支持和個人效能的衛生保健計劃，已成功地影響人們參與AIDS的預防行為（Seall, Coates, & Hoff, 1988）。

AIDS患者的負擔

AIDS患者肩負了難以啟口的負擔，他們承擔了恥辱、責備和本身所面臨的死亡。他們比那些身患其他嚴重疾病的人，他們更不被尊重(Herdk & Glunt, 1988; B. Weiner, Perry, & Magnusson, 1988)。為何會如此呢？第一個理由就是因為AIDS是個傳染性疾病，所以很容易將AIDS患者歸咎於他自己不負責任所致。第二個理由是，AIDS時常與我們社會上被冠上污名的人有關。另一個責備AIDS患者的理由是，將我們自己的恐懼合理化，我們能藉由「責備AIDS的患者」，而讓這毀滅性的疾病更形表面化，並且還自以為疾病不會感染給我們(Kleinke, 1986b, chap.4; Ryan, 1971; Walster, 1966)。

除了恥辱之外，AIDS也迫使一個人的生命有著悲慘的改變。AIDS患者時常會失去他們的工作，面臨被逐出其居住環境的窘境。時常被警察和衛生保健單位拒絕，並承受了來自保險公司的歧視。他們身體上的症狀則包括虛弱、腹瀉、不自主的體重減輕、寒顫，以及思考力和記憶力的減損(Chesney & Folkman, 1994)。也難怪AIDS的患者覺得自己好像「活在地獄邊緣，已啟動的定時炸彈」。(Tross & Hirsch, 1988)。

一些有用的因應策略

針對已感染HIV病毒的人所做的調查，已証明他們使用了下列的反應來因應他們的疾病(Fleishman & Foger, 1994; Folkman,

Chesney, Pollack, Coates, 1993)：

逃避因應法

「我把它從心中驅離」
「就當作沒有事情發生，繼續我的生活」
「我會迴避與人們相處」

正面因應法

「我會為未來擬定計畫」
「我朝事情的光明面看」
「我會試圖去知道更多有關AIDS的訊息」

尋求社會支持

「我會要求朋友或親屬給予建議」
「我向他人表達我的感受」
「我尋求朋友的諒解」

　　一般而言，感染HIV的應答者使用正面因應法時，較不會沮喪，而且有較好的調適。當他們依賴逃避因應法時，則較少有良好的調適。若給予的支持符合HIV感染者的個人需求和偏好，則尋求社會支持會是有益的。

　　有高度焦慮和沮喪的HIV感染者和三種因應型態特別有關：自責(太過強調將這疾病歸咎於自己，以致於從事建設性行動的力量所剩無幾)、情緒化表現(利用憤怒或憂慮的表現來掩飾如何解決困境的問題)，以及願望實現的幻夢(消極地希望這疾病會自行康復)(Commerford, Gnlar, Orr, Roznikoff, & O'Dowd, 1994)。

　　對HIV感染者特別有助益的因應型態是樂觀(參閱第十五章；

S. E. Taylor et al., 1992)。對感染HIV的壓力有較佳調適；對正面的衛生保健付出較多努力的，皆與樂觀的因應態度有關。有可能感染HIV的人，若他們有良好的支持系統，並且承諾會對自己的行為負責時，他們也較可能遵從預防的衛生行為(Folkman, Chesney, Pollack, & Phillips, 1992; Van der Velde & Van der Pligt, 1991)。對人生採取宿命論的態度，以及迴避面對其感受的HIV帶原者，較少好的調適，而且不會對他們的衛生保健用心盡責。

除了樂觀之外，對罹患AIDS或感染HIV的人來說，維持他們生活的控制感也是重要的因應技巧(S. E. Taylor et al., 1991)。如果患有AIDS的男同性戀者採取與醫師合作，一起來控制疾病的態度，則會有比較好的調適(Reed, Taylor, & Kemeny, 1993)。這些男性有不接受他們必須「放棄」控制他們的生活，而願意到醫院就診的想法。他們對健康的感覺，會因深信自己有責任和能力，去處理他們所引發的日常挑戰而獲得增強。

AIDS患者的心理治療

由於感染HIV的個體會承受極高程度的痛苦，所以支持團體和心理治療常是對他們有幫助的(Kelly & Murphy, 1992; Mukusick, 1988)。有些有用的因應技巧能在治療的過程中教給患者，包括在本書討論過的焦慮、沮喪和喪失親友的處理。研究指出，假如AIDS患者採取主動的角色來因應他們的疾病，他們會更適應自身的疾病，且活得更久(Reed, Kemeny, Taylor, Wang & Visscher, 1994)。治療計畫的目的是要幫助AIDS患者因應他們的疾病，一般包括下列的方法(Chesnny & Folkman, 1994)：

「**運動訓練**」幫助患者增進他們的身體健康狀況、整體的健康和心理健康。

「**評估訓練**」幫助患者做適當的評估(參閱第二章)。進行適應性的評估，以增進適當因應技巧來配合特殊的挑戰或問題。

「**因應訓練**」幫助患者學習和練習正面的因應技巧；如問題解

決、自我放鬆和幽默感。

「社會支持訓練」幫助患者得到符合他們需求的社會支持。

「自我效能訓練」幫助患者保持主動參與和支配的態度。

　　AIDS患者需要被鼓勵，別藉由告訴自己「作最壞的打算」，以及接受他們的疾病是他們所無法控制的命運，而對其疾病採取宿命論的態度。雖然罹患AIDS疾病已成事實，但患者仍應坦然接受生活上各種可能性和挑戰。

看護的壓力

　　照顧一位AIDS的患者必須承受看著某人在你眼前死亡的所有壓力。然而，有些與照護AIDS患者有關的因素卻會讓這經驗特別難熬(Folkman, Chesney, & Christopher-Rickards, 1994)。首先，AIDS的看護者通常是20幾歲、30幾歲和40幾歲的男性伴侶。對於看顧一個曾與你有親密關係卻瀕臨死亡的人而言，在這麼年輕的年齡當個看護者，也會干擾他的工作、學業和生涯發展。AIDS患者的看護者所面臨的第二個負擔，就是這看護者由於被貼上有關罹患AIDS的污名，使得他們只有很少或根本無法得到家人的支持。對照顧AIDS患者的男性來說，第三項調適是大部份看護的角色都是女性。男性看護者必須靠自己發展出他們的看護技巧。第四個負擔是，這些看護者大部份是HIV陽性的人，當他們看著愛人死去時，他們也被迫屈服於自己必死的命運之中。

　　對AIDS患者的看護者來說，他們可以從支持團體中得益，幫他們將壓力轉變成有意義之生活經驗(Folkman & Stein, 1996)。教導這些看護者所需的醫學和護理技巧的訓練計畫，對於增強看護者的效能感和能力感，也非常的有助益(Folkman, Chesney, Cooke, Boccellari, & Collette, 1994)。

平衡自我效能和接納

對因應慢性疾病之技巧的討論做個總結的好方法，就是藉由認識自我效能的好處和接受事情你不能控制的事實之間需要取得平衡。一方面，你不要將疾病歸咎於自己，以及藉由消極地希望情況會自行好轉來逃避責任；另一方面，你必須切實瞭解你能與不能改變的事物。把你的精力投注在能讓你的人生有意義和能幫助你感覺愉快的活動上。避免用頭撞牆，並且老想著慢性疾病的症狀是生活的一部份，而且你無法控制(Folkman, 1984; Folkman, Lazarus, Grnen, & DeLongis, 1986; Manne & Sandler, 1984)。

結語

本章主要的主題是說明許多生活事件皆能影響你的健康和幸福(Adler & Matthews, 1994)。這些生活事件中有些是你能掌控的，有些則否。超出你的掌控的生活事件，需要靠你發展良好的因應技巧來維持能力、希望和自我效能的感受。為了延展你的人生，你可以自由選擇的衛生帶給你一項特別的挑戰：學習如何鼓勵人們，別將他們的健康和安全置於危險中，並在照顧你自己和你所愛的人當中，學習變得更值得讓人信賴。

第14章 因應意外傷害和心理創傷的對策

在生活中，有許多人們鼓起勇氣面對心理創傷、悲劇事件、意外和災難的例子。有關人們藉著意志力克服困難挑戰的故事，對我們每一個人都有會有所啟示。由於本書的目的是要教授從研究中獲得的因應技巧，因而，我沒有詳述不屈不撓和英勇的個人事跡。然而，那些已完全走過創傷事件的人們，以及本章所探討的一些因應經驗的例證，皆可讓我們從中學到更多。意外傷害和心理創傷是個值得討論的主題，因為這是一般人常會碰到的事，且對這些生活事件的因應反應之歷程已在科學研究上有文獻報告。

因應意外傷害

在意外中成為殘障的人，其所表現的堅毅精神是令人振奮的。當我們看見殘障者發揮他們的意志力，讓他們的生活有意義和充實時，我常會想知道「他們的毅力是從哪裡來的？」。讓我們從觀察嚴重意外受害者所面臨的一些困難和挑戰開始。

遭受嚴重的意外傷害是個慘痛的經驗。在許多情況下，會讓個體沒有能力過正常的生活，這種傷害需要當事人去渡過悲傷行為之各個階段。意外傷害的受害者很容易產生絕望和沮喪感(參閱第五章)。他們會遭受恥辱，因為其他人無法體諒他們的殘障。他們是藥物濫用的高危險群，因為醫生時常給予他們會上癮的止痛藥物。因應意外傷害這整個過程是極大的挑戰。

意外傷害受害者的二個主要需求是社會支持和重建自尊的機會。實際上成功的調適需要第三章所描述的各個因應技巧。

研究人員企圖藉由訪問已經遭逢重大意外事故，注定要與重大殘障共度餘生的受害者，以了解他們如何因應這傷害所帶來的後遺症(Bulman & Wortman, 1977; Elliott, Witty, Herrick, & Hoffman, 1991; R. G. Frank et al., 1987; Schulz & Decker, 1985)。

這些意外傷害受害者的第一個挑戰就是，對「為什麼是我？」

這個問題尋找一有意義的答案。有些受害者發現答案是天意；有些人則覺得他們的意外傷害是為了要做一項危險但又有興趣的活動，其意料中會發生的危險所造成的；更有些受害者了解他們的傷害是因為生活在不安全和不可預知的世界中，本來就存在的危險所造成的結果。無論「為什麼是我」的問題找出了何種答案，只要這答案是有意義的和令人滿意的就夠了。受傷最深的受害者是那些希望能對這意外找個有意義的理由，但卻無法如願的人。

意外受害者的第二個挑戰是維持自我效能感和支配他們的生活。假如意外受害者有良好的問題解決技巧，也能繼續過他們的生活，並且尋找許多不同的選擇的話，他們比較不會沮喪，損害也較少，，但並不容易。因為這需要有推動自己的能力，以及在獨立和需要請求協助之間取得平衡點。責怪他人是不妥的，且不覺得無助和不陷入沮喪中，也很重要。如果這些意外受害者能承認他們的意外是由於自己行為選擇所導致，便能獲得調適。一旦這些受害者揭發了變成殘障的事實，他們也要努力藉由參與復健及有意義的活動，來維持支配他的生活。

意外受害者的第三個挑戰是尋找良好的支持系統。對於提供受害者一個正面的幸福感方面，擁有一個良好的支持系統是最有用的因應技巧之一。

因應災難

健康心理學和行為醫學的發展，激發了人們探討下列主題的興趣：人們如何被災難所影響和如何因應他們遭遇的創傷。知道碰上災難後會有負面的影響、導致沮喪、憤怒、身體的症狀、酗酒和濫用藥物，以及後創傷壓力失調的病症，都不會令人訝異，這些在本章稍後將會討論(Rubonis & Bickman, 1991; Steinglass & Gerrity, 1990)。然而，有些人能比其他人更有效地因應災難。為了了解為何會如此，就讓我們來觀察為了堅強面對災難之創傷經

驗，那種因應反應類型的效果多或少。我將討論發生在美國三個不同災難的調查結果。這三個災難分別為：水牛溪事件、三哩島事件和1989年舊金山大地震。其中前面二個災難有個層面使它們特別不幸—它們皆由人為引起，因而是有可能避免的。

水牛溪事件

水牛溪災難發生於1972年，此乃企業疏忽所造成的結果。不知何時，有家礦業公司將煤塊廢料傾倒在西維吉尼亞州的一條山溪中，結果導致人工水壩無法支撐水壩後方囤積的巨大水量。在幾天大雨過後，水壩崩塌潰決了。當它的隆隆聲在溪谷回響之時，也帶來了足以淹覆整座社區的毀滅性水災。水牛溪災難對生還者來說，是個一輩子跟著他們的創傷。訪問這些生還者可以知道，他們遭受了下列各種心理上和情緒上的問題(Lifton & Olson, 1976)。

死亡的印記和死亡的焦慮：這場災難發生二年後，生還者回想這毀滅和死亡的悽慘經驗，仍表示歷歷在目。對有些人來說，彷彿這場水災昨天才發生似的。許多生還者說每逢下雨，焦慮感就會發作，也時常出現可怕的夢境，沮喪、揮之不去的恐懼等精神病學上的症狀，以及個性和生活型態的改變，也是常有的事（Titchener & Kapp, 1976）。

死亡的罪惡感：生還者會問他們自己為什麼當其他人罹難時，他們卻還活著。他們也對無能拯救他們所愛的人耿耿於懷。對於人為引起的死亡與毀滅，他們難以接受只能當個無助的旁觀者這個事實。

心靈上的麻木：這是災難中常見的一種防禦反應，災難的創傷刻骨銘心，以致於否定焦慮、悲傷、內疚和憤怒的感覺。以短期來說，它是個有用的因應反應，因為它給了人們即刻的喘息的機會（就好像休克，毫無知覺般）。然而，長期來看一直保持麻木和情感上的退縮，會讓人們無法過充實且有意義的生活。

莫名的憤怒：因人為疏忽而引起的災難，讓受害者覺得憤怒是可以理解的，但遺憾的是，如此的憤怒難以有讓人滿意的平息和獲得正義的回應，因為那些死去的人已無法復生，而應該負責的人卻都是勢力龐大的企業中的無名小卒。

　　難以尋求意義：當討論三哩島的災難時，你將會了解人為引起的災難讓人特別難以接受，因為它們都是沒有意義的。天然的災難能讓人接受是因為那是無法支配的大自然力量所造成的；相反的，人為引起的災難，提醒了我們人類容易受到未嚴格控制之工業技術傷害的事實。水牛溪的受害者也因為依賴礦業公司所提供的就業機會，而處於困窘的立場中－因為為了三餐和家庭，但這家礦業公司卻背叛了他們。

　　與水牛溪災難有關的五個因素使其受害者不容易用克服問題的態度來因應(Lifton & Olson, 1976)。了解這些因素可讓我們洞悉人類對創傷的反應。：

1. 這場災難是突然發生的，完全沒有預期到它會發生，它帶來的深邃恐懼。
2. 這場災難是因為人類的不負責任和不謹慎所引起的。
3. 對生還者來說，要把這場災難隱藏在記憶中是很難的。因為應該對這災難負責的同一家煤炭公司仍然照常營業，而在事發後幾年內，由水災引起的破壞也都還能看見。
4. 生活在一個孤立社區的受害者，只有少許的政治力量。他們認為沒有機會改組支配他們生活的大煤炭公司，他們也沒有資源可搬離該社區。
5. 這場破壞是全面的，小的村落被破壞殆盡，死去的那些人是每一個人都熟識的。全村不僅傷亡慘重，社區結構亦已解體，因為每個人都是受害者，所以難以尋求社會支持。

　　稍後，你將可了解為什麼水牛溪事件的生還者容易受到後創

傷壓力異常(post-traumatic stress disorder)的傷害。這些人陷於如此的困境乃是個悲劇。希望我們能從他們的經驗中得到教訓。

三哩島事件

1979年在賓夕凡尼亞州的三哩島核能電廠發生了一個意外事件，居住在附近的居民皆曝露在輻射的危險劑量中。在這意外之後，一系列的研究著重在三個有趣且重要的問題上。

受害者遭受哪些傷害？研究調查比較了居住在毀損核能電廠五哩內的居民，和居住在其他未毀損核能電廠或火力發電場五哩內的居民，以研究這場意外對人們心理上的影響。選擇這些比較組別的理由，是為了控制可能來自居住在發電廠附近而自然產生的任何壓力。雖然三哩島災難受害者與其他組別的人在年齡、教育和收入皆相似，但他們卻遭受了身體上和心理上更大的壓力。這場核能意外發生數年之後，比起那些居住在未毀損發電廠附近的人來說，這些受害者仍有更多的沮喪和心理不安，並且有較高程度的精神壓力(Baum, Gatchel, & Schaeffer, 1983; D. L. Collins, Baum, & Singer, 1983; Davidson & Baum, 1986)。

受害者如何因應？雖然三哩島受害者遭受的壓力相當強烈，但仍有一些受害者會比其他受害者能較成功地因應。最經得起災難的考驗的人運用了下列的因應技巧(Baum, 1988; Baum, Fleming, & Singer, 1983)：

1. 他們採取情緒中心因應策略(參閱第一章)。他們藉由說服自己克服這場災難來處理他們的情緒(參閱第三章)，並且以一種不讓自己感覺被擊敗的方法來評估這場災難。
2. 他們把精力放在自己能夠改變的事情上，譬如照顧自己和計劃個人未來要負責的事。
3. 他們不會堅持去改變超出他們控制能力以外的事情，而且他們不會浪費太多精力去責怪他人。

4. 他們利用社會支持系統(參閱第三章)。

我們學到了什麼？三哩島災難的研究提出了一個重要的結論，就是因人為疏忽而引起的災難，通常會比大自然引起的災難造成更長久的壓力。為何會如此呢？我們都知道天災乃超出我們所能支配的範圍之外，當發生了天然的災難時，沒有人會受到譴責。然而科技上的災難則較具壓力，因為它們提醒我們人類容易犯錯的特性。我們創造了可以滿足社會需求的科技，但也會招致意外的後果，並引起困境和痛苦。人為引起的災難亦提醒我們，我們人類無法安全管理自己的創造發明。科技性的災難也容易導致長期壓力，因為它們的發生，常常沒有明確的起始或結束的指標。大部份的天然災害是瞬間發生，然後便結束；相形之下，我們的科技問題卻是個持續、不易消失的威脅。因而，我們是活在也許隨時會摧毀人類的核能電廠、毒廢料堆積場，以及危險工廠的陰影之下(Baum, 1988)。

西元1989年Loma Prieta 大地震

1989年的Loma Prieta大地震是洛杉磯海灣地區自1906年以來所出現最大規模的地震，在芮氏地震儀上高達7.1級。這個地震造成了高架橋的倒塌、火災、住家和商店的毀壞，以及62個人死亡。雖然當時還有更多具破壞性的地震，但都沒有心理學家投入研究其影響。當1989年的地震發生時，研究人員已準備好透過人們還一直陷在沮喪思考的時候，來評估如何緩和創傷性的影響(Nolen-Hoeksema & Morrow, 1991)。研究人員從地震的生還者身上發現，他們也有相同於第五章所描寫的失魂落魄的負面影響。假如地震的生還者在這次令人驚恐的遭遇之後，仍讓下列的想法盤据心頭的話，他們會更加沮喪：

「我一直想著那些罹難的人」

「在這場地震中，我所感到的恐懼仍縈繞在我心頭」

「我總是會回想起這次經驗，以及想像它是多麼的可怕」

未雨綢繆

　　一個針對洛杉磯大學生所做的研究發現，大多數的學生會以低估發生破壞性地震的可能性，和全然不去想這問題來「因應」發生重大地震的可能性(Lehman & Taylor, 1987)。有趣的是，住在較容易受地震破壞房舍裡的學生比住在較不受地震破壞威脅之房舍的學生，更不在意發生地震的可能性。以短期來看，否定迫近的災難之可能性和致命性，可降低緊張、焦慮和壓力。但這個因應型態所衍生的問題，在於雖然人們情緒性地保護自己，但他們忽略了應該及早做可以從災難事件中拯救自己的準備。假如人們覺得他們對於可能傷害自己的事有些許的控制力時，他們比較可能採取積極的措施來為災難做準備，或者施加壓力來使他們的生活環境更安全(Rochford & Blocker, 1991)。假如人們採取需要主動、評估選擇、問題解決和發表意見的「問題中心」做為因應方針(參閱第一章)的話，他們有較大的可能性會參與保護他們自己社區的行動(Bachrac & Zautra, 1985)。問題中心因應方針與自我效能的態度有關，這種態度可增強我們能循正向影響自己人生的信念。當人們採取反應特質為被動、不思考潛在的災難、不發表意見和希望災難不要發生的「情緒中心」因應方針時，則比較不可能參與社區中預防災難的活動。

　　固然有些災難會比其他的災難更容易預知或控制；然而，假如我們採取適當的警戒，那麼來自任何災難的傷害都會降低。這個挑戰便是去尋找建設性的方法來避免有否定災難發生之可能性的傾向，採取積極的措施讓我們的生活環境盡可能地安全，將我們用以保護自己的行為視為合理的因應技巧，而不是當成驚慌、恐懼或是死亡就要來臨的象徵。

被強暴的因應對策

被強暴是一個常有長期負面影響的創傷經驗。遭強暴的受害者通常會經歷焦慮、性不滿足、沮喪和家庭問題等事情(Atkeson, Calhoun, Resick, & Ellis, 1982; E. M. Ellis, Atkeson; & Calhoun, 1981; Feldman-Summers, Gordon, & Meagher, 1979; Kilpatrick, Resick, & Veronen, 1981)。由於強暴是個嚴重的犯罪問題，所以對每個人來說，參與擬定降低強暴發生率的計劃是很重要的，而了解受害者在他們遭受強暴時如何設法去因應，也是有用的。

有關強暴的一些事實

強暴的定義為：「身體因暴力所受到的性侵害，這是一種未經同意便侵犯隱密個人私處之行為—簡而言之，它是由某種途徑或方式造成的內部人身傷害，其於情感、身體及理論各方面皆構成蓄意暴行，同時也是具有敵意、可恥的暴行(Brownmiller, 1975, p.376)。

有鑑於下列的事實，我們必須了解強暴的真相（Gilliland & James, 1988）：

1. 強暴並非性：強暴是以強凌弱、強迫和暴力的行為。
2. 強暴是越份的行為：強暴的受害者是在違反他們的意願下受到侵犯。
3. 強暴可能會發生在任何一個人身上：雖然我們也許給強暴的受害者加上污名，但事實上我們每個人都可能受到強暴的傷害。
4. 強暴犯來自社會的每一層面：我們可能傾向於認為強暴犯是來自社會較低階層的人；然而，事實上每一個人都能可犯下強暴罪行。
5. 許多性侵害未被公布：強暴的問題遠遠超過了我們所了解

的程度，因為許多性侵害是從未公布的。
6. 大部份性侵害的罪犯是男性：在美國所有的性侵害中，
   99%的強暴犯是介於18歲到35歲的男性。

　　良好的因應技巧和有力的支持系統能協助遭強暴的受害者療傷。遭暴力犯罪的受害者能得益於專業人員的協助；尤其是在他們迅速尋求協助，專業人員會支持他們，直到他們走上康復的路途（Norris, Kaniasty, & Scheer, 1990）。

女性如何因應遭強暴的情事
　　研究人員曾藉由訪問遭受強暴傷害的女性有關她們的經歷，以及她們調適和繼續生活的努力，以研究因應遭強暴的技巧。遭強暴的女性受害者提出藉由使用下列的策略來因應這個創傷（Burgess & Holstrom, 1979）：

　　◇尋找為什麼強暴會發生的理由。
　　◇藉由告訴自己此次遭遇不是真的那麼可怕，以便把強暴的
　　　影響減到最低。
　　◇藉由拒絕回想這件事來壓抑她們對強暴的反應。
　　◇保持忙碌和從事各種活動。
　　◇利用自我放鬆和沉思冥想來降低壓力。
　　◇迴避他人。
　　◇使用藥物和酒精。

　　很明顯的可以知道因應強暴的這方法中，有一些方法比其他方法更適當。為了更了解各種因應技巧的效用，有一組研究人員訪問了女性受害者，並將她們所選擇的因應型態與三種個人調適的評估產生聯繫（C. B. Meyer & Taylor, 1986）：
　　焦慮、沮喪和性方面的滿足。在這之中最不具效力的因應反應是迴避他人和保持孤立。壓抑個人感情，並且把遭強暴的影響

減到最低，看起來似乎不會造成傷害，但也毫無助益。使用藥物和酒精的情形在此研究中無法評估，但它可能不是個有效的因應策略—尤其從長遠來看。

其中最有效的因應反應是需要一些舒緩壓力的方法，比如自我放鬆、體能活動和理性思考。使用適合個人需求的支持系統，也是個有用的因應策略。

研究人員對於了解強暴受害者如何對他自己解釋這具創傷的經驗特別感興趣，對這樣的一個犯罪行為賦予意義的可能性有多少？對於像強暴這個犯罪行為最合理的解釋，似乎就是我們生活在一個有缺陷的社會中。有時接受這世界是個很糟的地方的事實，未必會讓我們好過一點，但它卻會讓我們免於陷入沮喪和歸咎於自己造成的。但必須記住的是，我們認為這世界不完美，並不表示我們不想扮演一個讓社會更好的積極角色。

對於強暴比較不適當的解釋是那些與自責有關的理由(Frazier, 1991)。遭受最多沮喪、焦慮和性生活不美滿的女性會對自己說類似下列的話：

「我應該更加謹慎小心的」
「我太輕易相信別人了」
「我會遭到強暴是因為我犯了某種的錯誤」
「我無法照顧自己」
「也許這是我該有的懲罰」
「它的發生是我的錯」

這些自我打擊的敘述與第五章用來描述沮喪者的那些敘述是相似的，也和對失敗有不良回應的人有的相似敘述(參閱第四章)。因而可以明顯地知道藉由責備自己，來尋找為何會成為犯罪行為受害者的理由是不適當的。當你知道至少有一半的女性受害者就是以那種方法為自己尋找理由時，你也許會感到很驚訝，她們認為對某人強暴她們的這個事實應負起責任。為何會如此呢？

大部份的自責是源於人們寧願相信他們是生活在一個公平正義的世界中，為了要相信這樣的世界，說服自己相信受害者必須設法接受他們的困境是必然的。女性受害者也責備她們自己，因為我們的社會長久以來就存在性別歧視，原諒男性不當的性行為，而鼓勵女性接受她們自己的不幸。

對強暴受害者的態度量表

下列的項目均摘自對強暴受害者之態度量表，請你以同意或不同意的程度作答(Ward, 1988)。

非常同意　同意　不同意　非常不同意

1. 曾遭強暴的女性是較無魅力的女性。　　…　　…　　…　　…
2. 大部份的女性，潛意識都有想被強暴的慾望。　　…　　…　　…　　…
3. 一名健康的女性，假如她真的盡全力，她可以成功地抵抗強暴的迫害。　　…　　…　　…　　…
4. 有性經驗的女性不算真的受到強暴的迫害。　　…　　…　　…　　…
5. 女性應該為遭受強暴而責備自己。　　…　　…　　…　　…
6. 在大部份情形下，當女性遭到強暴時，都是她應得的。
7. 對於酒吧女、舞女和娼妓所提出的強暴控訴，應該帶著懷疑的眼光來看。　　…　　…　　…　　…
8. 女性因她們的外表和行為而

誘發強暴事件。   ...   .

　　在對強暴受害者態度量表的調查中發現，男性和女性都不同
意以上的敘述(Ward,1988)。然而，男性幾乎不像女性這麼容易被
這些敘述觸怒。其他研究也發現男性比女性更傾向於認為女性應
為自己被強暴負責，以及原諒強暴犯的犯罪行為(Kleinke & Meyer,
1990; Kleinke, Wallis & Stalder, 1992)。

改善你的看法

　　針對強暴的研究是有價值的，因為它可改善我們對遭強暴受
害者的認識。我們能了解協助遭強暴受害者，在遭遇受創性的犯
罪事件後，維持他們的價值感和自尊的重要性。

協助強暴受害者

　　下列五種經驗對遭受到強暴或其他各種暴行的人而言有效
用：(Foa, Hearst-Ikeda, & Perry, 1995)

1. 訓練你自己因應遭暴行受害者所經歷的各種反應(比如回想
   情節，惡夢、苦惱的想法、焦慮、自責)
2. 學習和練習自我放鬆
3. 在安全且有支持的環境中回想這創傷
4. 面對安全但曾逃避的情境
5. 學習將自責減到最低，而且以正面的態度勉勵自己

在集中營的因應對策

　　在納粹集中營裡，想要因應加諸於人類身上的恐懼幾乎是不
可能的。可是在這些集中營被監禁者仍然做到了，而且有些存活
者也說出這些事。Viktor Frankl (1967)在他的《人類追尋意義的探

索》一書中，說明了在納粹集中營中，採取因應態度一個非常深切的個人理由。在本小節中，你將會知道有關集中營被監禁者用來維持他們自尊和生存意願的策略。我們也將探討集中營存活者所遭受的心理和情緒上的壓力，以及他們的因應方式。本小節接著將探討後創傷壓力失調，其與本章所討論的各種創傷皆相關。

被監禁者被拘留在納粹集中營這期間，他們所使用的七個主要因應反應為：特別注意美好的事物、為某些目的而存活、精神上的隔離、主宰力、生存的意願、希望和社會支持(Dimsdale, 1974; Schmolling, 1984)。

特別注意美好的事物：雖然可怕的事件不斷在發生，但有些被監禁者會試著把他們的注意力集中在任何他們能發現的美好事物上，比如在活動範圍內找到一條小紅蘿蔔或看見映照晚霞的天空。

為了某些目的而存活：存活的意願是活下去的強烈動機來源。假如決定存活的被監禁者一心一意只為了向世人證明集中營中所發生的事，那麼他會表現出驚人的毅力。

精神上的隔離：被監禁者以許多方式使自己不受在集中營中所遭受的經歷所影響：

1. 動腦：Bruno Bettelhein(1943)描述他如何藉由扮演研究這情境和記錄它的觀察員角色，來因應被拘留在納粹監獄的困境。
2. 宗教的信念：宗教的信念是力量的泉源，因為它使痛苦較不個人化且在某些情形下給予某種死後仍存在的希望。
3. 鎖定時間：藉由一次活一天、一小時甚至一分鐘使自己遠離恐懼的巨大陰影。
4. 幽默：在最艱困的時刻，被監禁者仍保持著以幽默來舒解他們面對痛苦的能力。

主宰力：掌控力和自我效能的主題在這整本書不斷出現。一直尋找能證明你能力所及的某些事是重要的。雖然被監禁者的生活極度地受到限制，但仍有機會運用他們的頭腦和奉獻心力，來幫助他人及維持價值感和自尊心。

生存的意願：在讀了第十五章無助的範例後，你將更能充分地了解這個概念。當人類拒絕放棄和決定活下來時，他們就會擁有強大的力量來源。

希望：在十五章你也將獲知希望的力量「哪裡有生命，哪裡就有希望」。往往不論這希望有多麼的實際，只要它能被擁有且值得安慰就夠了。

宗教：許多戰俘從他們的宗教信仰中獲得了力量。他們尋找方法來實行他們的宗教信仰，而且時常以忍受懲罰的心態來保持他們的信心。

社會支持：社會支持對被監禁者而言是個主要的力量來源，它可能來自團體，也可能來自個人的友誼。有時社會支持是個安慰，有時它則是個對抗。許多時候，有些被監禁者由於其他同伴不願讓他們放棄和死亡，才使他們得以生存下來。

由於被監禁者遭受了極端的苛刻、戰慄和殘酷，因而會有許多被監禁者變得完全地被制服和放棄，乃意料中的事。這些受害者揭露了一個無助的沈痛範例，我們將在第十五章做說明。再者，對於那些夠幸運而倖存下來的人，心中都留下了這可怕經驗的創傷。研究人員曾確認數種在納粹集中營中的生還者所遭受的壓力(Ehrlich, 1988; Marmar & Horowitz, 1988)。這些壓力包括難以集中注意力、神經質和易怒、不易入睡、回想往事、生還的罪惡感、孤立感和失去自我認同感。

研究人員也確定生還者用來調適集中營經歷一些最成功的因應技巧(Ehrlich, 1988; Kahana, Harel, & Kahana, 1988)。這些適當的因應技巧如下：

尋找能與他們分擔大屠殺經歷的支持者(有個同是集中營生還者的配偶特別有用)。
奉獻身體和情緒上的心力去照顧他人。
利用問題中心的因應策略(參閱第一章)做為採取維持自尊、能力感和效能感的一個積極措施。
擁有有意義的工作或其他令人愉快的人生活動
未來導向

對大屠殺生還者有用的治療，還包括社會支持、家庭諮商以及悲傷行爲(Ehrlich, 1988)。

因應後創傷壓力失調

後創傷壓力失調的經驗

後創傷壓力失調(簡稱PTSD)自越戰以來已漸漸爲許多人所熟知。遭受後創傷壓力失調的人乃遭受到持續干擾他們生活的創傷事件。他們通常會有了下列的症狀(Gilliland & James, 1988)：

1. 透過回想情節、重複的強迫性思考、作夢或突然想到正發生創傷性事件而再次經驗這場創傷。
2. 退縮、知覺麻痺與他人隔離。
3. 對愛與支持的強烈欲望與憤怒的爆發相衝突
4. 過度警戒、睡眠問題、內疚、記憶減損、注意力渙散、迴避會喚起創傷事件回憶的活動。

針對第二次世界大戰退伍軍人所做的研究中，發現曾參與激烈戰爭的士兵相信這次經驗能幫助他們重視他們的生命，以及學會如何因應逆境。然而，這些士兵中有許多人遭受了長期情緒上和精神上的問題，包括了作惡夢、回想情節往事、焦慮、記憶力

差、沮喪和內疚(Elder & Clipp, 1988, 1989)，而越戰的士兵問題更加地嚴重。據估計有33~60％的越戰士兵患有後創傷壓力失調(Brende & Parson, 1989, p.1)，當你了解下列越戰士兵所遭受的各種創傷時，你就不會對此比例感到驚訝(Gilliland & James, 1988)：

過度警戒：士兵長時間在危險性高的地方值勤，他們從不知道從這一刻到下一刻之間，他們是否有可能被攻擊、傷害或殺害。

缺乏目標：由於戰爭拖延過久，因而，很少有成就感。沒有領土曾被「攻佔」。唯一可衡量勝利的便是「屍體數」。

被犧牲者/犧牲別人的角色：這是個當地平民亦敵亦友的游擊戰。士兵陷入是犧牲者也是犧牲別人的雙重角色中。

缺乏情報：士兵可能某一天在叢林中出生入死之後，一連數天則坐在營地走廊納涼(Macpherson, 1984)。這場戰爭可謂不斷上演士兵在出勤時奮力求生和活著回家的舞台劇。基於這理由，生還者對那些陣亡或受傷的同伴，常覺得內疚，他們高興可以回家，但對於遺置他們同志的心情卻很糟。

反戰情結：反戰情結的影響對歸來的士兵而言是相當不利的。這些人懷著傷痛且危及他們生活的情緒，許多人是帶著殘障傷害而回來。然而，他們非但不被視為英雄，還時常受到輕視。許多士兵從戰場回來後，極度難以開始新的生活。

假如士兵們在越戰時，遭受了這些壓力，那麼就可了解他們所經歷的身體和心理上之傷害了(Kaylor, King & King, 1987)。

雖然後創傷壓力失調自越戰以來，就已受到廣大的了解，但它並不是新發現。人們在受到創傷後會遭受長期精神錯亂這個事實不是新發現。人們在創傷後會遭受長期精神錯亂這個事實，在數百年前便已為人所知(Trimble, 1985)。在本章討論到的所有創傷，皆有足以引起後創傷壓力失調的嚴重性。下列10個因素會影響後創傷壓力失調的徵兆和發展情形(Wilson, Smith, & Johnson,

1985)：

生活威脅的程度：威脅一個人生命的創傷事件有可能是，最容易使人衰弱，且引發了在水牛溪災難中所描述的那種死亡印記。

失去重要的人士：死別與深沈的壓力反應有關。重要人物的死亡是悲傷、內疚、憤怒和沮喪的來源。

出其不意：沒有預警而發生的創傷，特別有可能產生無助感和內在控制的喪失。

創傷持續的期間：深沈的創傷和持續一段時間的創傷最不容易調適。

轉移某人的社區：碰到創傷事件必須離開某人的社區，或造成社區即是特別有傷害性的創傷性事件，也就是當我們拚命地需要來自我們支持系統的愛和歸屬感的時刻。

再度發生的潛在性：創傷性事件是不可預知的，它可能再度發生且引起懷疑和過度警戒，所以特別令人不安。

置身於死亡、垂死和毀滅的危險中：置身於死亡、垂死和毀滅中，會增加干擾性想像、心靈上的麻木、孤立，並使內疚增強。

道德衝突的程度：對於遭遇到有某個理由和辯解的創傷性事件是相當不幸的，而對威脅一個人的個人價值和灌輸道德衝突的創傷性事件，甚至更難以調適。

個人的角色：在有些情況下，人們是處於他們必須反應因應毀滅性的角色中，這並不容易。在其他情況下，人們不只被迫去反應，也被迫要反擊，這更是難上加難。

天然創傷和人為的創傷：大自然的災難通常比因人類所引起的災難，更容易讓人接受與因應。

後創傷壓力失調的治療

什麼樣的治療有助於遭遇後創傷壓力失調的人呢？下列六種過程可幫助人們更有效地因應後創傷壓力失調(Epstein, 1991; Schwarz & Prout, 1991)。

與治療師或支持團體發展信任的關係：後創傷壓力失調受害者所遭受的情緒變化，從害羞、內疚、沮喪到憤怒、暴怒皆有。在這些感覺可以被辨識、接受和探討之前，他們需要有安全感。

教育當事人有關壓力復原的過程：令人安心的是了解後創傷壓力失調的症狀是因創傷而產生的。教育有助於減少後創傷壓力失調的恐懼和神祕感，並且鼓勵受害者視自己為因應者，而不是懦弱和不成熟的人。

學習和練習壓力管理技巧：諸如第三章所討論的那些因應技巧，以及第二章所提及的理性思考和自我效能的技巧，對於管理壓力皆是有用的。

再次經驗創傷和降低本身對創傷的敏感度：這是有力的技巧，但通常有效的過程包括了第七章所描述減敏感法，洪水法和中斷思考的方法(Cooper & Clum, 1989; Keane, Fairbank, Caddell, & Zimering, 1989; Keane, Fairbank, Caddell, Zimering, & Bender, 1985)。在受過訓練的專業人員的鼓勵下，遭遇後創傷壓力失調的人們主動地回想創傷經驗，直到他們能支配這個經驗，而不是讓這個經驗來控制他們。

從事有意義的活動：有意義的活動提供機會讓後創傷壓力失調患者經驗社會的積極面，並且把自己視為有趣、會關心別人和有能力的人。

排解創傷的經歷：你將會在下一小節學到，我們都有尋找生命中的意義和相信自己是個有價值的人之需要。經由專業人員的指導，受害者能尋找一個方法，讓他們所遭受的創傷融入他們整個的生活經驗中。

一些共同的經驗

雖然在本章所描述的意外傷害和心理創傷非常地不同，但勇於因應創傷的人卻有幾個共同的經驗。當面臨心理創傷經歷或意

外傷害時，我們「美好人生」的感覺就會受到挑戰。我們被迫將我們遭遇到的痛苦和我們想維持的下列信念做個調和(Janoff-Bulman & Thomas, 1988)：「這世界基本上是個美好的地方。人生充滿了意義，而我也是個有價值的人」。本章大部份是有關遭受意外傷害和心理創傷的人如何著手做到這點。當人們努力要去拾回上述信念的信心時，他們通常會經歷三件事情；即尋找意義、一再地想起這件事和自責(Janoff-Bulman & Thomas, 1988; Tait & Silver, 1989)。

尋找意義

請依同意或不同意回答下列敘述：

　　　　　　　　　　　　　　　　　　　　　　　　同意　不同意

1. 人會得到他們有資格得到的東西。　　　　　　　... 　　...
2. 一個人的努力自然會得到他人的注意，並予以
　　鼓勵。　　　　　　　　　　　　　　　　　　　... 　　...
3. 人們獲得的獎賞與懲罰是他們應得的。　　　　　... 　　...
4. 遭遇不幸的人是自己造成的。　　　　　　　　　... 　　...
5. 人們會得到他們應得的。　　　　　　　　　　　... 　　...
6. 上天會給予公平的獎賞與懲罰。　　　　　　　　... 　　...
7. 這世界是個公平的地方。　　　　　　　　　　　... 　　...

這些敘述摘自公正社會總體信念量表(Lipkus, 1991)。深信社會公正的人可能比那些不相信社會公正者更同意上方的敘述。相信世界是美好的，以及不讓自己對生活變得太疲累不堪或憤世嫉俗是很重要的。對世界有信心將有助於你對生活安分知足，且與他人一起合作讓世界變得更美好。然而，為了使你自己免於幻滅，你必須接受在生活中不是每件事都是公平的事實(Lerner, 1980)。對悲劇性事件尋找令人滿意的答案是重要的，但不需要為

了無法支配的事情責備自己或他人。這個挑戰就是能夠協調你想生活在公正社會的欲望和現實生活中的不公平。這並不容易達成，但它卻是繼續你的人生不可或缺的第一步。部份的解決方法就是發展第十五章所描述對生活的因應態度。

一再地想這件事

對於遭受重大悲劇事件或甚至些微挫折的人而言，會一直去想這些事是常見的反應(Tait & Silver, 1989)。有時這些揮之不去的想法會持續好幾年，甚至終其一生。這負面的經驗是難以遺忘的。我們一再地想著它，而且再次經驗這負面情緒數百次，甚至數千次。對於一再想起負面事件，有三點要謹記。第一，幾乎每個人都會經驗過重覆思考。重覆思考提供了一有用的目的，因為我們需要時間來對事情產生正確的看法。你無法忽略一個挫折、意外傷害，而且假裝事情從未發生。你必須接受它的真實性，並尋找方法把它納入你的生活中。第二，與支持者討論你的想法和感受是有幫助的。假如你的感受五味雜陳，需要時間加以整理的話，也許能在與專業治療師的合作中獲益。第三，你可以藉由保持忙碌和把焦點放在有意義的活動上，來防止重覆思考主導你。

自責

在你為了一個疾病或意外傷害責備你自己之前，記住，自責是人類共通的經驗。假如你責備自己的話，你就與大部份人沒有什麼不同，假如自責能讓你為自己的行為負責，那麼自責就能做為一個有用的目的，自我負責可增強個人有能力和有價值的感受。然而，假如你讓自責在不知不覺中傷害了你的特質，那麼，它便對你不利。區分「接受你行為上的錯誤」和「懷疑你做為人的價值」這二者之間的差異是很重要的(Kiecolt-Glaser & Williams, 1987; Nielson & MacDonald, 1988; Solomon, Regier, & Burke, 1989)。

自我表達的力量

對許多遭受心理創傷的人而言，有個效果良好的因應技巧—即以有意義的方法表達他的遭遇。由比較三組不同背景者的研究可以証明自我表達做爲因應技巧的價值(Pennebaker & Susman, 1988)。第一組人從未經歷過嚴重的心理創傷(比如家人或好友的死亡、分居或離婚、性創傷、暴力犯罪)。第二組人有過嚴重心理創傷的經驗，而且從未向任何人透露。第三組人曾經歷過嚴重的心理創傷，並且向其他人傾訴過他們的感受。從未有過嚴重心理創傷經驗的人，比那些有心理創傷經驗者有較少的病史，也許是意料中事。然而，相當有趣的是，那些經歷過心理創傷且與他人分享這經驗的人，比那些隱藏自己創傷遭遇的人較少患病。在另一項研究中，若配偶死於創傷死亡事件(車禍、自殺)，其存活的配偶被問及該事件發生後，是否曾與他人談論這個遭遇(Pennebaker & O'Heerom, 1984)。這研究的結果與前面的研究結果是相同的，即會與他人談論其配偶之死的人，比不會談論者較少有健康上的問題。

相對於表達你的遭遇是自我隱藏。自我隱藏可被定義成「個人認爲是苦惱或負面的個人資料，主動地對他人隱藏傾向」(Larson & Chastain, 1990, p.440)。自我隱藏量表包括下列幾個項目：

1. 我有一個未曾與他人分享的重要祕密
2. 我的祕密太令人難爲情，所以不能與他人分享
3. 我有關於自己的負面想法，但我從不與任何人分享它
4. 我隱藏了很多有關我自己的事

假如曾經歷過創傷經驗的人在自我隱藏量表的分數很高的話，則比較可能產生焦慮、沮喪和其他身體的症狀。

方才簡述的這些研究指出，不與他人談論創傷的人傾向於一直反芻他們的遭遇，而且沒有解決這些遭遇，並且沒有終止創傷經驗的機會。這些研究也暗示了積極努力去表達創傷遭遇，會是個很有用的因應技巧。這個理論已在一系列的研究中被證實(Pennebaker, 1989)。在這些研究中自願參與的人寫下或談論有關「他們一生中最苦惱或最具心理創傷的經驗」。這項任務對參與者來說是很情緒化的，所以實驗者事前告知獲得同意是很重要的。

> 我應該提醒你，許多人發現這個研究是相當令人心煩意亂的。在研究期間，許多人會哭泣，而且覺得有一些悲哀，並在研究後覺得沮喪(Pennebaker, 1989, p.215)。

除此之外，實驗者特別努力去建立與每一位參與者融洽的關係，保證會保密，並且實驗者會在整個研究中小心謹慎察看每位參與者。在他們衡量自我表達的工作後，則由具有臨床訓練資格的實驗者和參與者商談。對那些覺得需要諮商的參與者來說，他們隨時可獲得這次服務，在這些研究中所表達的各種經驗，包括死亡、離婚或分居、家庭衝突、疾病和(針對大學生的參與者)與大學有關的壓力。值得注意的是大部份的參與者表示他們發現這經驗「很有價值也很有意義」，他們之中有98%的人說他們願意再做一次(Pennebaker, 1989, p.218)。自我表達經驗的重要性可由下列各種敘述表示之：

> 「它讓我把事情想透，而且真的了解我的問題所在」
> 「它幫助我從局外觀察我自己」
> 「它是個整理我想法的機會」

這些研究的結果是引人注目的，對參與者來說，在吐露他們的創傷遭遇之後，會覺得更沮喪和焦慮是正常的；然而，從長遠來看，這個開誠佈公的舉動卻是有益的；與沒有做自我表達的對

照組的人比較，曾有自我揭露的參與者健康方面的疾病較少、壓力性心理反應較少，以及有更健康的免疫功能(Pennebaker, Colder, & Sharp, 1990; Pennebaker, Hughes, & O'Heeron, 1987; Pennebaker, Kiecolt-Glaser, & Glaser, 1988)。

　　表達你的創傷經歷可能是痛苦的，但從長期來看，它是個有用的因應策略。自我表達能幫助你察覺沒有注意到的未完成任務，而不是造成情緒上或身體上的負擔。透過自我表達的過程(言語上或透過藝術、音樂或寫作)，你就能與你生命中的「惡魔」融合，達成協議及和解。

從因應者身上你學到了什麼

　　本書之前的章節皆著重在研究人員對各種具挑戰的事件有效因應技巧的發現。本章則藉由觀察那些經歷了危急存亡而存活下來的人的經驗，來獲取一個較個人化的方法。優秀的因應者已學會如何使用有效的因應技巧，他們也發展出當個生還者的自我認同，在第十五章裡你學習身為一因應者的生活哲學時，這個主題會繼續延續下去。當你讀完本書時，你應該會更清楚如何以最符合你個人風格的方法來結合成為優秀的因應者。

第*15*章 視因應挑戰為生活哲學

當你在讀這本書的時候，你會熟悉如「自我效能」、「能力」和「掌控」等名詞。所有的這些名詞都證明做為一位因應挑戰者，必須相信自己的生活哲學。當面臨生活挑戰時，因應者雖然相信這經驗可能令人不愉快，但他們可以運用自己解決問題的技巧去尋求可能的最佳結果。一位因應者是排斥消極的態度和無助感，他們會尋求方法積極掌控自己的人生。

　　在本章中我們將著重於視因應挑戰為生活哲學。不過，首先讓我們先來了解與因應完全相反的詞彙－無助感。洞察無助感的現象可以使你對自我效能、能力和掌控有不同的看法，而且對身為一名因應者的意義，也提供了更深一層的認識。

無助感

　　當人們放棄希望，允許外界環境掌控他們的生活時，無助感就會發生。假如學生的成績與他們的表現毫無相關，被任意評定時，學生就會覺得有無助感；當病患和老人沒有機會再為自己做事時，他們也會覺得有無助感。現在你應很清楚這種無助感常會導致消極和沮喪。

　　另有一種無助感－叫做「習得的無助感」。這名詞是由Martin Seligman(1975)首先提出，他用來描述我們並非真的沒有幫助，而是相信自己是沒有助力，或者是學到了自覺無助的情況。傳統上在美國社會的女性被教導成對機械和物理相關的技能感到有無助感；而男性則被教導要對家務和養育幼兒感到無助感。就嚴重無助感的情形而論，人們會完全地放棄掌控他們的生死。強調這些無助感的案例乃是「學習」而來的是重要的。這些情況導源於他們完全接受命運的決定，以及無計可施的一種信念。仔細想一想以下由人類學家所描述的無助感個案，他們專門研究一些相信自己會因特定的生活事件，而注定死亡的人們：

一位巴西的印地安人被所謂的巫師詛咒和宣判數小時之內會死亡後,他自己對此宣判的情緒反應感到無能為力,因而數小時後就死亡了。在非洲一位年輕的黑人毫無察覺地吃下了政府下令不可食用的野生母雞,當他的「犯罪行為」被發現時,他感到戰慄,整個人因害怕而全身無力,最後於24小時內死亡。

在紐西蘭有位毛利族的女性吃了一種水果,稍後她才知道這水果來自某個禁地,她的族長因而被侮蔑,隔天中午這個女性就死亡了。

在澳洲一位巫醫指著一位男性身上的一根骨頭,認為他已無藥可救,他整個人便急速衰弱且瀕臨死亡,在最後關頭當這巫醫被迫除去這詛咒之後,他才因而獲救。

這名男子在發現是由仇敵所生時,景況變得很淒涼。他吃驚地動也不動的站在那裡,眼睛瞪著懲罰叛徒的長鞭,並舉起他的手來避開這致命的物體,他想像鞭子像雨點般落在自己的身上,他的臉色蒼白、雙眼無助感、恐懼而臉部表情變得扭曲。他試著發出尖叫,但聲音就哽在他的咽喉而叫不出來,接著口吐白沫。他的身體開始發抖,肌肉也不由自主地抽慉,他向後搖晃然後跌倒在地上,不久之後就昏迷了。最後他讓自己平靜下來,回到他的小木屋而在那裡鬱悶至死(Basedow, 1925; Cannon, 1942, 1957, p.184; Richter, 1957, p.191)。

Bruno Bettelheim(1960)曾描述他因應過去在納粹集中營被囚禁的方法是,藉由告訴自己是研究這場可怕事件的科學家。Bettelheim以這種方法來看待自己的遭遇,所以他能維持自我效能

感，而其他許多囚犯則完全地感到無助感，也放棄掌控自己的人生。

　　來到納粹集中營的囚犯深信警衛一再的聲明—他們已沒有希望，除非變成一具屍體，否則他們永遠無法離開這集中營—他們覺得在此環境下自己起不了任何作用。這些囚犯就如同字面意義一樣，活得像是個行屍走肉的人。在集中營他們被稱為回教徒(Muselmanner)，因為他們將所遭遇到的一切，不當地視為是一種宿命而屈服於這環境下，就好像回教徒應該心平氣和地接受自己的命運一般，但這些人像真正的回教徒，未能做出決定，並以自由意志來順從命運。相反的，他們是一群被剝奪了愛好、自尊、各種的激勵而成為身心俱疲的人，他們給了這環境完全操控他們的力量(Bettleheim, 1960, p.151-152)。

　　Martin Seligman詳述了一則故事，有一位堅強的海軍陸戰隊隊員，在北越戰俘營被囚禁。北越戰俘營有個慣例，假如美國人表現自己是個「模範戰俘」時，偶爾戰俘營會釋放這些囚犯。在戰俘營不人道環境下求生存時，這位海軍陸戰隊隊員堅守著一個信念：假如他努力工作且合作的話，他就有可能得到被釋放的機會。他屈服在強迫勞動下，毫無怨言地打著赤腳，背著沈重的石頭，心存感激地吃著他每日所配給的蛀蟲飯，並順從逮捕者的命令。他堅信努力工作和處之泰然，將使他獲釋的信念是他活下來的力量。在戰俘營數年之後，這位隊員面臨了北越政府沒有意圖放他走的殘酷事實，因此，他企圖以當個模範戰俘來換取自由的信念破滅了。他變得沮喪、開始絕食並拒絕下床，他的戰俘同伴試著給他照護和營養來幫助他，當這樣做還沒有幫助時，他們試圖以更有形的力量讓他脫離沮喪。顯然的，他已失去所有掌控生命的力量，而且在數星期內他就死了。

　　這些無助感的例子是比較極端的，但它們與本書的主題有所關聯，因為它們說明了，在我們的生活中，發現維持掌控和自我

效能方法的重要性。對於囚犯或者末期病患而言，確實只有微薄的力量可以掌控生死攸關的問題。然而，做為一個因應者，可以尋求其他的方法來實行自我效能，例如善用他們的心智、思想、夢想和希望。學習本書所提及各種因應技巧之目的是當事情變得棘手時，能讓你有個依靠；當面臨困難的生活挑戰時，你可以運用你的問題解決技巧，來選定你的目標和決定哪些因應技巧，幫助你堅持自己的立場並順應逆境。

自我保護

人類有非比尋常的能力去適應艱困的情境。在第十三、十四章中你已經瞭解人們如何在悲劇性事件、災難和健康受到威脅的情況下生存，他們是藉由找到克服無助感的方法而做到的。已經存活下來的人學到如何使用因應技巧，而且他們也發展出一套傾向於自我保護的生活哲學。自我保護是無助的反義，它意味著以增強自我效能、統御力和控制力的方式面對生活。在本章稍後，我們將討論有關自我保護的研究，告訴你如何利用自我保護來當做因應技巧。

因應成為受害者

Shelley Taylor和她的同事研究負面生活事件下的犧牲者之反應，並獲得若干結論，其中和使用以自我保護做為因應策略有密切相關(Taylor & Brown, 1988; Taylor, Wood, & Lichtman, 1983)。大體上，人們都不願自己是個受害者。受害者的角色意味著受難，並提醒自己你是無法阻擋使自己成為犧牲品的因素。遭受傷害的人通常會以一個能夠維持他們自尊的方法，解釋他們的被犧牲的原因，以保護自己。以下有數種策略可達成此目的。

和不幸的人做比較

就像第十三章所描述的癌症病人般，有些犧牲者藉著和一更不幸的人相比較，來認定自己仍是個有用的人。無論情況多麼的糟，總會有人的情況更糟。容易將自己的苦難視為獨一無二，而且比任何人的苦難還更悲慘。但是這種想法，有可能讓你覺得自己像個消極又沮喪的犧牲者。

看見光明面

受害者常以慶幸事情不再惡化來克服心裡的無助感。把受到傷害視為令人慶幸的事的確很諷刺，但這就是看見事情的光明面，如此你受到的痛苦才不會像往常一般糟－有助於保持你的樂觀和希望。

視受害為學習經驗

有些受害者另一種克服無助的方法是，重視他們從負面經驗中學到的一切。傷痛的事件給你機會去發現自己新的一面，重新評估生活中的優先順序，以及以相互扶持的方法與他人互動。有時因災難事件而迫使人們坦誠地面對自己是不幸的。然而，人們能從慘痛的經驗中獲得新的人生意義，這對於人類自我保護的能力來說卻是一種貢獻。

找出能成為倖存者的優點

當你發現自己成為倖存者的優點時，將更容易因應做個受害者的情況，如此可增加你的自尊，認定你比其他人更能掌控這種情形。

以自我保護做為檢視生活的方法

因應者知道如何以增強自我保護意識的方式來檢視生活。以一位因應者的角度檢視生活，意味著如何在衡量你掌控環境的能力、看待自己和未來的現實主義與樂觀主義三者之中取得適當的平衡點(Taylor & Brown, 1988)。

努力取得平衡的看法

　　從閱讀本書中可以知道，做個優秀的因應者對你而言並不困難。當要在強調自己的短處和欣賞你的長處之間做個選擇時，選擇欣賞你的長處通常會比較合適。研究調查顯示人們認為自己「比一般人更好」時，他們對自己的生活會更適應，而且更滿意 (Kleinke & Miller, 1998; Taylor & Brown, 1988)。欣賞你的長處並不表示你應浮誇，無視於缺點的存在，它代表著你應在自己的優點和缺點上取得一平衡的看法---不會因著眼於你的缺點而讓自己意志消沈。

控制你對周遭環境的看法

　　在生活中有一些事真的無法控制，不相信的人可能會吃到苦頭，然而，即使面臨了無法掌控的事件時，總是有一些方法可以發揮你的掌控力，雖然你不能改變發生在生活上的事件，但你卻總是能夠控制你的思考和反應。因應者要不堅守自己無法控制的事情，才能夠克服無助感。當面臨困難的挑戰時，他們會利用自己的問題解決技巧，來確認在這個生活事件中，他們可以負責和可以勝任的部份或層面。

展望未來

　　因應者總是向未來看，過去的負面經驗難以抹去，但在未來總有希望遇到更好的時機。未來提供了一個機會，讓你運用學習經驗和因應技巧，以便改進過去的錯誤，讓自己感到滿意。展望於未來能使你在發揮掌控力及能力的嶄新機會上，充滿著希望和樂觀信念。

因應挑戰就是自我實現之預言

　　把自己看成因應者就是個自我實現的預言。當你期望自己利用良好的因應技巧時，你就越可能如此做。請針對下列敘述，就

同意或不同意的程度作答：

非常同意 同意 不同意 非常不同意

1. 在不確定的情況下，我通常會
   做最好的預設。   ---   ---   ---   ---
2. 我總是看事情的光明面。   ---   ---   ---   ---
3. 對於未來我總是樂觀的。   ---   ---   ---   ---
4. 我深信「否極泰來」的想法。 ---   ---   ---   ---
5. 假如有些事會讓我誤入歧途，
   它真的會如此。   ---   ---   ---   ---
6. 我幾乎不期望事情能依照我的
   方法去做。   ---   ---   ---   ---
7. 事情從不照我希望的方式解決。 ---   ---   ---   ---
8. 我不太指望有美好的事情會發
   生在我身上。   ---   ---   ---   ---

　　這些敘述引自生活導向測驗，目的乃測量人們的正面期望和樂觀的感受(Scheier & Carver, 1985)。樂觀者同意1至4項的敘述，不同意5至8項的敘述。調查顯示樂觀者會使用合適的因應技巧，例如問題解決技巧和建立支援系統（參閱第三章），比較不可能使用逃避的因應策略。樂觀者在面臨阻礙和不能專心時，也會集中心力達成他們的目的，因為他們的精力是放在發展自我效能，而且他們對未來也充滿了正面的憧憬。由於他們的因應技巧較有效的緣故，他們比悲觀者承受的生活壓力較少，並且在生理和心理上的埋怨也比較少(Aspinwall & Taylor, 1992; Reker & Wong, 1985; Scheier & Carver, 1985, 1992; Scheier, Weintraub, & Carver, 1986)。

　　與樂觀者相反的悲觀者，他們著重在負面的感受、退縮和逃避等較不適當的因應方法上。這些悲觀者所做的負面思考會引起

若干潛在的問題(Goodhart, 1985)諸如：

◇負面思考會干擾選擇有效的因應方法。
◇負面思考會降低自尊。
◇負面思考會增強易受傷的感覺。
◇負面思考會使壓力增加。

另一個瞭解樂觀者與悲觀者不同的方法是，他們如何用第五章所討論過的三大層面來看待他們的生活：恆定性、整體性和內向性。

恆定性與易變性：一個恆定的態度意指你認為生活中的事物是事先決定的，你能改變的並不多；變易的態度則意指你相信生活中的事物是可以改變的，事情不會總是一成不變。

整體性與特殊性：整體性係指單一經驗就足以影響你一生的態度；特殊性意指把事情看得透徹一點。若你相信特殊性，你會明白終其一生你都將有好的與不好的體驗，而你不會被它們之中的任何一個體驗擊敗。

內向性和外向性：我們在第三章已解釋過這種生活型式。內向性的態度可鼓勵個人負責從生活中取得所需。外向性的態度會讓你扮演一個較消極的角色，因為你讓外在世界來操控你的命運。

研究人員已經發現通常以悲觀的角度看世界的人，其態度特徵為穩定性、整體性和外向性，這些人通常比那些抱持變易性、特殊性和內向性態度的樂觀者有著較不健康的身體狀況(Peterson, 1988；Peterson & Seligman, 1987)。研究人員還發現在大學中表現恆定性、整體性和外在性態度的男性在20至40年後比用變易性、特殊性和內向性的態度面對生活的人有著較不健康的身體狀況(Peterson, Seligman & Vaillant, 1988)。這項發現之所以重要，是因為它暗示著悲觀和樂觀的態度可以直接影響身體健康。

將自己視爲因應者可以提昇你的自尊。自尊是持續力量的來源，因爲你可以讓它隨侍在側，即使得不到其他支援途徑時，你仍然可以使用你的自我價值感和能力來因應生活挑戰(Hobfoll & Leiberman, 1987)。

希望的力量

　　我們大多數的人日復一日都會遇到現實生活中殘酷的一面，我們必須保持現實感來因應我們面對的困擾。然而，這種現實感也可幫助我們培養有希望的態度－一個你能設法讓事情有圓滿結果的信念。現在請針對下列敘述，以你同意或不同意的程度作答：

非常同意 同意 不同意 非常不同意

1. 我能得到許多擺脫困境的方法。
2. 即使別人已感到氣餒，我知道我可以找到解決問題的方法。
3. 針對我自己的問題，我有許多解決方案。
4. 我能想出許多方法去獲得在生活中對我重要的事。
5. 我的一生已經相當成功了。
6. 我過去的經驗足以讓我對未來有完善的準備。
7. 我達成了爲自己設定的目標。
8. 我發奮圖強追求自己的目標。

表15-1　　四種責任模式

解決問題的責任	引起問題的責任	
	高	低
高	道德模式	教化模式
低	補償模式	醫療模式

Source: From "Models of Helping and Coping" by P. Brickman V. C. Rabinowitz, J. Karura, D. Coates, E. Cohn, and L. Kidder, 1982, *American Psychologist, 37*, 368-384. Copyright 1982 by the American Psyghological Association. Adapted with permission.

　　這些敘述摘錄自希望量表(Snyder, 1989; Snyder, Irving, & Anderson, 1991)。希望量表是身心健康狀況的有效指標，因為它評估為了滿足需求上所不可或缺的兩項特質。1至4項敘述的目的在測量尋找達成願望的方法時要具備的適應性；5至8項的敘述則測量我們自己對於達成目標的能力要具備的信心程度。優良的因應者會積極負責地追求自己的目標，他們會虛心地尋找最佳的因應策略。

負起適切的責任

　　負起適切的責任意指負責管理生活中你能控制的事情，而且不因生活事件超出你的控制，去承受不必要的壓力和自責。表15-1略述了四種應用於生活事件的模式，以說明你是否該負責：問題的原因和問題的解決方法(Brickman et al., 1982)。

道德模式
　　在道德模式中，你必須對問題的原因和解決方法負責，以下是符合道德模式的範例：

　　◇在一項考試中表現不佳的原因是因為你不夠努力。

◇因為你的行為惡劣才惹得某人生氣。
◇未能夠做有益健康的活動。
◇未能夠對未來做具有建設性的計畫。

在道德模式中，你決定維護自己的權利，積極努力做對你最有利的任何事。當你適合照顧自己時，可遵循道德模式。

教化模式

教化模式要你對事情的原因負起責任，但不必負責解決它，以下為教化模式的範例：

◇利用你的支持體系。
◇在有組織的宗教裡尋找寄託。
◇參與個人或團體的治療。

教化模式適用於你可能引起的生活問題，但最好由他人協助解決。這些問題的例子包含了酗酒、藥物濫用和飲食失調。當你明白孤立自己對你最不利，而他人的協助會對你有益時，可遵循啓蒙模式。

補償模式

補償模式適用於非本身引起但你必須解決的問題，以下為補償模式的範例：

◇在受傷或生病後，讓自己恢復正常的生活。
◇接受教育。
◇交涉、磋商和辯護。
◇因應重大災難和突如其來的災害。
◇學習新技巧。

補償模式鼓勵你在解決問題時扮演積極的角色，而且不會因

問題的原因而自責。

醫療模式

醫療模式與非本身引起而你亦無法解決的問題有關。這個模式之所以稱為醫療模式，是因為它必須依賴受過訓練的專業人員來協助解決你的疾病和傷害。當你因就診或因特殊服務而付費給一位專家時，你亦即遵循了醫療模式。此模式鼓勵你依賴他人的協助，不要因而感到懦弱或有罪惡感，因為你無法獨立解決這問題。

這四種責任模式都很重要，因為它們能幫你挑選出處理生活問題的最佳策略。你將可發現不知變通地只遵循這些模式中的其中一種或兩種，便足以引起不必要罪惡感和自責(例如，不適當的依賴他人)，或引起孤寂感和疏離感(例如，試著獨自解決每一件事)。

做個通才者

若你是個通才，要當個優秀的因應者就簡單多了。通才者意指具備多重身份、具適應性且對他人感興趣。

多元認同感

具有多元認同感是個重要的因應技巧(Linville, 1987)。對自己只有片面認識的人是非常封閉的，當面臨艱困的挑戰時，他們沒有充裕的個人資源基礎可以依靠。例如，當一位運動員的運動生涯結束時，將會發現很難維持自我效能感，因為他唯一的自我認同只在運動選手上；一位把自己所有生命投注於事業上的實業家，當他事業達到顛峰，已經沒有更具競爭性的挑戰時，他將會覺得茫然不知所措；把大半的自我價值投入於栽培孩子的父母，當孩子長大離家去追求自己的生活時，父母會失去了他們自己人生的目標；另外，僅由一方身上獲得他們所有自尊的情侶，一旦

戀愛關係結束，他們就會覺得空虛和無價值感。

　　良好的因應者有著朝多方發展個人認同的生活哲學。學習如何超越一種生活領域，以獲得自我實現感是重要的。放手去追求將帶給你許多樂趣的人生活動，因為如此一來，即使你生活中某部份遭受挑戰時，你也有其他方面的自我認同可供依靠，以維持自尊、掌控力及能力感。

要有彈性

　　優秀的因應者應學習如何在思考上和行為上具備彈性。

　　思考有彈性：在第十一章，我強調你應在「變老」的認知和避免「老化意味走下坡」的自我實現預言這二個觀念上具備彈性。關於思考有彈性的建議不只適用於老化，當你發現自己處於不利己的情況下時，思考有彈性可使你免於坐以待斃。當然，拒絕接受你應該成為的角色和走出具傷害性的人際關係，需要承受傷痛和付出努力才能達成。有時，你必須決定為了長期讓自己感到滿足，是否值得忍受短暫的痛苦。思考有彈性意指你至少願意思考這些選擇。通常要過著充滿能力感和自尊的生活並不容易，但確是有可能實現的。

　　行為有彈性：為了讓你的行為具有彈性，你本身必須存有大量的因應技巧，並且在具挑戰的情境下知道如何彈性使用之(Paulhus & Martin, 1988)。譬如，當你面對挑戰時，你可以由自己掌控各種不同的反應。想想你在人際關係中所掌控的各種方法：態度強硬、有教養或者富同情心。做個領導者、做個部屬、做個說話者、做個聽眾、表現生氣、表現體諒、交涉和妥協。他也知道如何使用這本書所討論的因應技巧，能運用這些方法來面對生活挑戰和人際關係，將帶給你自信心。所以當面臨需要解決的問題時，具有多種選擇可使你較安心。

　　你知道你能夠針對某個情況巧妙地配合你的因應技巧和人際

關係技巧，並且你不會害怕使用它們。你不需受限於以相同的方式因應所有的挑戰。

對他人感興趣

　　當你花大量時間來思考和擔心自己時，你會變得相當封閉，太過於在意自己會讓你錯失了許多重要的經驗，因為你太專注於維護你的自尊。然而，當你對他人奉獻時間和精力時，你比較不會去思索自己的問題。你會發現自己在有生之年扮演一個較積極的角色，結果將成為一個更健康、更快樂的人(Crandall, 1980, 1984; Crandall & Putaam, 1980)。

選擇健康的友誼

　　每個人都知道「觀其友，知其人」這個訓誡。然而，人們卻常常忽略和良好的角色模範接觸所能獲得的益處。當你處於危難時，有可以做為適當因應模範的友人，可讓你振奮精神來面對挑戰。做個適才者意味著藉由結交生活型態有正面影響者來掌控自己的生活(Taylor & lobel, 1989)。

建設性思考的益處

　　在前面的小節中你已得知，以有彈性的導向做評估和選擇來處理生活挑戰的重要性，而在你思考生活的方向上具有彈性也是有益的。Seymour Epstein和他的同事曾藉由分類思考模式的方式，定義出「建設性思考」的觀念，其或助長或減損我們以彈性的態度看世界和做出反應的努力(S. Epstein, 1992a; Epstein & Meier, 1989)。

適應性的思考類型

　　有兩種適應性的思考類型：行為因應和情緒因應。行為因應的特質在於下列的思考類型：

◇針對一個情況，我是個會採取行動而不是只會想和抱怨的人。

◇我不把挑戰當成令人畏懼的事，而是當成考驗自己和學習的機會。

◇我嘗試盡我所能來完成大部份的事。

◇當我面臨即將來臨的不愉快事件，通常會仔細考慮該如何處理。

當你採用行為因應時，你是著眼於採取有效的行動，以及對人生保持樂觀和充滿希望的態度。行為因應是與放眼未來的能力有關，而不是沈浸在過去負面的經驗。

情緒因應可在下列思考類型的例子中發現：

◇我不會讓小事情困擾我。

◇我可以忍受失敗。

◇對於我無能為力的事情我不會擔心。

◇當不愉快的事情發生時，我不會耿耿於懷。

情緒因應意味著控制你的負面思考，所以你不會沈溺於不愉快的想法中（參閱第五章）。

不適當的思考類型

有三個不適當的思考類型：類別性思考、超現實思考和負面性思考。類別性思考可用下列思考類型的例子說明：

◇我試著分出贊同我或反對我的人。

◇假如人們對我不好，我應以牙還牙。

◇對每一個問題都有兩個可能的答案，一個是對的，一個是錯的。

◇我發現一旦我下定了決心，就很難改變我的心意。

類別性思考嚴厲且具批判性，它會限制你的選擇，因爲它只讓你著眼於有限的可能性中。超現實思考的特質可以下列思考類型來說明：

◇我發現談論我所期待的成功會讓它們無法實現。
◇當某些好事發生在我身上時，我相信有可能會發生不好的事來相抵。
◇我至少有一個幸運符。
◇我深信好的和壞的預兆。

超現實思考和無助感有關。除非超現實思考與魔法和儀式無關，否則你會有無法掌控你自己命運的感受。

負面性思考的特質可用下列思考類型來說明：

◇當事情不順利時，我不得不去想事情會有多糟。
◇當我面臨新的狀況時，我心想最糟的可能結果將會發生。
◇當我注意到在有些事情上我做得不完美時，我會很苦惱而讓自己做得更糟。
◇我傾向於沈思過去發生的不愉快事件多過愉快事件。

負面性思考是一種過度強調事情有多麼糟的方式。負面性思考與對生活抱持「灰暗和不幸」的態度，以及允許焦慮和沮喪干擾日常生活任務有關。

要成爲建設性思考者就要把你的精力放在用適應性思考類型上，並且儘可能減少使用不適當思考類型。建設性思考者有強烈的幸福感，而且他們對於生活有著較滿意的體驗(S. Epstein & Meier, 1989; S. Epstein & Katz, 1992)。建設性思考與你對工作和人際關係的滿意度有相關性，而建設性思考者對他們自己生理和情緒上的健康狀況也較滿意。

建設性思考是有益的，因爲它是以有彈性的導向面對生活挑

戰。建設性思考者承受的壓力較少，因為他們不會去思索自己的過失和缺點，而且他們抱持著解決問題的態度，所以不會被壓力事件擊垮。以建設性思考來處理生活挑戰較少引起與壓力有關的問題，譬如，頭痛、胃痛以及飲食失調、酗酒和藥物濫用，因為建設性思考者能夠控制自己的負面思考，也能對焦慮和沮喪做較好的因應(Katz & Epstein, 1991)。另一種與建設性思考有關的技巧是避免從事不利己的推論

(S. Epstein, 1992b)，譬如，使用不適當思考類型會以下列方式反應負面經驗，而讓自己身負重擔：

◇當某人挫我銳氣時，我不會讓事情就這樣算了。
◇假如我考試表現欠佳，我會覺得自己好像完全失敗。
◇當某個我喜歡的人拒絕我時，我會覺得自己是個一文不值的人。
◇當某些不好的事發生時，我覺得有更多不好的事必定會接踵而至。

相反地，進行建設性思考者會以下列方式反應負面經驗，給自己一個喘氣的機會：

◇當某人挫我銳氣時，我會處理此事，然後繼續我的人生。
◇假如考試表現欠佳，我明白這只是一場考試，不能代表我全部的能力。
◇當某個人拒絕我時，我想生命中仍有許多喜歡我的人。
◇當某些不好的事發生了，我相信應會有好的事發生來和它相平衡。

用對自己無情的方式來反應負面經驗者是對生活抱持著防衛的態度。他們是全心全力來逃避苦痛，以致於沒有時間和精力去尋求和體驗喜悅，而建設性思考的價值就在於幫助你對事情有透

徹的看法。花點時間享受生活上的樂趣，而不是全神投入於設法和努力逃避生活上的苦痛。

視建設性思考爲社會智能

建設性思考與在智商測驗中所測試的各種技巧有關。不過，建設性思考卻是和你用機敏的方法面對生活挑戰的能力有關，這種「社會智能」的關鍵是在於適應能力(Cantor & Harlow, 1992; Cantor & Kihlstrom, 1987)。當你做初級和次級評估時，也要有彈性。假如你發展一個有彈性的方法來瞭解你自己、你的能力和你的選擇，那麼將有助於你更有效率地解決生活挑戰。

擬定有彈性的初級評估

在本書已多次提醒你讓你的初級評估有彈性。不要逃避和否認需要你關心的生活事件，但不要將事情想成最糟，也不要給自己施加壓力，不然，所造成的損害會比得到的利益還多。

擬定有彈性的次級評估

擬定次級評估時，以掌控力和自我效能的態度，採取問題解決的方法對你最有利。假如你的初級評估告訴你生活事件出現問題，那麼以最佳可行的方法發揮你的創造力去做反應，假如你的因應錦囊只有一種或二種因應技巧，你可能會因爲使用沒有作用的「解決之道」而進退兩難。Paul Watzlawick(1983, 1988)指出當人們不能有彈性的反應生活挑戰時，他們將會有麻煩，因爲他們別無選擇，只會「重蹈覆轍」的使用已經沒有作用的解決方法；就好像試著以鐵鎚來固定每樣東西般。雖然這也許是顯而易見的，但我們都有頑固地以無效的解決方法來因應問題的經驗，因爲我們無法「看見」其他更合適的解決之道。

發展有彈性的自我認同

　　發展具有彈性的自我認同與成為通才者的過程有關。當人們單單使用一種個性類型去因應所有的情況時，就會產生一些問題，譬如：

　　有時，激進是具適應性的，但不一定總是如此。
　　有時，被動是具適應性的，但不一定總是如此。
　　有時，信任別人具適應性的的，但不一定總是如此。
　　有時，「把事情拋開」和快樂的生活是具適應性的，但不一定總是如此。
　　有時，對他人有懷疑是具適應性的，但不一定總是如此。
　　有時，在工作上全力以赴是具適應性的，但不一定總是如此。

　　發展一個「你是誰」的固定概念並無好處，相反的，採取一個較具彈性的方法，詢問「我如何能發展一個有足夠彈性、可適合各種不同情境的個性類型？」才是對你有益的。你的自我概念不見得要固定不變，有許多「可能的自我」可以一起併入你的自我認同中。

個人的奮鬥

　　為達到成功，人們必須有目標和挑戰。當我們「力爭上游」會比我們停滯不前時，我們會更快樂且對生活更滿意(Emmons, 1986, 1995)。一般而言，在明確的個人奮鬥和達觀的個人奮鬥之間取得平衡是有益的。以下有些明確的個人奮鬥的範例：

　　◇保持完美身材。
　　◇與特定人士的來往。

◇趕上工作進度。
◇進行一項特別的計畫。

以下為達觀的個人奮鬥的範例：

◇表現更積極、更樂觀。
◇帶給他人歡樂。對他人更感興趣。
◇瞭解個人的感受。

　　明確的個人奮鬥是有用的，因為它們有助於你著重在你能做到，而且與日常生活有關的具體行動上；達觀的個人奮鬥亦有益處，因為假如你的奮鬥僅限於特定的個人奮鬥時，它們會引導你朝向提出的更高挑戰邁進(Emmons, 1992)。

　　可以豐富你人生的奮鬥會比用以逃避負面經驗的奮鬥更有益。譬如，當一個人說：「我應該發展誠心誠意的關係」，會比說「我應避免衝突」來得合適；說「我希望讓工作更有趣」，會比說「我不想在工作上惹麻煩」更有幫助。假如個人的奮鬥是來自你自己的想法和意願，而不是他人加諸在你身上的壓力的話，將更具意義。假如你致力於你的目標，而且這些目標都合乎實際情況的話，你將可從這些目標中獲得更多的幸福感(Brunstein, 1993)。

　　與幸福感有著最緊密關連的個人奮鬥，乃著眼於加強人際關係，諸如：

◇做個好朋友。
◇當其他人需要協助時，隨時給予支援。
◇友善的和慈愛的。
◇在發生衝突期間是豁達和圓融的。

　　貢獻於社會和他人的成長及發展，也都與生活滿意度有關。
在生活各個領域從事個人奮鬥是與發展多元認同的過程有

關。有大範圍個人奮鬥目標的人比限制個人奮鬥在狹窄的目標者，例如只有賺錢或者成為名人等，會對生活有更高的滿意度。

　　雖然個人奮鬥是有益的，但也呈現了兩個挑戰。第一，當你的個人奮鬥產生矛盾時，你將會感到不滿足且煩惱，直到你能找到協調方法為止(Emmons & Collby, 1995; Emmons & King, 1988)。以下例子說明何謂矛盾的奮鬥：

◇希望具有迷人的身材v.s.希望對他人批評你外貌的意見能無
　動於衷。
◇獨立的欲望v.s被愛和被呵護的欲望。
◇社交的欲望v.s獨處的欲望。
◇成功的欲望v.s謙虛的欲望。
◇全心投入一段關係的欲望v.s保護你自己的欲望。

　　有個因應矛盾衝突的方法是藉由提醒自己你具有多元認同，能學習對各種不同的情況改變你的反應和行為。

　　個人奮鬥的第二個挑戰是因應你無法達成目的的遺憾(Lecci, Okum, & Karoly, 1994)。在此許多因應失敗的建議都是有益的（參閱第四章）。一般而言，對於未完成的目標所做的貢獻，和評估會影響你對它們的適應。此時，你必須對用類似下列的話鼓勵自己，而不是陷入失望或歸咎於個人的缺點上：

「在我的生命中有許多目標，但我知道我無法全部都實現」
「過個完美的人生意指有遺憾也有成就」
「我必須在我的遺憾和我的滿足間取得平衡」
「人生不會事先設定好讓你每件事都能隨心所欲」

認識快樂

　　對多數人而言，快樂是生命中最主要的目標，人們花費相當多的精力在追求快樂，只要他們找到了，就會緊握快樂不放。假如快樂的重要性就像一個人的價值的話，那麼好好地來認識你想追求快樂的欲望就很合理。把尋求快樂當成個人的人生目標所伴隨的問題是無法預知和捉摸的。Thomas Szasz(1990)把快樂比喻成一塊淋濕的肥皂：你抓的越緊，它越是容易從你手中滑脫。當問及有關把快樂當成人生目標的看法時，Szasz引用了蘇格拉底的話，他說自己寧願是個不快樂的哲學家，也不願是頭快樂的母牛。

爲快樂下定義

　　人們以兩種普通的方法來定義快樂(Baumeister, 1991b; Waterman, 1993)。方法之一是把快樂和痛苦相提並論，這類的快樂是無法預知，也無從捉摸的，因爲快樂的到來不是能排定時間的，它們會令人上癮（你抓的越緊，它越是溜走）。這些就是Szasz(1990)所說的「生活的紅利」。雖然快樂的狀態也許讓生命有價值，但人們奉獻自己的生命去抓住快樂確是危險的，這點能被證明：許多人把自己的精力投注於搏得瞬間的興奮，不在這些興奮來臨時把握它們，而將他們的才能投注於長期的成就上。快樂的第二種定義是對生活各方面都大致滿意的態度。假如依此定義，快樂能被稱爲「主觀的快樂」(Diener, 1984)，而且它的特質可以用生活滿意度量表上的項目加以說明之(Diener, Emmons, Larsen, & Griffin, 1985; Pavot & Diener, 1993)：

1. 在大部份的情況下，我的生活與我的理想很接近。
2. 我的生活條件是極好的。
3. 目前爲止，我已經得到在生命中我想要的重要事物了。

4. 我對生活感到滿意。

5. 假如我的生命可以重來，我應不會改變任何事。

　　這些生活滿意度的觀念暗示藉由追求情緒上的穩定和沈著來獲得快樂，比為了無法預知的興奮高峰而活著，以及因生命低潮而受煎熬，會有更多收穫。研究調查顯示，全方位的快樂與頻繁的小歡樂比較有關係，而與較少出現但非常強烈的快樂比較無關係(Diener, Sandvik & Pavot, 1989)。

　　大部份的人不瞭解快樂是他們對生活的期望與認知，以及他們對生活所提出之要求的結果。通常當好事發生了，你會感覺更好；而當不好的事發生時，你會覺得更糟，這是理所當然的(Feist, Bodner, Jacobs, Miles, & Tan, 1995)。然而，好與不好的經驗對你的快樂所產生的影響，可因為你如何因應這些經驗，以及將它們融入你的生活而有所不同。換言之，即使你的生活經驗未必愉悅，但你的自我意識卻能發揮功能，協助你維持你的快樂感。認為快樂是外在事件產生的是錯誤的觀念，許多人以為「只要」某些事（外在的）真的發生了，他們就會快樂。他們會說：

「只要我能找到適合的愛侶，我就會快樂」
「只要我贏得彩票賺了大把的鈔票，我就會快樂」
「只要我所進行的計畫能夠成功，我就會快樂」
「只要我生活中的一些問題能夠消失，我就會快樂」

　　有個好例子可以讓你瞭解從外在事件可以獲得快樂的這種謬誤。研究人員針對贏得政府彩票的人進行研究(Brickman, Coates, & Janoff-Bulman, 1978)。這些獲得5萬到一億元的中獎人對於他們美好未來有著說不上的快樂。然而，這種快樂有如曇花一現。一方面，贏得如此多錢的經驗讓人較不重視生活中其他的愉悅。彩票中獎者很快就忘記如何在平常帶給他們滿足感的行動中尋覓快樂，因為他們已享有彩票大獎這個天外飛來的禮物，唯一值得他

們期待的事，就是未來能夠再贏得更大的金額。就如先前所述，為了捉摸不定的快樂而活是要付出代價的。第一，人們浪費許多時間將寶貴的生命用來等待他們的「幸運日」（當然，也許永遠不會來到）。第二，雖然來自外在事件的快樂也許強烈，但它是短暫的且常常不知不覺損害了來自內心較微小，但比較可預知且能實現的快樂(Diener, Colvin, Pavot, & Allman,1991)。

增進快樂的計畫

你可以進行下列的行動來增強你的快樂 (Fordyce, 1977, 1981, 1983; Ryff, 1989a)：

1. 主動積極且保持忙碌。
2. 發展令人滿意的人際關係。
3. 從事有意義的工作。
4. 更有條理和周詳地計畫事情。
5. 控制負面思考。
6. 保持具有激勵作用但實際的期望和抱負。
7. 發展正面、樂觀的思想。
8. 及時行樂。
9. 決定未來的個人目標。
10. 對其他人感興趣。
11. 發現你自己的自我認同。
12. 發現負面經驗和問題的解決之道。
13. 重視心情平靜的概念。

在一系列的研究中，研究人員已證實學會做到這些基本教條的人，比在控制組中沒有接受此項訓練的人更加快樂。因而，很明顯可以知道人們可藉由學習和實行對它們最有利的策略來增進他們的快樂。

有關快樂的一些結論

從討論快樂的研究中可獲得以下的結論：

1. 帶來喜悅和振奮人心的生活事件，只要它們不會破壞日常歡樂的價值，將能受到人們的細細品味和欣賞。然而，奉獻你的心力來達到滿意的生活，比從旁門左道尋求瞬間的喜悅來得更好。
2. 一個令人滿意的生活來自於學習提高你的滿意度，以及學習因應你的不滿足。
3. 每個人都需要與他人建立親密關係和一個良好的支持系統。
4. 最健康的路徑即是設定合理且在人生的旅程中可給予你滿足的目標。
5. 生活滿意度係來自欣賞努力克服挑戰的過程，（掌控取向。參閱第四章）而不是來獲得特定的結果（表現取向）。

培養兒童成為因應者

要去熟練新想法、概念和技巧的最佳方法就是把這些東西教給別人。藉由思考一個知道如何因應生活挑戰的人在成長過程中需要哪些要件，以綜合你在本書所學到的一切，你可以發現那是很有用的。討論與因應挑戰完全相反的層面是個很好的開始。你如何把孩童變成無能力和無助呢？有個方法就是讓孩童在成長環境中只有極少或根本沒有機會去體驗成功。雖然沒有一個人願意這樣做，但很明顯的許多孩童就是以這種方式成長。尚未準備好學校所要求的基本技能的學童，在學校總是比別人落於，而且開始認為自己是「反應慢」、「頭腦笨」或者「有學習障礙」之人。在貧窮環境中成長的孩童，極少有機會去體驗掌控力和能力，除

非是從事反社會和不合法的活動。

　　思考過前面的敘述和學習本書的課程後，就很容易知道提供孩童體驗自我效能、統御力和能力的機會之重要性。孩童需要探索、嘗試新事物，以及學習自己能夠對社交和外在環境產生影響。

　　另一個讓孩童變得無助的方法是製造對他們來說太過簡單的事情。人類有掌控挑戰和克服障礙的需要，經由這過程，我們學到了如何設定有意義的目標和發展容忍失敗的能力。我們這速食速成的社會，藉由讓生活簡單、膚淺和容易而助長了無助感的蔓延(Skinner, 1986)。假如我們想要有娛樂，只要打開電視或閱讀不需太多的思考或專注的雜誌；假如我們飢餓，我們就以冷凍速食包裝食品來得到滿足，藉由追求嗜好、興趣和需要自我訓練與練習的活動來維持自我效能感，則需要一貫的努力。在我們的社會上當一名有能力的人，意味著花費時間去發展自給自足和個人的特質。孩童需要良好的角色模範來教導他們如何成為通才的成人。

　　孩童藉由學習如何使用本書所述之因應技巧來成為因應者。當面對生活挑戰時，成人應教導孩童負責地尋求最佳的解決方法。一個問題解決的取向是發脾氣或放棄的健康替代品。

身為因應者的益處

　　身為因應者意指努力去學習和實行在本書所敘述的因應技巧。一個因應者會秉持毅力面對挑戰。當你不能控制困難的情境時，繼續以你自己的策略、思考類型和情緒反應因應之。對生活挑戰抱持因應的態度提供了因應者高度的能力感和自我效能感，但它需要個人的力量這值得努力嗎？

　　下列有關做為因應者的益處之結論，是引自Albert Bandura所編撰的一本研究評論(1989)：

1. 因應者設定高目標，因為他們知道當事情陷入膠著狀態時，如何使用問題解決技巧。
2. 由於因應者已學會了如何來面對自我懷疑，所以他們能夠持續著眼於眼前的挑戰。
3. 因應者看見他們成功的可能性而找到力量。
4. 因應者所熟練的技巧會帶給他們不屈不撓的信心，而且不滿平凡的結果。
5. 因應者抱持未來取向，他們知道如何延遲立即性的滿足以擬定長期的計畫。
6. 因應者知道當成功時，如何獎勵自己。
7. 由於因應者採取問題解決的態度，使得他們較不會因為有身體和情緒上的壓力而感到困擾。

因應的態度是種哲學，它說明了生命並不能盡如己意，但你的因應技巧能幫助你順應逆境。我鼓勵你練習你已從本書學到的因應技巧－你絕不會因太早進行而無法獲得追求因應生活型態的益處！

健康心理管理——跨越生活的危機　　　　　社工叢書

作　　者☞ Chris L. Kleinke

譯　　者☞ 曾華源　郭靜晃

出 版 者☞ 揚智文化事業股份有限公司

發 行 人☞ 葉忠賢

總 編 輯☞ 孟　樊

責任編輯☞ 賴筱彌

登 記 證☞ 局版北市業字第 1117 號

地　　址☞ 台北市新生南路三段 88 號 5 樓之 6

電　　話☞ 886-2-23660309　886-2-23660313

傳　　真☞ 886-2-23660310

印　　刷☞ 鼎易印刷事業股份有限公司

法律顧問☞ 北辰著作權事務所　蕭雄淋律師

初版四刷☞ 2004 年 9 月

ＩＳＢＮ ☞ 957-8446-97-7

定　　價☞ 新台幣 450 元

E-mail ☞ service@ycrc.com.tw

網　　址☞ http://www.ycrc.com.tw

國家圖書館出版品預行編目資料

健康心理管理—跨越生活危機 / Chris L.
Kleinke 著 ； 曾華源,郭靜晃譯. -- 初版. --
台北市 ： 揚智文化, 1998〔民87〕
面 ； 公分. --（社工叢書）
譯自 ： Coping with life challenges
ISBN 957-8446-97-7 （平裝）

1. 適應（心理）

178.2   87012448